BIBLIOTECA DELL'«ARCHIVUM ROMANICUM»
FONDATA DA
GIULIO BERTONI

Serie I - Storia - Letteratura - Paleografia   *Vol. 148*

ARIEL TOAFF

THE JEWS IN MEDIEVAL ASSISI
1305-1487

A SOCIAL AND ECONOMIC HISTORY OF A SMALL JEWISH
COMMUNITY IN ITALY

FIRENZE
LEO S. OLSCHKI EDITORE
MCMLXXIX

DS
135
I85
A857

ISBN 88 222 2835 9

INTRODUCTION

Why Assisi? Considering that our research deals with a Jewish community that never reached the size of the major centres of medieval Italy (except for a brief period towards the middle of the fourteenth century), it would be quite normal to question the reason for it. To be frank, we have felt the fascination of St. Francis' birthplace in a way that far outstrips any sterile discussion as to the possibility of the « poverello's » Jewish origins (a thesis far from being convincingly documented). What interested us was to find out the real relationship between the followers of St. Francis and the Jews in Assisi in the two centuries that marked the decline of the era of the Communes and the rising supremacy of the Signorie. Theories as to the origin of the Monti di Pietà and the struggle against the Jewish money-lenders, encouraged by the preaching of the friars minor, led us to look for documentary evidence in a typical centre such as Assisi – with positive results. In the fourteenth century in particular, Jews and Franciscans appear to have been very close, and not merely on the economic level (and this fact is certainly not without significance); this shows up the whole contradictory problem of later polemics with the friars. Still more, Assisi confirms the essential role played by the Jewish bankers in the economic development of Italy at the time of the Communes and the Signorie. Their activities were not limited to making small loans on pledge to the less wealthy social classes, and hence, passive and unproductive; they were also involved in what we should call today « investment credit » that, at the time, made possible the extraordinary growth of the Communes and caused the profound transformation of their economy.

By examining the Assisan archives we have been able to reconstruct the life of the Jewish colony and all the various elements that composed it. It was not simply a leadership of wealth and culture, representative of the Jews before the rulers, as too much historical research still maintains. Besides the bankers, merchants and physicians there were also the small craftsmen, pedlars, blacksmiths, coachmen and innkeepers, often operating outside the Arti (guilds), who were no less important within the Jewish community and in its contacts with the milieu. To ignore this fact would be to overlook the true significance of the Jewish community and the internal dialectics that regulated it.

As I send this volume to print, I wish to thank Prof. Cesare Cenci, ofm, whose vast knowledge of the Archives of Assisi has been of great help to me. His monumental *Documentazione di Vita Assisana* (1300-1430) (voll. 3, Grottaferrata, 1974-1976) is an essential tool for any historical research into medieval and renaissance Assisi. In addition, my thanks go to my friends of the *Deputazione di Storia Patria dell'Umbria*, to Dr. Gemma Fortini and Dr. Salvatore Pezzella of Assisi, who both followed up and encouraged the present research from its beginnings. Finally, a grateful thought goes to my father, Rabbi Prof. Elio Toaff, who read the manuscript and has been generous with counsels and suggestions.

Bar Ilan University, Ramat Gran (Israel)
September 1978

ARIEL TOAFF

This research has been made possible through support from the *Consiglio Nazionale delle Ricerche* of Rome and the Research Committee of Bar Ilan University, Ramat Gan (Israel).

THE JEWS IN ASSISI IN THE XIV CENTURY

THE COMMUNE AND THE JEWS AT THE BEGINNING OF THE FOURTEENTH CENTURY

It is not known when the first Jewish settlement was made in the city of St. Francis. Possibly the immigrant current of Jewish moneylenders, moving northwards from Rome, touched numerous Umbrian and Marchian centres in the second half of the thirteenth century and thus also, in some measure, Assisi.[1] But if this happened, as seems possible, no clear documentary proof has been available up to now. In this matter, archival research has yielded up no note-

---

[1] The inmigrant current of Jewish moneylenders, coming from Rome and making their way to places where capital was more in demand and investments more rewarding, was the origin of the foundation of numerous Jewish communities in central Italy from the second half of the XIII century. At the end of the fourteenth century the vanguard of the « Roman current » had reached the Po valley, where it mixed with another descending current of Jewish moneylenders of German origin, who had already been instrumental in forming Jewish nuclei in the areas at the foot of the Alps. Thus, new communities grew up in the Po valley made up of the fusion of these two currents of bankers, Roman and German. On this subject see the basic study by V. COLORNI, *Prestito ebraico*, « Rivista di Storia del Diritto Italiano », VIII, 1935, pp. 1-55, which inspired A. MILANO, *I primordi*, *R.M.I.*, XIX, 1953, pp. 221-230, 272-280, 306-319, 360-371, 398-406, 450-460, cf. also the good recent summary in L. POLIAKOV, *Les banquiers juifs et le Saint-Siège du XIII au XVII siècle*, Paris, Calmann-Levv 1967², pp. 308 sq. For Umbria, the first archival documents on Jewish settlements in Perugia go back to 1262 (cf. A. TOAFF, *Gli Ebrei a Perugia*, Perugia, Deputazione di Storia Patria per l'Umbria 1975, pp. 12 sq., 203 sq). For Todi they go back to 1289 (cf. L. LEONIJ, *Capitoli del Comune di Todi con gli ebrei*, *A.S.I.*, XXII, 1975, pp. 182-190, and more recently L. ROSSI, *Ebrei in Todi nel secolo XIII*, *B.S.P.U.*, LXVII, 1970, pp. 31-71). In Orvieto the first *condotta* (charter of privileges) with Jewish moneylenders is from 1287, cf. L. FUMI, *Codice diplomatico della città di Orvieto*, Florence, Vieusseux 1884, pp. 418-420). Jewish sources speak of the first Jewish settlement in Spoleto and Foligno at the end of the thirteenth century (for Spoleto see the introduction of the lexicon of DAVID DE POMIS, *Zemach David*, Venice, G. De Gara 1587; for Foligno see documentation of the Umbrian and Marchegian Jewish communities congress held in 1290 in that city, published by I. SONNE, *Ha-waʿad ha-kelali be-Italia av la-waʿad arba ʿarazoth be-Polin*, « Ha-Tequfà » (XXXII-XXXIII), New York 1948, pp. 632-633).

worthy fruit, except for a few sporadic names of uncertain origin.[2]

From the start of the fourteenth century, clear traces of Jewish presence in the city begin to appear in the documents. In Assisi during this period, considerable urban development had begun together with artistic beautification of its buildings. New roads were laid down and paved; dozens of houses were built. Giotto was painting in San Francesco, and with him the Florentines Agnolo and Taddeo Gaddi and Buonamico Buffalmacco, the Siennese Simone and Lippo Memmi, and the Roman Pietro Cavallini – all of them his disciples.[3] Assisi, whose possibilities had been curtailed by her restricted urban limits, or, as Nicholas IV affirmed in 1288 in other words ... *quodque Assisi civitas brevi concluditur spatio* ...,[4] had begun to grow. The crowning point of her extraordinary development was the construction of the new city walls, finished in 1316.[5] Protagonist of this radical change in the city's physiognomy was the bold and enterprising mercantile class of Assisi that had replaced the old landed aristocracy as leaders of the Commune. Commerce and shops flourished through recourse to liquid capital and money

---

[2] We cannot rule out that the *filius Salamonis Guillelmutii* listed among adjoining properties of a piece of land in a legal deed in 1195, may have been Jew, although he is not qualified as such in the documents (A.C.S.R., 2 fascicolo, XII sec., *pergamena n. 148*; cf. also A. FORTINI, *Nova vita di S. Francesco*, vol. III, Assisi, s.e. 1959); and so a certain *Jacob Samuelis*, who appears among the witnesses to a deed drawn up by the notary of the Commune, ser Tomaso da Rieti, on 24 September 1235 [A.C.A., Sezione « M », Strumenti e Capitoli (fasc. I, c. 2r)]. And Jews might also be those *filiae Salamonis*, who were in the thick of a controversy about the ownership of a mill in Assisi, of which we have traces in a notarial act of 23 June 1212 (A.C.S.Fr., in the Assisi Biblioteca Comunale, *Sect. Instrumenta*, vol. I, pergamena 2a). Finally there is a recent hypothesis, but still needing convincing proofs, that St. Francis' family was of Jewish origin (cf. G. FORTINI, *Una nuova ipotesi sulle origini della famiglia di S. Francesco*, « Analecta Tertii Ordinis Regularis Sancti Francisci », XIII, 1976, pp. 817-841).

[3] On urban development in Assisi at the beginning of the XIV cent. see A. CRISTOFANI, *Le Storie di Assisi*, Assisi 1875 (here quoted in a re-edition that came out in Venice 1959, made by the author's son, pp. 175-182); A. FORTINI, *Assisi nel Medio Evo*, Rome, Ed. Roma A.G.I.R. 1940, pp. 213-254. On Giotto and his students' activities in the basilica of San Francesco cf. also G. VASARI, *Le Vite de' più eccellenti pittori, scultori e architettori*, edited by A. M. Ciaranfi, I, Florence, Salani 1948, p. 426 sq.

[4] With this remark, Pope Nicholas IV referred to the difficulty of receiving the great numbers of pilgrims who continually flocked to Assisi (cf. G. G. SBARAGLIA, *Bullarium Franciscanum Romanorum Pontificum*, Rome, Congr. di Propaganda Fide 1759-1768, pp. 22-23).

[5] On the political and economic conditions in the Commune of Assisi in this period cf. the recent study of C. DE GIOVANNI, *L'ampliamento di Assisi nel 1316*, B.S.P.U., LXXII, 1975, pp. 1-78.

investments, looked on as productive instruments and not merely useful for exchange and payment. Money–lending in this renewed economy was not only necessary but essential for the growth of the Commune and a guarantee for bold projects and fresh enterprises. These considerations finally prevailed, overcoming hesitations and reserves of religious nature,[6] that only came to the surface much later on, roused by the fiery, anti–usury preaching of the friars minor. So, perhaps along the ancient *strata Francesca*, wich led from Rome to the great faires of France and was daily traversed by so many merchants of the Umbrian Communes, the first Jewish moneylenders came to Assisi.

Leone, Mele and Bonaventura di Salomone, Genatano and Abramo di Vitale, Mele di maestro Salomone and Manuello di Leone formed the first moneylending company operating in Assisi at the beginning of the XIV century. Traces of their activities emerge for the first time in a document dated 27 September 1305, registering a receipt from Abramo di Vitale, acting as agent for Mele di Salomone, for a loan of 38 lire to an Assisan citizen.[7] In the following years numbers of notarial deeds refer to their loans in city and countryside. Generally speaking, when dealing with small sums to private persons, the documents merely mention the name of a representative of the society and simply indicate the others with *fratres et sotii*.[8] For larger sums, the names of all the members of

---

[6] On the canonical doctrine relative to usury and its effects on Jewish moneylending cf. COLORNI, *Prestito ebraico*, pp. 1-16; MILANO, *I primordi*, pp. 221-230; POLIAKOV, *Les banquiers juifs*, pp. 27-51. See also B. NELSON, *The Idea of Usury, from Tribal Brotherhood to Universal Otherhood*, Princeton, University Press 1949 (tr. it. *Usura e Cristianesimo*, Florence, Sansoni 1967, especially pp. 19-54).

[7] B.C.B., *Archivio Notarile*, busta 11c., 120*v*, vol. A., *bastardello di ser Giovanni di Alberto*, aa. 1303-1307, c. 120*v*, c. 121*v*. This act and the following ones are drawn up by the Assisan notary Giovanni di Alberto and kept in the notarial archives, Bevagna (Biblioteca Comunale), the town where he probably took refuge after being banished from Assisi. On this notary and his activities cf. C. CENCI, *Documentazione di Vita Assisana (1300-1530)*, vol. I, Grottaferrata, Collegio S. Bonaventura 1974, pp. 13-14.

[8] This is the list of these loans, registered by the notary, Giovanni di Alberto: 14 October 1305, Abramo di Vitale *pro se et nomine et vice et nomine suorum sotiorum* («in his name and that of his associates») gives a receipt for a loan of one hundred lire of denari cortonesi, made to maestro Marco di maestro Pietro (B.C.B., *Archivio Notarile*, busta 11c, vol. A, *bastardello di ser Giovanni di Alberto*, aa. 1303-1307, c. 121*v*); 18 February 1306, Leone di Salomone *et sotii* lend the sum of 60 lire to maestro Giacomo di Guccio and his brother Petruccio (B.C.B., *ibid.*, c. 128*v*, c. 135*r*); 25 February 1306. Leone di Salomone *pro se et dictis sotiis stipulanti* grants a loan of 25 lire to Morico di Nile and Ciccolo di Buzzarello (B.C.B., *ibid.*, c. 128*v*, c. 138*r*); 3 March 1306. Leone di

the company are listed,[9] as, for example, on 3 February 1306 for a loan of 200 lire to the Roman, Filippo Pizzuti, residing in Foligno [10] and for numbers of loans made at various times to the Commune. These last were voluntary and intermittent, guareenteed by the *boni viri*, the richest and most influential citizens. These men received the loans on behalf of the Commune and undertook in their own name to re-pay the sums to the bankers.[11] On 10 February 1306, the Jews advanced 600 lire of denari Cortonesi to the Commune.[12] A few days later, 27 February, with different

---

Salomone *et sotii* lend 30 lire to Ceccolo di Maffuccio and others (B.C.B., *ibid.*, c. 128v, c. 139r); 4 June 1307. Mele di Salomone grants a loan of 325 lire to Sozio di Enrichetto, from Siena. The sum was paid back two years later, on 12 June 1309 (B.C.B., *ibid.*, c. 175r, c. 176r); 6 July 1307. Mele di Salomone *pro se et suis heredibus stipulanti* lends 120 lire to maestro Cristiano d'Angelo and others. This was paid back on 25 March 1308 (B.C.B., *ibid.*, c. 129r); 6 September 1307. Manuello di Leone, in his capacity as Mele di Salomone's procurator, grants a loan of 48 lire to Cola di Vezio, Tella di Savio and Cecco di Andreuccio. The loan is made only to Cola, and the others are included as trusteees, because at the same time Cola makes the same concession to them. There follows a note as to their right to abrogate the contract, without date, and that of Mele, also without date. The debt therefore is cancelled (B.C.B., *ibid.*, c. 205r); 14 January 1308. Mele di Salomone lends 9 lire to Lello di maestro Passaro and to Lippo di Tommasuccio, Florentine. This last come into the act simply as trustee for Lello, who undertakes to shield him from damages. Later on the debt is cancelled (B.C.B., *Archivio Notarile*, busta 14 c, fasc. B, acts January-February 1308, *bastardello di ser Giovanni di Alberto*, c. 6r, c. 7v); 21 January 1308. Manuello di Leone *et sotii* lend 60 lire to maestro Giacomo di Pace da Bettona (B.C.B., *ibid.*, c. 12v); 10 October 1309. Mele di Salomone grants a loan of 39 lire to maestro Latino di Valerio (B.C.B., *Archivio Notarile*, busta 14 c, fasc. H, July-November 1309, *bastardello di ser Giovanni di Alberto*, c. 28r); 30 October 1309. Mele di maestro Salomone *et sotii* lend 200 lire to maestro Giordano di Benvenuto (B.C.B., *ibid.*, c. 35v).

[9] Up to the year 1306, Leone di Salomone heads the list of the company and in the documents he represents the other associates. Later on it seems his brother Mele took his place. An act dated 21 February 1306 registers Leone di Salomone's purchase of an elegant blue woman's dress (*quemdam mantellum feminilem de bladeto*), priced at 5 lire and 12 soldi di denari (B.C.B., *Archivio Notarile*, busta 11 c, vol. A, *bastardello di ser Giovanni di Alberto*, aa. 1303-1307, c. 133v).

[10] The loan is made by Leone di Salomone *pro se et Mele et Bonaventura suis fratribus, et Genattao et Abraam Vitalis, et Mele magistri Salamonis, et suis heredibus* (B.C.B., *Archivio Notarile*, busta 11 c, vol. A, *bastardello di ser Giovanni di Alberto*, aa. 1303-1307, c. 133v).

[11] It seems there is little doubt that this was a loan to the Commune, even if this is not explicitly mentioned in the documents where the names of the guarantors appear. We have clear proofs in analogy with deeds of numerous loans, guaranteed by the trusteeship of *boni viri*, and made by Jews to various Italian Communes in the same period (cf. G. LUZZATTO, *I prestiti comunali e gli ebrei a Matelica nel sec. XIII*, « Le Marche », VII, 1908, pp. 249-272; TOAFF, *Gli ebrei a Perugia*, pp. 13-18, 218-221).

[12] The sum was paid to Andreuccio di Puccio, Stefano di Egidio, Lolo di Boso and maestro Bartolo di maestro Paolo, by Leone di Salomone *pro se et Bonaventura et*

trustees this time, the brothers Leone, Mele and Bonaventura di Salomone, Mele di maestro Salomone, and the brothers Genatano and Abramo di Vitale lent the Commune the sum of 2000 lire.[13] The same persons made loans, probably to the Commune, 30 October 1308 and 10 January 1309, of the respective sums of 54 and 42 lire of denari Cortonesi.[14] A few months later, 31 May 1309, another loan of 450 lire was registered for the Commune[15] followed on 8 June of the same year by a last one of 2500 lire, which was certainly a considerable sum.[16] The documents tell us nothing of the motives that led the Commune to have recourse so frequently to Jewish capital, but probably they can be put down, as we have already mentioned, to the considerable expenses involved in urban development in those years. Furthermore, we should not forget the frequent guerilla warfare Assisi was obliged to wage on Perugia's behalf, like that against Todi in 1310.[17] These factors tended to drain the already exhausted resources of the Commune. Then finally, there were administrative running expenses that the Commune leaders could not meet, which obliged them to turn to Jewish money–lenders. For instance, on 18 September 1308, Leone di Salomone, acting also for the other members, advanced the sum

---

Mele suis fratribus et Mele magistri Salomonis, Genattao et Abraam Vitalis (B.C.B., *Archivio Notarile*, busta 11 c, vol. A, *bastardello di ser Giovanni di Alberto*, aa. 1303-1307, c. 134v).

[13] Two groups of Assisan citizens undertook to repay the loans to the Jews, each one for the sum of 1000 lire. The legal document was annulled on 13 March 1308 (B.C.B., *Archivio Notarile*, busta 11 c, vol. A, *bastardello di ser Giovanni di Alberto*, c. 138v).

[14] The first loan was paid through Vagne di Marcuzio, Ciccolo di Piccardo and maestro Andrea di maestro Nicola by Abramo di Vitale *prose, Genatao suo fratre et Mele et Leo Salomonis et Mele magistri Salomonis et eorum heredibus*. The document was annulled a year later, on 30 October 1309 (B.C.B., *Archivio Notarile*, busta 14 c, fasc. D, October-November 1308, *bastardello di ser Giovanni di Alberto*, cc. 4r-4v). The second loan is made by the society of Jewish moneylenders, whose names appear in the same order as on the preceding document, to Paolo di Maghetto and Andreolo di Jacopuccio (B.C.B., *Archivio Notarile*, busta 14 c, fasc. E, November 1308-January 1309, *bastardello di ser Giovanni di Alberto*, c. 16r).

[15] B.C.B., *Archivio Notarile*, busta 14 c, fasc. G. May-June-July 1309, *bastardello di ser Giovanni di Alberto*, cc. 5v-6r.

[16] B.C.B., *Archivio Notarile*, busta 14 c, fasc. G. May-June-July 1309, *bastardello di ser Giovanni di Alberto*, c. 7r.

[17] Knights and foot–soldiers from Assisi fought in the Perugian army against Todi (cf. CRISTOFANI, *Le Storie di Assisi*, p. 184). For the economic support offered to their city by the Jews of Perugia during this war, see A. FABRETTI, *Ebrei in Perugia*, Turin, Tipi privati dell'autore 1891, p. 4; TOAFF, *Gli Ebrei a Perugia*, pp. 19-20.

of 171 lire to the Commune treasurer, Gregorio «the friar», to pay the salary of Guglielmo, former Capitano del Popolo.[18] Besides this, the company of Jewish money-lenders did not limit their activities to Assisi, but branched out to the neighboring villages and towns. On 8 February 1306, Leone di Salomone and his associates lent the sum of 20 lire to the population of Villa Balzano.[19] The bankers themselves went to Cannara on 8 September of the following year and, in the Palazzo del Comune, gave their signature to the considerable loan of three thousand lire of denari Cortonesi, which they distributed to fourteen *boni viri* of the town.[20] Clearly Cannara had not recovered from the fierce war she had waged in 1291 with Assisi.[21]

However paradoxical it may seem, especially in the light of later developments, quite a number of priests and friars in Assisi as well as in the surrounding district, had recourse to Jewish money-lenders in those years. A friar, Bartolomeo da Spello, borrowed fifty lire from Abramo di Vitale, leaving his Bible in pledge.[22] As guarantee against a possible intervention of the religious authorities who might have taken away the pledge without paying the debt, the lender demanded that a citizen from Assisi should stand guarantor. In the contract drawn up on 29 October 1308, it is clearly stated that only friar Bartolomeo could demand the restitution of the Bible after payment of the debt. On 7 July 1309, Manuello di Leone lent the sum of sixty lire to Don Ventura, parish priest of the church

---

[18] The registration of the loan, *in camera massarii comunis Assisii*, provides that the money was to go for *pro d. Guillelmo olim cappitaneo populi* (B.C.B., *Archivio Notarile*, busta 14 c, fasc. E, November-December 1308-January 1309, *bastardello di ser Giovanni di Alberto*, c. 8r).

[19] The denari were presented to Andreolo di Giuntolo *sindicus et procurator Ville Balzani*, who *fuit confessus quod dicta obligatio pro dicta Villa facta fuit* (B.C.B., *Archivio Notarile*, busta 11 c, vol. A, *bastardello di ser Giovanni di Alberto*, aa. 1303-1307, c. 134r).

[20] The vast loan remitted to the *boni viri* of Cannara by Manuello di Leone, also representing his colleagues (*pro se, Mele et Bonaventura et Leo Salamonis, Mele magistri Salamonis, Habraam et Genatao Vitalis et eorum heredibus*), was undersigned *in palatio Comunis Cannarii* (B.C.B., *Archivio Notarile*, busta 11 c, vol. A, *bastardello di ser Giovanni di Alberto*, c. 206r).

[21] On the 1291 war between Assisi and Cannara, in which Perugia also intervened, see CRISTOFANI, *Le Storie di Assisi*, pp. 154-156.

[22] B.C.B., *Archivio Notarile*, busta 14 c, fasc. D, *bastardello di ser Giovanni di Alberto*, October-November 1308, c. 3v.

of S. Maria d'Alfiolo in the district of Gubbio.[23] Without wishing to exaggerate the significance of such episodes, they would seem to indicate an open and realistic attitude on the part of ecclesiastical circles toward Jewish moneylending, they themselves being involved in the economic transformation of the Commune brought about by the middle-class merchants.

Assisan Jews were not only busy with moneylending. We know, in fact, that Manuello di Leone with a citizen of Assisi, Ciccolo di Venturello, had founded a society for almond harvesting and trade, and that it was active in the city and the surrounding districts. For unknown motives, the society was officially dissolved on 12 March 1309.[24] However, it provides further proof that although moneylending was their main activity, the Jewish contribution to communal economy was not confined to this alone. On the other hand, the fact that Jews and Christians worked side by side, sometimes in the same business, once more emphasizes the dynamic realism of medieval Italian communal life, whose progressive spirit left no place for intolerance or religious discrimination.[25]

---

[23] B.C.B., *Archivio Notarile*, busta 14 c, fasc. G, *bastardello di ser Giovanni di Alberto*, May-July 1309, c. 16*v*.

[24] On 12 March 1309, Giovanni di Alberto, the notary, registered the dissolution of the company for *mercantie amandolarum* (almonds), that the Jew Manuello di Leone and Ciccolo di Venturello *habebant simul* (B.C.B., *Archivio Notarile*, busta 14 c, fasc. F, January-May 1309, *bastardello di ser Giovanni di Alberto*, c. 8*r*).

[25] R. Morghen very rightly emphasizes « that Jewish civilization in the Middle Ages did not live separately and alien from contemporary Christian civilization, but within a common tradition of spirituality and thought ... and it identifies with the history of a people and religion that was given a very definite juridical and moral status and treated, if not on a complete equal footing with other religious confessions, at least with a great deal of understanding and tolerance » (cf. R. MORGHEN, *Medioevo cristiano*, Bari, Laterza 1974⁸, pp. 146-147). If this is true on the cultural and religious level it is still more so on the social and economic ones. In the Middle Ages the Jews, within certain limits, participated in Italian communal society side by side with Christians; they were an integral part of the medieval reality and not a separate and anomalous cell; Guelphs and Ghibellines, they promoted economic development and production progress. These considerations lead to fresh and different methodological demands in historical research on the Jews in Italy. On this subject M. LUZZATI (*Per la storia degli ebrei italiani nel Rinascimento – Matrimonii e apostasia di Clemenza di Vitale da Pisa, Studi sul Medioevo Cristiano offerti a Raffaello Morghen*, Rome 1974, p. 429) justly remarks that «an analysis that includes the various social and cultural levels, independently of the fact that they are Jewish or Christian milieus,would seem to open the way to a more flexible enquiry, and one corresponding better to the actual facts of the history of Italian Jews in the last centuries of the Middle Ages ».

In July 1309, Assisan citizenship was conferred on Mele di maestro Salomone and Leone di Salomone, and with it the right to build a house in the new section of the city, between the old wall and the new one that was under construction and would be completed in 1316.[26] Without more ado, Mele and Leone bought two adjoining cottages in contrada S. Chiara, intending to restore them for themselves. The purchase was made on 5 July of that year, and the cost of the two (43 lire and 10 soldi) was paid by Manuello di Leone, agent for the two associates.[27] The following day, Manuello ordered two bricklayers to set to work for Mele and Leone on the adjoining cottages they had bought.[28] From the quite detailed project laid down in the contract agreed on by both parties, it seems that large, aristocratic houses were involved, built and decorated with valuable materials.[29] Neither did the two bankers quibble at expense, since each house cost them one hundred lire of denari Cortonesi. On the following 25 August, the building actually started when Mele and Leone charged a labourer to level the land on which the two houses were to be built.[30] At the beginning of October that year, Francesco Baglioni, Podestà of Assisi, ordered

---

[26] *Mele magistri Salamonis et Leo Salamonis, novi cives civitatis Assisii, domos tenentur facere et promiserunt, in junta nova infra muros novos et veteres civitatis Assisii* (B.C.B., *Archivio Notarile*, busta 14 c, fasc. H, *bastardello di ser Giovanni di Alberto*, July-November 1309, c. 27r).

[27] Manuello di Leone acquired the two small cottages from Vanne di Leto (B.C.B., *Archivio Notarile*, busta 14 c, fasc. G, *bastardello di ser Giovanni di Alberto*, July 1309, c. 15r).

[28] The two builders were Ciccolo di Petriolo and Ciccolo di Filippo (B.C.B., *Archivio Notarile*, busta 14 c, fasc. G, *bastardello di ser Giovanni di Alberto*, cc. 15v-16v).

[29] The plans which were almost identical in both cases, laid down as follows for the masons: *murum anteriorem de lapidibus albis subbiatis cum uno hostio ad modum hostii domus Coppi d.ni Gherardini de magnitudine et conzimine, et cornices cum una fenestra 'francisca' ad modum cornicium dompni Francissci Rustikelli, murum adversus viam et domum Berardoli a solario infra cum duobus archizolis cum scudizolo deretro, a solario duo scaffaria, murum deretro cum uno arco duplo subtum solarium, a solario supra cum uno hostio de duobus pedibus et medium cum batusso de lapide, longitudo et altitudo domus esse debet quantum est domus dicti dompni Francissci. Et facere unum filiarium de canalibus. Et facere solarium cum uno cervicali. Et tectum ad modum solarii et tecti Coppi predicti, que sunt ibi in dicta contrata, et facere hostium anteriorem bonum et pulitum de nuce et hostium posteriorem et fenestram de assidibus populi cum cardinibus de ulmo. Et exgomberare casalenum et proicere terrenum usque ad ficulneam que est in campo S. Rufini ante dictam domum, et operare dictam domum de bonis basis.*

[30] To level the land Gigliolo di Leonardo, the workman, was paid 7 lire and 10 soldi di denari (B.C.B., *Archivio Notarile*, busta 14 c, fasc. H, *bastardello di ser Giovanni di Alberto*, July-November 1309, c. 9v).

Lippo di Tommasuccio, sindaco of the Commune, to go to the S. Chiara district to see if the houses of the two Jews conformed to the norms on city-building. A few days later the sindaco informed the Podestà that the guarentees given by the two proprietors had been faithfully adhered to.[31]

THE JEWS IN THE POLITICS AND ECONOMY OF ASSISI OF THE GUELPHS

As is well-known, Assisi, which at the beginning of the century was governed by Guelphs and enjoyed the calculated friendship of Perugia and papal protection, became Ghibelline at the end of the second decade of the fourteenth century. The exiles of that party conquered the city in 1319 and drove out the Guelphs. Perugia was not long in making her reactions felt and violent war broke out. Having imposed a first peace on her adversaries in 1321, which the historians and chroniclers of the time called « magnanimous », Perugia very soon saw the Ghibellines gain the upper hand in Assisi, and this time, in 1322, she did not hesitate to supress the revolt with force.[32] Those Ghibellines who were not massacred were expelled and went to join the hostile ranks of the banished. During this troubled period of grave political and economic upheaval in Assisi, we find another Jewish moneylender operating in the city, one Sabato di maestro Dattilo, of whose activities some traces are to be found in the documents.[33]

In the thirties and forties, and up to the middle of the fourteenth

---

[31] On the spot investigation was made on 8 October 1309, by order of the Podestà (B.C.B., *Archivio Notarile*, busta 14 c, fasc. H, *bastardello di ser Giovanni di Alberto*, c. 27r).

[32] On Ghibelline rule in Assisi and subsequent wars against Perugia, see CRISTOFANI, *Le Storie di Assisi*, pp. 184-192; L. BONAZZI, *Storia di Perugia dalle origini al 1860*, Perugia, Santucci 1875 (here quoted from the re-printing edited by G. INNAMORATI with preface by L. Salvatorelli, Città di Castello, Unione Arti Grafiche 1959), I, pp. 313-318; P. PELLINI, *Dell'Historia di Perugia*, Venice, G. Hertz 1664, I, pp. 434 sq.; GRAZIANI, *Cronaca*, edited by A. Fabretti, *A.S.I.*, XVI, first part, Florence 1850, pp. 82 sq.

[33] On 10 July 1318, Sabato di maestro Dattilo delivered a receipt for 42 lire of denari cortonesi to maestro Gentile di Salvone and Ciccolo di Bertoluccio, for a loan they had contracted with him (B.C.B., *Archivio Notarile*, busta 14 c, fasc. L, *bastardello di ser Giovanni di Alberto*, a. 1318, c. 1v).

century, the sons of the two Mele de Salomone, whom we have met as associates of the first moneylending company operating in the city, were carrying on their activities in Assisi, which was once more Guelph.[34] A few of them seem to have had a brush with the authorities. Vitale di Mele, *judeus et civis civitatis Assisii*, was denounced to the criminal judge in 1331 for having been careless with a book of decretals, and condemned to pay a fine.[35] A few years later, in 1334, the same Vitale was accused of having abusively held a codex belonging to a citizen of Assisi.[36] In both cases it was probably a matter of pledges guarenteeing sums he had lent. The brothers Daniele, Salamonetto and Elia di Mele, also had some trouble with the criminal judge in 1332, for having molested the proprietor of a vineyard that probably adjoined their land.[37] Another case, whose protagonist was Salamonetto di Mele, was mentioned by Bartolo di Sassoferrato in his Commentary on the Justinian Codex, at the rubric *De Judeis*, where he examines the juridical position of the Jews in common law.[38] Although chronological indications are lacking, it is most likely that these cases and many others relative to the doing of the Jews in Umbria, to whom Bar-

---

[34] It is not clear however, who among the various Daniele, Salamonetto, Elia, Vitale, Bonagiunta, Manuele and Bonaventura di Mele, is son of Mele di Salomone and who is son of Mele di maestro Salomone.

[35] *Vitale Mellis judeus et civis civitatis Assisii inquisitus ad denumptiam Venture domini Francisci de Assisio super eo quod furtive et malo modo tenet et tractat quendam librum decretalium contra voluntatem dicti Venture.* The accusation was registered *in quodam libro mallefitiorum* dated 1331. Vitale was condemned to pay 97 soldi (A.C.A., *Sezione* « *N* », Dative, regist. 2, fasc. 2, c. 5r).

[36] *Vitale judeus ... inquisitus ad denumptiam Lutii Vagnoli de dicto loco super eo quod tenet et contractat quoddam suum , Codicum'* [sic] *contra suam voluntatem.* The process is registered *in libris magistri Hermannini de Fulgineo* for the year 1334 (A.C.A., *Sezione* « *N* », Dative, regist. 2, fasc. 2, c. 18v).

[37] *In primis processus factus contra Daniellem, Salamonectum et Eliam filios condam Mellis judei, habitatores Assisii, inquisitus ad denumptiam procuratoris Lelli Piciacti de dicta civitate de turbatione tenute et possessionis cuiusdam vinee dicti Lelli.* This suit was also registered *in libris magistri Hermannini de Fulgineo* in 1332. The three brothers were condemned to pay a fine of 16 soldi (A.C.A., *Sezione* « *N* », Dative, regist. 2, fasc. 2, c. 16r).

[38] For a detailed account of the status of the Jews in common law according to Bartolo di Sassoferrato, cf. especially A. T. SHEEDY, *Bartolus on Social Conditions in the Fourteenth Century*, New York 1942, pp. 230-242; G. KISCH, *Medieval Italian Jurisprudence and the Jews*, « Historia Judaica », VI, New York 1944, pp. 78-82. On the problem of the legality of conferring degrees on Jews according to Bartolo, cf. V. COLORNI, *Sull'ammissibilità degli ebrei alla laurea anteriormente al secolo XIX, Scritti in onore di Riccardo Bachi*, R.M.I., XVI, 1950, p. 286.

tolo refers, go back to the first Perugian period (ending about 1333) of his life.[39] The famous jurist affirms that the statutes of Assisi provided that, if a given legal instrument had been neither requested nor executed in the span of ten years, this said instrument was to be held invalid. Within the terms of the statutes, the Assisan Jew « Salameotus » had requested that a certain law be invoked against some of his debtors. When later on the ten years had expired, Bartolo was asked if, in the meanwhile, the law had become invalid or if it should be executed. The Perugian jurist decided in favour of « Salameotus », and confirmed that the law be taken as valid (*validum tamquam executione facta*).[40] It was also on the basis of Bartolo's opinion that the legal struggle (many details of which are still unknown) between Salamonetto di Mele and his creditors was resolved by the judges in Assisi in favour of the former. In our view, an appeal presented on 31 May 1333 before the criminal judge of the Podestà of Assisi by messer Andrea di messer Maffeo refers to this. He protested against a sentence that had been given by the criminal judge of the Capitano del Popolo in favour of Bonagiunta di Mele, Salamonetto's procurator, judging it *nullam et de jure substinere nullo modo posse*.[41] Following on the appeal, Bona-

---

[39] For historical information on the Jews in Umbria, especially in Perugia, in the writings of Bartolo, see TOAFF, *Gli Ebrei a Perugia*, pp. 21-24, 47-49, and the ample bibliography in the same work.

[40] Consulto 1º, § 36 (*Bartoli a Saxoferrato, Omnia quae extant opera*, Leges et glossae, Septima Editio Venetiis, Junta 1603, vol. X, f. 11v): *Statuto civitatis Assisii cavet quod omnia et singula instrumenta facta a decem annis retro, de quibus non esset petita nec facta executio, sint cassa et vana et nullum habeant valorem et exequi non possint nec probent nec fidem faciant super defensione possessionis quam tenet creditor vel ille qui jus haberet a creditore et non ab alio et cetera, contigit quod Salameotus Judaeus petiit executionem cuiusdam instrumenti contra quosdam suos debitores intra .X. annos et factum fuit eis preceptum quod comparent coram judice ad recipiendum preceptum de solvendo vel de stando in palatio, quibus non venientibus facta fuit missio contra eos ex primo decreto, demum elapsi sunt .X. anni. Nunc queritur an vigore dicti statuti instrumentum sit nullius valoris an remaneat validum tamquam executione facta* ... It seems hardly possible to doubt, also for what we shall say later on, that the « Salameotus judeus », of whom Bartolo speaks, can be identified as « Salamonectus Mellis judeus », in those years in full activity in Assisi and on whom there is ample documentation. The presence of a Bartolo di Sassoferrato (no doubt the same person as the well-known Bartolo) in Assisi in the fourteenth century is attested to by a few documents that have not as yet been published in full (cf. CENCI, *Documentazione di Vita Assisana*, I, p. 249).

[41] In the appendix we publish the document in which messer Andrea lists all the supporting reasons for his appeal against the foregoing unfavourable judicial ruling (A.C.S.Fr., sect. *Instrumenta*, vol. 7, aa. 1331-1343, pergamena n. 11). In the text « Salamonectus Mellis » is erroneously used for « Salamonectus Manuellis ».

giunta, as Salamonetto's procurator, was invited on the subsequent 8 June to appear before the Podesta's judge *in palatio populi*. The final conclusion of this long and intricate controversy is not known to us.

In this period, Assisi, having expelled the Ghibellines, had fought side by side with Perugia in Spoleto and in Città di Castello. In the years 1334-1337 the city had been hard pressed, still in alliance with the Perugians, in the war against Arezzo that burst out more violently in 1345 after a few years' calm. Communal finances had been hard hit by the heavy expenses of an army in a permanent state of mobilization. Besides this, expanding construction plans that could not be halted demanded no less sacrifice. In 1338 the new Palazzo dei Priori was begun, while at the same time the Piazza del Comune was enlarged.[42] To meet these expenses, which were more or less exceptional, recourse had to be had to Jewish loans. And when these were insufficient, the Commune turned to Jewish bankers, who had settled in good numbers in nearby powerful Perugia, which they had made the centre of their economic activity.

The sons of Mele di Salomone, whose vicissitudes we have followed in part, were supported by other Jewish moneylenders who had come to Assisi at different times from various regions. Among these belonged Guglielmuccio di Vitale, who in February 1340, rented a house from the Commune and carried on his activities in the city until the end of 1342.[43] With him other moneylenders operated in Assisi, such as Musetto di Bonaventura, Manuele di Abramo, Simigliolo di Manuele and Salamonetto di Vitale, investing their capitals in the city and surrounding villages. And, strange as it may seem, when the Commune was not turning to them to meet unexpected expenses and to finance ambitious plans, their most assiduous clients were the clergy of S. Stefano, the canons of S.

---

[42] Cf. CRISTOFANI, *Le Storie di Assisi*, pp. 197-198.

[43] « Guillelmutius Vitalis judeus » took lodging at the beginning of 1340 *in pensione domus comunis que est subtus voltam novam* (A.C.A., *sez.* « P », Bollettari, registro 3, Angelo di Basuzio rented him (*locavit ad pensionem*) for one year at two florins, *duo solaria unius domus ... posita in Porta S. Francisci* (two roof terraces on one house ...) (A.C.S.R., vol. m.s 91, *protocolli di ser Giovanni di Cecce*, a. 1342, c. 60r). On the previous 3 January he had ceded some rights (A.C.S.R., *ibid.*, c. 2r) and on 7 December left a receipt for a loan of 3 florins to three Assisan citizens (A.C.S.S., vol. 38, *protocolli di ser Giovanni di Cecce*, a. 1342, c. 11v).

Rufino and the friars from San Francesco.[44] There is ample trace of this in the archives of their churches and confraternities, which is an additional proof of the spontaneity and openness of relationship between Jews and Christians, characteristic, we think, of Italy at the time of the Communes and the early Signorie, to be partly dimmed only a century later. At the beginning of 1340 the grave economic situation of the Commune induced the Priori to turn urgently to the Jewish bankers of Assisi and Perugia. Hence they named Benvenuto Masci della Rocca their sindaco and procurator, and charged him with contracting in Perugia and elsewhere for a considerable loan, up to 1500 golden florins, pledging the Commune possessions as security. (... *et propterea obligandum dictum Comunem Assisii et omnia bona ipsius Comunis presentia et futura*).[45] On 5 April of the same year, the Priori met and approved Pietro di Gianni da Siena, Communal agent, for having obtained from the Jews of Perugia the loan of two hundred florins, pledging the city goods in return.[46] In July 1341 the Priori this time turned directly to the Jews in Assisi, asking a loan of 175 florins.[47] In the document, which does not give the motives of the request, we have the names of the Jews who contributed to the loan through

---

[44] On 19 April 1336, Musetto di Bonaventura loaned one gold florin to the clerics of the confraternity of S. Stefano (*accactamo da Musetto judeo 1 flor. d'uoro*), receiving 5 lire interest four months later (A.C.S.S., *busta sec. XIV*, fasc. 1332, senza fol.) Musetto continued to work in Assisi at least until the end of July, 1366 (A.C.A., *sezione « N »*, Dative, regist. 4, fasc. 7, cc. 6v-7r). On 3 February 1338, Manuello di Abramo loaned the religious of S. Stefano 40 soldi *sopra una coltra di seta* (on a silk bed-coverlet) (A.C.S.S., *busta sec. XIV*, fasc. 1332, sine fol.). On 29 November 1342, Manuello loaned 12 florins. In the document mention is made of some anti–Jewish decrees, probably concerning loans at interest (... *nonobstante feriis et statutis latis contra iudeos*); the details of these are unknown, and in any case they do not seem to have had any outstanding consequences (A.C.S.S., vol. 38, *protocolli di ser Giovanni di Cecce*, a. 1342, c. 3v). Simigliolo di Manuele, Salamonetto di Vitale (this last together with Sabbatuccio di Salamone) and other Jews effected many loans of different values to Assisan citizens and to the canons of S. Rufino, from January 1342 (A.C.S.S., vol. ms. 38, *protocolli di ser Giovanni di Cecce*, a. 1342, cc. 1r-2r etc.).

[45] A.C.A., *sezione « P »*, Bollettari, registro 1, fasc. 2, c. 1r. Cenci holds that the loan was asked « to meet a famine » (cfr. CENCI, *Documentazione di vita assisana*, I, p. 81) but this motivation is not apparent in the text of the Priori's deliberations.

[46] A.C.A., *sezione « P »*, Bollettari, registro 1, fasc. 2, c. 2r. The Priori considered the *massaro indempnem de promissione facta per eum cum Judeis de .II .ᵉ florenis et de obligatione bona Comunis*. Neither in Assisi nor in Perugia have we found a copy of the registration of the loan and the names of the contractors.

[47] The sindaco of the Commune, maestro Pietro di Tommasello, had the loan registered on 25 July 1341 (A.C.A., *sezione « P »*, Bollettari, registro 1, fasc. 2, c. 22r).

different quotas of taxation. This represents the first official list of Jews living in Assisi, although it is incomplete since it only contains the names of moneylenders. The list runs as follows:

Musetto di Bonaventura and Matassia di Musetto	13,50 fl.
Salamonetto di Vitale on behalf of Vitale, Mele, Sabbatuccio di Salamone	75 fl.
Elia di Gaio, Daniele di Aleuccio	5,50 fl.
Dattilo di Musetto	33 fl.
Manuele di Mele	24 fl.
Manuele di Abramo	24 fl.

As can be seen, the list contains the names of eleven Jews (most of them already known to us) associated in six different companies of banckers, the most important one being that of the brothers Vitale, Mele and Sabbatuccio di Salomone. Indeed, they had to bear the heaviest quota (75 fl.) of the loan. Although the list is only partly indicative, it shows there are eleven family nuclei. If we add a few other families not involved in the loan and living in the city, this would indicate the presence of a Jewish population of roughly eighty individuals in Assisi about halfway through the fourteenth century.

Among the bankers' names we find Manuele di Mele, perhaps another son of that Mele di Salomone whose activities in Assisi at the beginning of the century we have dwelt on previously. Manuele was actively involved banking in the city with a conspicuous capital until at least 1342.[48] But we do not know why in February of the following year, the Podestà, the Capitano del Popolo and the Priori in assembly, declared he was a rebel to the Commune, together with his brother Bonaventura. Perhaps Manuele had refused to loan money considered necessary for the defence and security of Assisi, or else he was suspected of Ghibelline sympathies. However that may be, the two brothers having probably paid a large fine, withdrew from their uncomfortable position and obtained

---

[48] On 19 February 1342 Manuele di Mele lent the considerable sum of 75 florins to maestro Nicola and maestro Jacopo di maestro Pietro Tancredi (A.C.S.R., vol. ms. 91, *protocolli di ser Giovanni di Cecce*, a. 1342, c. 21v).

pardon of the Commune in October of that same year.[49] The name of Manuele no longer appears among the moneylenders of Assisi, but we find the name of his son Simigliolo, who was active about the middle of the century with Musetto di Bonaventura and Daniele di Aleuccio.[50]

In 1348 meanwhile, in Assisi as in the rest of Umbria, the plague had appeared, mowing down the population. It was followed in the autumn of the same year by violent earthquakes that obliged those who had escaped the tremendous epidemic to take refuge in the country. Then came the inevitable famine, spreading misery and poverty in the already hard-hit countryside. Unlike countries beyond the Alps, here the Jews were neither persecuted nor slaughtered. In Assisi, as in Perugia, no one saw the Jews as contaminators or infectors of springs and wells, and they were left in peace. Thus they were able to join the other citizens in healing the wounds caused by so many disasters by taking an active part in the economic restoration of the city.[51] On the other hand, the Priori, faced with the disastrous situation of Communal finances, decreed on 3 December 1350, that Jewish moneylenders might claim only a third of loans made to citizens of Assisi.[52] The

---

[49] The Assisan rulers, meeting in the Palazzo dei Priori, on 23 August 1343, proclaimed *Bonaventuram et Manuelem Melis judeos habitatores civitatis Assisii et utrumque ipsorum esse et fuisse rebelles et inobedientes Comuni Assisii et offitialibus ipsius Comunis*. On 14 October following, the condemnation was annulled after the two brothers before the chancellor of the Commune, *omnia fecerunt que requiruntur fieri secundum formam statutorum* (A.C.A., *sezione* « N », Dative, registro 1 with single and modern numeration of papers, c. 33v).

[50] Simigliolo di Manuele di Mele appears in the lists of Assisan contributors for the *dativa fumi* and for other extraordinary contributions (A.C.A., *sezione* « N », Dative, reg. 3, fasc. 4, c. 9r; reg. 4, fasc. 5, c. 16v; fasc. 6, c. 20v). In the lists of the *dativa fumi* for the year 1356 we also find Musetto di Bonaventura (A.C.A., *ibid.* regist. 3, fasc. 2, c. 2r). We have an act of 20 May 1353 on a commercial transaction that concerns Daniele di Aleuccio (A.C.S.S. vol. 53, aa. 1353-1369, c. 1r).

[51] On the plague, earthquakes and famine that hit Assisi and the rest of Umbria in 1348, see CRISTOFANI, *Le Storie di Assisi*, p. 200; PELLINI, *Historia di Perugia*, I, up to 1348; BONAZZI, *Storia di Perugia*, I, pp. 339-340. Writing of the Christian population's attitude toward the Jews, Bonazzi says, « It does not appear that in these terrible circumstances there was among us any outcry against the supposed Jewish poisoners, as happened in France, Spain, Germany and in some parts of Italy, although from remotest times there were numbers of Jews living with us. ».

[52] The Priori, in conference, decided *quod nullus judeus possit vel debeat petere vel exigere ab aliquo christiano, vigore alicuius instrumenti feneratitii, aliquam quantitatem pecunie, nisi solum tertiam partem eius quantitatis que continetur in dicto instrumento, cum premio et me-*

decree was to be effective for one year, and it seems it was never renewed.

Later on, in the sixties, Assisi was caught up in guerilla warfare against Cannara, while in 1363 the plague reappeared, causing more victims in the town and country districts.[53] But the gravest danger to security came to Assisi in the autumn of 1364 and the following months from the so-called *Compagnia Bianca*. This was a mercenary band made up of Englishmen and Hungarians, organized in Provence after the Peace of Brettigny between France and England. Led by Giovanni, Marquis of Monferrato, they descended into Italy and crossed the Umbrian frontier at the end of 1364, giving themselves to systematic sacking of the countryside and less fortified villages. Perugia was seriously threatened, but still more so the weaker Assisi. To make matters worse, another band of mercenaries appeared – the *Compagnia del Cappelletto* – Italians and Germans led by the adventurer Anichino Bongardo, who ravaged the whole area. While Giovanni da Monferrato drew near Perugia, Anichino's rabble set up camp round Todi. The incursions of the mercenaries went on until summer 1365, filling Umbria with terror. Finally Perugia managed to win over Anichino and his band, and in the decisive battle of 22 July, put the English to flight.[54] On that occasion the troops from Assisi went onto the field beside the Perugians, contributing to the great victory. To cover the expenses of mobilization, the Priori turned more than once, during that summer of 1365, to the Jews for considerable loans.[55] On two separate occasions the sum of 250 gold florins was supplied by the most important company of banckers, i.e. Deodato di Beniamino and his son Gaio, maestro Mele di maestro Bonagiunta, Sabbato di Manuele and Matassia di Musetto. Other Jews

---

rito trium denariorum per libra per dicte tertie partis, hinc ad unum annum proxime venturum (A.C.A., *sezione « H »*, Riformanze, reg. 2, c. 12v).

[53] Disputes between Cannara and Assisi broke out into open war in 1362 (cf. CRISTOFANI, *Le Storie di Assisi*, p. 202). For the violent plague epidemic that hit Umbria in 1363 see PELLINI, *Historia di Perugia*, I, up to 1363; BONAZZI, *Storia di Perugia* I, p. 358.

[54] The events of this war are given in ample detail by GRAZIANI, *Cronaca*, pp. 197 sq. See also BONAZZI, *Storia di Perugia*, I, pp. 358-362 and A. FABRETTI, *A.S.I.*, vol. XVI, part I, p. 199.

[55] The loans were requested *pro solutione et satisfactione gentium armigerarum, que sunt ad custodiam civitatis Assisii*, or *pro solutione stipendii famulorum missorum ad custodiam civitatis Assisii*.

in Assisi lent lesser sums to the Commune – thus for instance, brothers Sabbatuccio and Vitaluccio di Salamonetto, who lent ten florins, and also the moneylender Salomone di Sabbatuccio.[56] The interest paid by the Commune amounted to six denari a lira per month, equivalent to 30 per cent.[57] During this time, faced with the menace of the mercenary armies encamped round the city and the banished Ghibellines who tried to take advantage of the situation, the Priori decided to arm its own citizens *adprobati pro veris Guelfis*. The list of Assisan Guelphs who had permission to carry defensive arms included two Jews: the physician Sabbatuccio di maestro Manuele for the Porta S. Giacomo district, and Vitaluccio di Salamonetto for Porta S. Francesco.[58] This was one more proof of the almost complete equality the Jews of Assisi enjoyed with their fellow citizens.

FROM THE 1381 " CONDOTTA "
TO THE VISCONTI DOMINION

To make a rough estimate of the number of Jews living in Assisi and its district (city and *bailie*)[59] in the second half of the fourteenth century we have a precious source in the list of con-

---

[56] On 30 June 1365 the Priori asked a loan of 150 florins from Gaio di Beniamino, procurator of the society set up by Deodato, maestro Mele di maestro Bonagiunta, and Sabato di Manuele (A.C.A., *sezione* « H », Riformanze, registro 4, cc. 7v 8r). The loan was paid back on the following 4 August (A.C.A., *sezione* « P », Bollettari, registro 3, c. 29r). The preceding 29 July the sum of 100 florins was repaid to the same society, represented by maestro Mele di maestro Bonagiunta, procurator of Deodato di Beniamino and Matassia di Musctto (A.C.A., *ibid.*, cc. 22r-25v). A loan of 10 florins was requested on 2 July from Sabbatuccio and Vitaluccio di Salamonetto, and on 2 August the same amount from Salomone di Sabbatuccio (A.C.A., *sezione* « H », Riformanze, registro 4, c. 7v). The two sums were paid back on 4 August (A.C.A., *sezione* « P », Bollettari, registro 3, cc. 29r-29v).

[57] Since five lire equalled a florin, a florin was worth a hundred soldi di denari, and twelve denari were worth a soldo (cf. L. LEONIJ, *Documenti tratti dall'Archivio Segreto di Todi*, A.S.I. series III, vol. XXII, 1875, p. 184), the rate of 6 denari a lira per month was equivalent to 30 per cent.

[58] The list *de licentia concedenda Guelfis portandi arma defendibilia*, includes names of 115 Assisan citizens, and was approved on 6 July 1365 (A.C.A., *sezione* « P », Bollettari, registro 3, c. 41r).

[59] As we know, the area of Assisi was divided into *bailie*, connected administratively with the various *rioni* of the city (cf. A. FORTINI, *Nova Vita di S. Francesco*, Assisi, s.e. 1959, vol. III, pp. 72-171). For a definition of *bailia* see G. REZASCO, *Dizionario del linguaggio italiano storico ed amministrativo*, Florence, Le Monnier 1881, pp. 74-78.

tributors to the *dativa fumi*, family tax, and the extraordinary contributions imposed by the Commune. We have fragments for the years 1353, 1356, 1363, 1366 and 1368. In these, besides names already mentioned, we have others that in some measure enable us to complete the picture of Jewish presence in the city during this period. The lists also mention the place of residence and the moves of the various Jewish families.[60] However, we must repeat that, being incomplete, they do not contain the names of all the Assisan Jews, some of whom can be traced in other documents:

maestro Sabbatuccio di maestro Manuele	Porta S. Giacomo
Musetto di Bonaventura	Porta S. Rufino
Sabbatuccio di Salamonetto di Sabato	Porta Perlici
Vitale di Cresce di Vita	» »
	(«*Bailia*» di Poggio Morico)
Deodato di Beniamino	Porta S. Francesco
Simigliolo di Manuele di Mele	» »
Manuello di maestro Benamato di Lazzaro	» »
Bonagiunta di Mele	» »
Vitaluccio di Salamonetto	» »

If we add another dozen families whose existence we know of, we can say that, roughly estimated, the number of Jews in Assisi in the second half of the fourteenth century amounted to about a hundred souls. In many lists of Jewish contributors to the *dativa fumi* and extraordinary contributions, a separate place is reserved for Sabbatuccio di Salomone and his son Matassia, who are referred to at the head of the lists with this phrase: *Judei habitantes in civitate Assisii, in burgis et subburgis, exceptis Sabbatutio Salamonis et Mactasia eius filio*. Elsewhere Sabbatuccio is referred to as living in Perugia or Assisi (*habitator in civitate Perusii et in civitate Assisii*), in the district of Porta S. Chiara. Doubtless he was the most highly taxed by the Commune if we consider that in 1368 he made on his own an extraordinary contribution of 519 lire and 16 soldi, as com-

---

[60] We find names of Jews in fragments of lists of contributors to the *dativa fumi* and debtors of the years 1353, 1356, 1363, 1386, and 1395 (A.C.A., *sezione* «*N*», Dative, registro 3, fasc. 1, cc. 2r, 26r; fasc. 2, cc. 4r, 5r; fasc. 3, cc. 1r, 10r, 10v, 11v, 12r, 19v; fasc. 4, c. 9r; fasc. 5, c. 36r). Other names figure in the lists of payment of various contributions for the years 1366 and 1368 (A.C.A., *ibid.*, registro 4, fasc. 1 (13 N 4) cc. 6v, 33r; fasc. 5, cc. 6v 16v; fasc. 6, cc. 14v, 20v; fasc. 8, cc. 6v, 7r, 15v, 16r, 16v, 21v, 24v, 25r, 26r, 26v).

pared with all the other Jewish taxpayers in the city whose total contribution amounted to 1500 lire.[61] Sabbatuccio di Salomone, and above all his son, Matassia, were the leading bankers in Perugia and thus they supported the city Priori financially, even influencing the government with their advice.[62] No wonder then that their affairs led them as far as Assisi, which in those years was politically and economically closely linked with Perugia.

After Sabbatuccio's death, the Priori of Assisi officially granted permission of making loans to his son, Matassia, confirmig the charter on 20 February 1381.[63] The contract signed with him and his close colleague and relative Dattilo di Abramo da Norcia, appear exceptionally favourable. The two moneylenders were to have transferred to the city and there opened a loan bank; in exchange they, and other members employed by the society would have received Assisan citizenship with all juridical rights.[64] Interest on loans was not fixed but the bankers were allowed freedom to arrange this with their clients.[65] If pledges left as security were not claimed within two years, the Jews were dispensed from the obligation of returning them.[66] Finally, if the bankers had unknowingly received stolen goods, the legitimate owners could take possession of them only after payment of the sum agreed upon for the pledges. The contents of the charter bring out the great interest the Priori

---

[61] A.C.A., *sezione « N »*, Dative, registro 4, fasc. 8, c. 25r.

[62] On moneylending activities carried out in Perugia by Sabbatuccio di Salomone and his son Matassia, cf. TOAFF, *Gli Ebrei a Perugia*, pp. 26 sq.

[63] A.C.A., *sezione « N »*, Riformanze, registro 6, fasc. 3, bastardello reformationum aa. 1380-1381, c. 31r.

[64] The Priori requested the moneylenders *morabuntur continue in civitate Assisii et cameram mutui sive fenoris tenebunt et exercebunt in domo ipsius Matassie, posita in dicta civitate Assisii, in Porta S. Clare, in contrata macelli*. In exchange they decided that Matassia, Dattilo and their associates and Jewish agents *tractentur et tractari debeant in civilibus et in criminalibus et in quibuscumque aliis actibus et negotiis ut cives et tamquam veri cives de civitate Assisii*.

[65] *Item quod dicti judei ... mutuare possint et eis liceat ad illud fenus et illam usuram et meritum, de quo concordes erunt cum persona et personis que ab ipsis judeis vel aliquo ipsorum pecuniam mutuari valeant*.

[66] Elsewhere, generally speaking, loan contracts stipulated that unredeemed pledges should be sold at auction before representatives of the Commune, who would supervise proceedings. What remained over and above the sale (taken from the « capital and merito », which went to the bankers) was returned to the owner of the pledge. In this clause as in the former one, concerning free contract on interest, conditions offered by the Priori to the Jewish bankers seem very favourable.

had in the opening of the bank and the advantages they hoped to derive from it for city finances. However, since he had Perugian citizenship as well, Matassia di Sabbatuccio continued to live mostly in Perugia, directing the most important bank. Dattilo da Norcia moved to his house in Assisi in the district of Porta S. Chiara, with other employees of the society, to start moneylending.[67] This activity was less for private citizens than to sustain Assisan politics, and it immediately proved a noteworthy financial source. Between spring and summer of 1382, the Priori had already had recourse to it when the ravages of the adventurers following Alberigo, Count of Barbiano, menaced Perugia and Assisi. Perugia had acquired her own peace only at the cost of 3400 gold florins consigned to Alberigo.[68] These expenses, as well as those incurred for the defence of Assisi from the threats of the mercenary armies, were met through Matassia and Dattilo da Norcia's bank, which in the course of that summer provided the Commune with two loans of 45 and 50 florins. The Priori paid them back with income from taxes on roads, foreigners, and on corn, oats and that year's fruit harvest.[69]

Matassia and Dattilo were, however, not the only ones to whom the Commune could turn. Other moneylenders with far less capital operated in Assisi, of which they were citizens. Thus the surgeon,

---

[67] Matassia di Sabbatuccio is also called in his contracts (*condotta*) *judeus habitator in civitate Perusii*. In December 1381 he was first in the list of bankers operating in Perugia (cf. FABRETTI, *Ebrei a Perugia*, pp. 5-10; TOAFF, *Gli Ebrei a Perugia*, pp. 26-29). As we have seen, Matassia also possessed a house in Assisi in the district of S. Chiara, near the city butcher's which became the seat of the bank. There settled *Dactalus Abrahami de terra Nursia, etiam judeus consanguineus ipsius Matassie*. We have no more trace of Dattilo da Norcia and he is not mentioned by P. NORSA, *Una famiglia di banchieri. La famiglia Norsa (1350-1950)*, parte one (XIV-XV cent.), « Bollettino dell'Archivio Storico del Banco di Napoli », 1953, fasc. 6; part two (XVI cent.), *ibid.*, 1959, fasc. 13.

[68] On these events see CRISTOFANI, *Le Storie di Assisi*, pp. 214-215.

[69] The loans were requested by the Commune *pro defensoribus et barigello civitatis Assisii pro parte salariorum ipsorum*. On 12 June 1382 the Priori decided to attribute the proceeds of the *gabella forensium* tax to meet the first loan of 45 florins (A.C.A., *sezione « H »*, Riformanze, registro 3, c. 6v). On the following 29 August it was arranged that a second loan of 50 florins from Matassia and Dattilo's bank should be met from the revenues from the *gabella recollectionis grani, bladorum et aliorum fructuum estatis* (A.C.A., *ibid.*, c. 33r). On the Italian Communes' custom of meeting their loans from Jewish bankers with the revenue from various taxes, sometimes granted them directly on contract until the debt was paid, cf. LUZZATTO, *I prestiti comunali e gli ebrei a Matelica nel sec. XIII*, pp. 254-255; TOAFF, *Gli Ebrei in Perugia*, p. 247; ID., *Ebrei a Città di Castello*, B.S.P.U., LXXII, 1975, pp. 4, 30.

maestro Sabbatuccio di maestro Manuele, to whom the Priori had entrusted health services in 1383, confirming it the following year, did not hesitate to do some moneylending to private citizens and to the Commune, sometimes represented by his son Daniele.[70] Lesser bankers with very limited means were Mele di Salomonetto and Abramo di Manuello, who were also involved in moneylending in Assisi at the end of the fourteenth century.[71] Matassia di Sabbatuccio died in Perugia on 14 July 1383. Because of his munificence to the city and its leaders, the Perugian Priori authorized a solemn funeral and allowed Salomone and other relatives to wear mourning – and that notwithstanding the explicit law in this respect against the Jews.[72] The bank of Assisi was inherited by his son who, however, remained in Perugia and gave over the administration to Dattilo da Norcia.[73]

The year 1385 was a hard one for the leaders of Assisi. External and internal dangers menaced security, aggravating the economic crisis that for some time the empty communal coffers had not been able to withstand. In the spring, the captain adventurer, Boldrino da Panicale, sacked the country around

---

[70] See below for events of the life of the physician Sabbatuccio di maestro Manuele, who is certainly the most interesting personage of Jewish Assisi of the fourteenth century. As for his banking activities, on 11 Aprile 1384, he was given a receipt for 10 florins, which had at one time been lent *in apotheca Sabbatuti magistri Manuelis ebrei de Assisio*, situated in the Porta S. Giacomo district (A.N.B., Archivio di Stato di Perugia, vol. 2, *atti di ser Giovanni de messer Alberico*, aa. 1381-1384, c. 302v).

[71] A receipt *pro solutione decem florenorum solutorum Mele (Salamonecti) ebreo pro pignoribus apud eum existentium* is registered in a document of 7 October 1384, drawn up *in domo et habitatione Melis judei* in the district of S. Francesco (A.N.B., vol. 2, *atti di ser Giovanni di messer Alberico*, aa. 1381-1384, c. 370r). The name of Abramo di Manuello di Abramo appears a number of times in the records of *dativa fumi* up to 1398 (A.C.A., sezione « P », Bollettari, registro 1, fasc. 4, c. 4v).

[72] The rulers of Perugia mourned the death of Matassia as a loss for the whole city, remembering how he *fuerit verus zelator et id ostenderit opere et sermone, de sua pecunia subveniendo Communi Perusii ac investigando solicite que erant statui Perusino quomodolibet nocitura, et illa revelando Dominis Prioribus, ut apponere possent remedia opportuna, et ut rebelles et proditores dicti Communis eorum pravas intentiones non valerent deducere ad effectum* (Archivio di Stato di Perugia [= A.S.P.] Archivio Storico del Comune, *Consigli e Riformanze*, Libro n. 31, c. 229r). On this subject see also, TOAFF, *Gli Ebrei a Perugia*, pp. 27-28, 229-230. The exceptional concession made to wear black mourning at the funeral of Jews is confirmed also in other cases (cf. TOAFF, *Ebrei a Città di Castello*, pp. 6, 32).

[73] « Salomon Mattasie Sabbatutii Salamonis » appears first in the list of bankers of Perugia in 1385. In the same list we also find the *negotiorum gestores et familia Salomonis Mattasie Sabatutii* (cf. TOAFF, *Gli Ebrei a Perugia*, pp. 28-29).

Assisi, carrying off great quantities of booty. Meanwhile the banished citizens were pressing at the city gates, supported by Perugia, demanding to be reinstated in their country. The situation was made still more threatening by famine and lack of provisions that failed to reach the city from the devastated countryside, made unproductive by the plundering adventurers. The Priori turned to those who could help them in such a difficult crisis, and obtained a loan of twenty thousand florins from the Commune of Perugia, mainly spent in providing the city with wheat.[74] On 16 March they decided to turn to the bank of Dattilo da Norcia and Salomone di Matassia for a loan of 1200 florins; maestro Sabbatuccio, the physician, and other Assisan Jews might also have been called on to contribute.[75] The interest demanded was twenty per cent and, strange as it may seem, the Priori did not hesitate to offer security by pledging part of the wealth belonging to the church of S. Francesco and the basilica of S. Rufino, consisting of precious sacred objects and artistic treasures.[76] Outstanding among

---

[74] For the critical political and economic situation in Assisi in 1385, see CRISTOFANI, *Le Storie di Assisi*, pp. 227 sq.

[75] A.C.A., *sezione* « *H* », Riformanze, registro 4, fasc. 5, a. 1385, c. 40r. The request to undertake a loan of 1200 florins was motivated expressly in vague terms (*pro quibusdam arduis negotiis et pro bono statu dicte civitatis Assisii*). Earlier, the bank of Dattilo da Norcia had lent the Commune the sum of two hundred florins (*Dactalus judeus ... debet recipere a Comuni Assisii .CC. florenos*).

[76] The canonical prohibition to give, lend, or sell sacred objects of Christian worship is well-known, and many Christian authors from Gregory the Great onwards refer to it (cf. B. BLUMENKRANZ, *Juifs et Chrétiens dans le monde occidental*, Paris, La Haye, Mouton 1960, pp. 318-319; S. GRAYZEL, *The Church and the Jews in the XIIIth century*, Philadelphia, Dropsie College 1933, pp. 34-35). In general, city contracts for loans with Jews contained the clause, « sacred objects of the church may not be pledged in any way, and above all chalices, patens, missals or other sacred books, chasubles and other sacred vestments » (cf. TOAFF, *Ebrei a Città di Castello*, pp. 9, 48 etc.). We have seen however, what little attention the governors of the city as well as the clerics paid to these regulations. Thus faced with the grave economic situation, the Priori of the city of St. Francis did not hesitate to ask *quod fratres ecclesie S. Francisci et canonici et presbiteri ecclesie S. Ruffini commodent Communi Assisii aliqua pignora, causa acquirendi super eis mutuo M.CC. florenorum* (ctr. also A. FORTINI, *Assisi nel Medio Evo*, Roma, Ed. Roma A.G.I.R. 1940, p. 357); CENCI, (*Documenti di Vita Assisana*, I, pp. 209-210) prefers to think that in reality the objects were not taken. If we remember the many vicissitudes of the so-called treasure of the Basilica of S. Francesco, however, we shall be less surprised. On 1321 the Ghibellines in power in Assisi sold a part (including « chalices, thuribles, crosses and very precious vestments ») to Arezzo and Florence, making from the sale more than twenty thousand ducats, that were spent to defend the city from the Perugian soldiers and the banished Guelphs. Pope John XXII, from Avignon placed an interdict on the sinful city and Assisi remained in that state until the end

them was a big silver image of the Virgin, splendidly worked, and the magnificent cope of Pope Nicholas IV. It seems that the required sum was obtained from the Jews and the Priori used it to persuade the leaders of the exiles to abandon their project of re-entering the city.[77] A few days later the rulers of Assisi demanded a new forced loan from the richer citizens, among whom were Dattilo da Norcia, maestro Sabbatuccio di Manuele, Mele di Salamonetto and Abramo di Manuello.[78]

Once again, at the beginning of 1389,[79] hunger and pestilence fell on the city of Assisi and its neighbourhood. When it finally came to an end, the Priori thought of a scheme to sustain the economy of the Commune, safeguarding agricultural products of the countryside and promoting the sale of her merchandize even in distant markets. Too frequent was the spectacle of a countryside devastated and stripped by bands of adventurers, of hordes of impoverished peasants who flocked into the city, while Assisi was helpless to defend them and too poor to shelter them without great difficulty. The economic recovery of Assisi could no longer be limited to the advantage of the local producers and consumers, but had to include the interests of the rural population and their physical and economic security. Fresh investments were needed to guarantee the success of the new production and defence plan for agricultural progress and once more the Priori had recourse to Jewish capital. Hence a contract was drawn up between the Commune and maestro Sabbatuccio, for a fifty florin loan, and re-paid in installments from part of the revenue furnished by the oil tax of that year.[80] On 11 October 1389, the Priori requested a sec-

---

of 1359, when part of the treasure was restored to the friars of S. Francesco (cf. CRISTOFANI, *Le Storie di Assisi*, pp. 188, 194; FORTINI, *Assisi nel Medio Evo*, pp. 263-309; BONAZZI, *Storia di Perugia*, I, p. 315).

[77] The rulers of Assisi made a gift of the sum of 1200 florins as retirement gratuity to the Nepis family, heads of the party of the banished Guelphs (cf. CRISTOFANI, *Le Storie di Assisi*, p. 228).

[78] Dattilo da Norcia was obliged to contribute 20 florins, the physician maestro Sabbatuccio 15, Mele di Salomonetto 5, and Abramo di Manuello 3. The loan had been requested by the Commune on 19 and 22 March 1385 *pro eius arduis opportunitatibus* (A.C.A., *sezione « H »*, Riformanze, registro 3, fasc. 5, a. 1385, cc. 42r, 49v).

[79] Cf. CRISTOFANI, *Le Storie di Assisi*, p. 235.

[80] The debt was contracted by the Commune *pro conservatione bladorum, ne comburantur ab emulis ... et pro grano et farina et bladis forensibus deferendis ad vendendum pro habundantia dicte civitatis Assisii*. On 26 July 1389, the Priori undertook to repay the 50

ond loan of 45 florins from maestro Sabbatuccio in order to pay the salary of the Podestà, Jacopo di Lello.[81] Maestro Sabbatuccio also placed his capital at the service of the Commune a few years later in 1392, when the territory of Assisi was once more sacked by various bands of adventurers, among whom were Biordo Michelotti, the Piedmontese Broglia da Trino, and Brandolino.[82] In the autumn of that year, Pope Boniface IX, fleeing from Rome, had taken refuge in Perugia where he received a triumphal welcome. However, ha was dissatisfied with his Perugian residence and in the summer of 1393 he transferred with all his suite to Assisi, asking hospitality of the convent of S. Francesco.[83] The poor friars were honoured by this unexpected visit, which lasted until the beginning of autumn, but they had to face sudden problems and expenses that stretched their limited resources. On that occasion once again it was maestro Sabbatuccio who came up with part of the means they needed to avoid upsetting the Pontiff during his stay in Assisi.[84]

In the final period of the fourteenth century, preceding and following the conquest of Assisi by Biordo Michelotti, lord of Perugia, up to the gift of the city to the Visconti at the dawn of the following century, there is no trace of negotiations with the

---

florins and the sum of 50 lire to maestro Sabbatuccio on the revenue from the oil tax. (A.C.A., *sezione « H »*, Riformanze, registro 3, fasc. 6, a. 1389, c. 5r). On the situation of the market of Assisi in this period see also G. ZACCARIA, *L'arte dei Guarnellari e dei Bambagiari di Assisi*, B.S.P.U., LXX, 1973, pp. 1-92.

[81] The loan was requested *super integra satisfactione fienda salarii Jacobi Lelli alias disutilis, Potestatis proxime preteriti dicte civitatis Assisii*. The merchant, Gentile di Vico, acted as guarantor for the debt on behalf of the Commune (A.C.A., *sezione « H »*, Riformanze, registro 3, fasc. 6, c. 42r).

[82] Cf. CRISTOFANI, *Le Storie di Assisi*, pp. 237 sq.

[83] On Boniface IX's flight from Rome and his stay in Perugia and Assisi from October 1392 to September of the following year, see BONAZZI, *Storia di Perugia*, I, pp. 409 sq.; CRISTOFANI, *Le Storie di Assisi*, p. 239. The triumphant welcome Perugia reserved for the Pope was in great part financed by the Jews of the city, who were publicly thanked by the Priori (cf. TOAFF, *Gli Ebrei a Perugia*, pp. 30-31).

[84] On 4 June 1393 the friars repaid 14 gold florins to maestro Sabbatuccio, which they had previously received in loan (... *fecit assignari fr. Thomas Viarii de Venetiis ... XIIII flor. auri, quas assignaverat fr. Iacobus ut rederentur Sabatutio iudeo, quas habuerat mutuo ab ipso Sabatutio*) (A.C.S.Fr., *Archivi amministrativi*, vol. 373, aa. 1390-1424, c. 37v). The convent of S. Francesco made a fresh loan of 4 florins from Sabbatuccio (... *remanet conventus obligatus Sabatutio iudeo, pro mutuo flor. IIII*) on the following 20 July (A.C.S.Fr., *ibid.*, c. 38r).

bank of Dattilo da Norcia and Salomone di Matassia da Perugia.[85] We do not know whether what had been the most important Jewish bank of Assisi in the eighties had ceased to function or, if so, why. It is certain that Dattilo da Norcia's name no longer appears in documents of the end of the century, while the Jewish moneylending in the city seemed to be concentrated in the hands of maestro Sabbatuccio. As we have seen, the latter had for a long time associated his profession as physician with moneylending, working through his son Daniele whom he had named his agent.[86]

JEWISH LIFE AND CULTURE IN ASSISI, JEWISH PHYSICIANS AND FRANCISCAN FRIARS

We have seen that the Jewish nucleus of Assisi round the second half of the fourteenth century must have numbered between eighty and a hundred persons.[87] So it was not an insignificant group of Jews, at least for those times when the communities of the more important centres in Italy counted little more than a few hundred members.[88] In spite of this, the Jews in Assisi did not think of organizing themselves into a community and they depended for many religious services on Perugia. When at the end of the fourteenth century the Perugian Jewish community appeared in official documents as *Universitas Hebreorum civitatis Perusii*,[89] the

---

[85] On the conquest of Assisi by Biordo Michelotti in 1394, see PELLINI, *Historia di Perugia*, II, p. 57; CRISTOFANI, *Le Storie di Assisi*, pp. 240 sq.; FORTINI, *Assisi nel Medio Evo*, pp. 363 sq. On the signoria of Biordo in Perugia and his politics with regard to the Jews of the city, cf. TOAFF, *Gli Ebrei a Perugia*, pp. 30 sq.

[86] On 29 March 1395 Magino di ser Franceschino made out for Daniele, son of maestro Sabbatuccio, a receipt for 25 florins (A.N.A., Biblioteca Comunale, vol. B 1, *Atti di ser Giovanni di Cecco Bevignate da Casacastalda*, aa. 1389-1396, c. 82c). On the following 20 May. *Danielle. filius magistri Sabbatutii magistri Manuelli, iudeus de Assisio, procurator et procuratorio nomine dicti magistri Sabbatutii, sui patris* left a receipt for 20 florins to Paolo di Petruccio (A.N.A., *ibid.*, c. 81r).

[87] See above on this subject pp. 19-20.

[88] In the same period, for esample, the Jewish community of Perugia was little more than 200 all told (cf. TOAFF, *Gli Ebrei a Perugia*, p. 38). The Jews in Florence in the XVth century oscillated between one and three hundred units (cf. CASSUTO, *Gli Ebrei a Firenze nell'età del Rinascimento*, Florence, Tip. Galletti e Cocci 1918, p. 212).

[89] A.S.P., Fondo Notarile, *atti di ser Cola di Bartolino – Porta Heburnea*, libro aa. 1378-1398, vol. 17 c. 231v. Cf. A. TOAFF, *Documenti sugli ebrei a Perugia nei secoli XIII e XIV*, « Michael » (Tel Aviv University), I, 1972, pp. 319-320, 324-325.

Jews in Assisi were still known as *Judei habitantes in civitate Assisii, in burgis et subburgis*, a denomination that implicitly emphasised the lack of a representative organ.[90] The Jews of Assisi did not possess a synagogue of their own in the fourteenth century, but they probably met for liturgical services in some banker's house where a room had been arranged as a place of prayer. Moreover, we know that in the XV century there was a piece of land in Assisi given over for a Jewish cemetery, which must have been in use in the fourteenth century as well.[91] Even in this case, it did not belong officially to the Jewish community of Assisi, which did not exist as such, but probably to the family of the physician Sabbatuccio di Manuele.

The Commune had not delegated jurisdiction of the Jews to any special tribunal, and any Jew who obtained citizenship enjoyed complete equality of rights with other citizens. In the « capitoli » (privileges) signed on 20 February 1391 by the Priori with Matassia di Sabbatuccio da Perugia and Dattilo di Abramo da Norcia, it was explicitly stipulated that the two bankers with their colleagues, agents and employees *tractentur et tractari debeant in civilibus et in criminalibus et in quibuscumque aliis actibus et negotiis ut cives et tamquam veri cives de civitate Assisii*.[92] This qualification placed both their civil and penal jurisdiction in the hands of the Podestà and the Capitano del Popolo with their criminal judges (*judices mallefitiorum*), before whom had to be settled both lawsuits involving Jew against Jew as well as those with Christian citizens. Appeal cases belonged exclusively to the *judex mallefitiorum* of the Podestà. Thus for example, the legal controversy in the spring of 1333, protagonist of which was Salamonetto di Mele, and in which Bartolo di Sassoferrato was involved, was heard by the Capitano del Popolo, who gave sentence in favour of the Jew. The subsequent appeal, of which the outcome is unknown, was, however, deferred

---

[90] This denomination appears in the lists for the *dativa fumi* of the second half of the XIVth century (A.C.A., *sezione* « *N* », Dative, registro 3, fasc. 2, c. 4r; registro 4, fasc. 8, cc. 16r, 26v).

[91] The site was in the district of Porta Perlici and was indicated as *sepultura judeorum* (A.N.A., vol. B 14, *atti di ser Giovanni di Cecco Bevignate da Casacastalda*, fasc. 2, c. 66v).

[92] A.C.A., *sezione* « H », Riformanze, registro 6, fasc. 3, bastardello reformationum, aa. 1380-1381, c. 31r.

to the Podestà's criminal judge.[93] In the *libri mallefitiorum* of the Commune, some fragments of which have come down to us from the fourteenth century, a few condemnations of Jews are registered. Generally speaking the crimes are insignificant and the penalties imposed are usually fines. As we saw, in 1331 Vitale di Mele *judeus et civis civitatis Assisii* was condemned by the criminal judge to pay a fine of 97 soldi for having carelessly kept *quendam librum decretalium*, probably left as security for a loan.[94] In 1334 the same Vitale was once more in trouble and was denounced for having abusively kept *quoddam Codicum*.[95] The brothers Daniele, Salamonetto and Elia di Mele were condemned in 1332 to pay a fine of 16 soldi for having dared to enter the vineyard of an Assisan citizen without permission.[96]

With citizenship, the Jews also obtained the right to hold real estate in the city and the district. Mele di maestro Salomone and Leone di Salomone in 1309 *tempore receptionis citadinantie ipsorum*, acquired two small cottages in the Porta S. Chiara district, between the old and new walls of the city, and on these they built their houses, which must have appeared large and luxurious at the time.[97] The physician Sabbatuccio di maestro Manuele, who had a house in the Porta S. Giacomo district, bought for 18 florins a piece of cultivated land and vineyard in the Viglione area, in the *bailia* of Mora, in June 1381.[98] Sabbatuccio di Salomone da Perugia, the leading banker in Assisi towards the sixties, possessed a house in the district of Porta S. Chiara, in the butchers' quarter. He left it to his son Matassia who, though he went on living mostly in Perugia, carried on his father's activity in Assisi through his col-

---

[93] A.C.S.Fr., *sez.* «*Instrumenta*», vol. 7, aa. 1332-1333, pergamena n. 11.

[94] A.C.A., *sezione* «*N*», Dative, registro 2, fasc. 2, c. 5r.

[95] A.C.A., *sezione* «*N*», Dative, registro 2, fasc. 2, c. 18v.

[96] A.C.A., *sezione* «*N*», Dative, registro 2, fasc. 2, c. 16r.

[97] B.C.B., *Archivio Notarile*, busta 14 c, fasc. G, *bastardello di ser Giovanni di Alberto*, July 1309, cc. 15r, 15v, 16v; fasc. H, July-November 1309, cc. 9v, 27r. The two dwellings were built *in contrata strate et junte nove S. Clare, infra muros novos et veteres*.

[98] The house and *apotheca* belonging to maestro Sabbatuccio were situated *in porta Sancti Iacobi, in pede platee* (A.N.B., vol. 2, *atti di ser Giovanni di Alberico*, aa. 1381-1384, c. 302v; A.N.A., vol. B 1, *atti di ser Giovanni di Cecco Bevignate da Casacastalda*, aa. 1386-1396, c. 86r). On 3 June 1381 Sabbatuccio paid 18 florins *pro pretio et nomine pretii unius petie terre vineate, posite in bailia More, in vocabulo Vilglionis*, where today Palazzo di Assisi is situated (A.N.A., vol. A 3, *atti di ser Francesco di maestro Tommaso*, aa. 1380-1381, c. 129r).

league Dattilo da Norcia. In Assisi, as in the other Umbrian communes where there was a Jewish nucleus, a *giudecca* did not exist; neither were the Jews forced to concentrate in a special section of the city. Their houses were scattered in all districts – at Porta S. Chiara as in Porta Perlici, at Porta S. Giacomo and Porta S. Rufino – although the lists of the *dativa fumi* for the fourteenth century indicate that the greater number of Jewish families had taken up residence in the district of Porta S. Francesco.[99]

Even if the documents of the period primarily limit themselves to following up the bankers' operations because of the priority of their role in communal economy, and to a lesser degree that of the Jewish physicians, it would be erroneous to suppose these were the only Jewish occupations. We have scanty, but by no means insignificant documentation for Assisi (and the rest of Umbria) in the period of the Commune as well as that of the Signorie.[100] The physiognomy of the Assisan Jewish population, even with its limited numbers, runs from the aristocracy of the well-to-do families of bankers and physicians to include the less wealthy merchants and the lower class. This last was made up of the floating

---

[99] See list published on p. 20.

[100] GRAYZEL (*The Church and the Jews*, pp. 41-42), already touched on this problem for the period immediately preceding, when he declared that « if the documents [official Church documents on the Jews] were to be taken at their word ... the conclusion would be inevitable that the Jews of this period dealt in nothing but the lending of money », and he adds that, « a closer reading of these documents alone is sufficient to indicate that at this period moneylending was not the sole occupaton of the Jews ». For this reason, neither do we wish to accept completely the learned arguments of G. LUZZATTO (*I banchieri ebrei in Urbino nell'età ducale*, Padua, Drucker 1902, p. 11), according to which, « when guilds of arts and crafts were springing up everywhere, all structured with religious rules and excluding anyone of a different faith, these [i.e. the Jews] found themselves cut off from more advanced forms of commerce and industry and were obliged to limit themselves to the more humble and despised ones: second-hand goods, pawning, usury ». It would have been this « lack of choice » that made the Jews, in the brutal definition of R. S. LOPEZ (*The Commercial Revolution of the Middle Ages* (950-1350), Englewood Cliffs, N. J. 1971, p. 61) « a god-forsaken minority, singled out for malodorous yet lucrative tasks ». Such a thesis, accepted largely by Jewish scholars (cf. also MILANO, *I primordi*, pp. 221, sq.), perhaps for praiseworthy motives of defence against prejudice and calumny of an anti-semitic kind, seems to us to do injustice to Jewish participation in the reality of communal life in Italy. This was certainly not limited to moneylending but spread, even if less extensively, to other fields of commercial life (not to mention cultural ones), enjoying the liberty and almost total equality the Italian Communes gave the Jews. The one sided complaints and invectives against their « *pravità usuraria* » sounded only later on, passing from the church pulpits to the city squares and there transformed into violence and prejudice.

mass of pedlars or lesser craftsmen, not counted as belonging to the *Arti*, which took little notice of them, and about whom official documents seemed to contain few traces.[101] At the beginning of the fourteenth century Manuello di Leone, together with a Christian, sold almonds in Assisi and the surrounding districts.[102] In 1436 a certain *Abramo judeo* ironmonger, provided iron to the friars of San Francesco *ad coperiendum tectum ecclesie superioris*.[103] The blacksmith *Gabriele d'Angelo judeo*, in February 1471 made keys for the palace of the Capitano del Popolo and in 1487 sold some iron to the friars of San Francesco.[104] The friars themselves had relations with a merchant of clothes in 1447,[105] and in 1455 they called on the mattress-maker Dattilo to « renew the convent mattresses ».[106] In 1381 among the clients of the Jewish innkeeper of Assisi were the friars of the confraternity of S. Stefano, who paid for wine at eight denarii *la foglietta*.[107] The little brothers of S. Francesco were not behind-hand and bought their *vino antiquo* for the year from the physician maestro Sabbatuccio, paying a little extra – a florin per *salma*.[108] Sometimes when someone had to go from the convent of S. Francesco to Perugia, he rented Aleuccio the driver's trap and « nag ».[109] Clearly, the Jewish population

---

[101] About these « lesser craftsmen not yet well incorporated into the *Arti* » mention is made in G. VOLPE (*Il Medioevo*, Florence, Sansoni 1965, pp. 277 sq.).

[102] The society of almond merchants was dissolved in March 1309, for unknown reasons (B.C.B., *Archivio Notarile*, busta 14 c, fasc. F, January-May 1309, *bastardello di ser Giovanni di Alberto*, c. 8r).

[103] On 10 March 1436 Abramo sold the friars 24 pounds of iron, at twenty denari a pound (A.C.S.Fr., *Archivi Amministrativi*, vol. 374, aa. 1431-1466, c. 30r).

[104] *Gabriel Angeli faber, qui facit claves ferreas ... super columnas palatii capitanei* (A.C.A., Sezione « H », Riformanze, registro 18, aa. 1469-1479, c. 158r); *Pagammo a Gabriele giudeo, per ferro da lui comprato, bol* [ognini] *novantasei*. On 3 May 1487 (A.C.S.Fr., *Archivi Amministrativi*, vol. 4, aa. 1467-1493, c. 104r).

[105] On 14 July 1447 the friars recorded *lib*. II, *sol*. XV *cuidam judeo ... pro X copertoriis* (A.C.S.Fr., *Archivi Amministrativi*, vol. 374, c. 79r).

[106] However, his work consisted only in repairing the infirmary mattresses, and on 5 May 1455 the friars paid him 12 lire and 10 soldi (A.C.S.Fr., *Archivi Amministrativi*, vol. 374, c. 127r).

[107] In the records there is no mention of the name of this *judeo tavernaio* (A.C.S.S., vol. 58, aa. 1379-1381, c. 18v).

[108] On 20 May 1377 the friars paid maestro Sabbatuccio 9 florins for 9 *salme* of old wine (A.S.C.Fr., *Archivi Amministrativi*, vol. 372, aa. 1377-1379, c. 1r).

[109] Thus, on 13 August 1433 maestro Andrea di Egidio, having to go to Perugia *pro ricalco pro forma campane* of the church of S. Francesco, rented from Aleuccio, the jewish driver, *la victura ronzini* (A.C.S.Fr., *Archivi Amministrativi*, vol. 374, c. 16v).

of Assisi in the last period of the Communal era to the beginning of the next period was extremely heterogeneous. True, there were the bankers and the doctors, but participating in the city life was a crowd of no less active merchants and minor artisans such as Gabriele the blacksmith, Dattilo the mattress-maker, Aleuccio the driver and the anonymous innkeeper who mixed wine for the friars. If their memory has survived the oblivion of time it is thanks to the diligent and detailed notes of the friars of S. Francesco. These are the archives that also provide ample documentation on the relationship, during this period, between the Jews and the religious milieu of Assisi. Friars of S. Francesco, canons of S. Rufino, city and country clergy, all lived in contact with the Jews and made use of their work, participating actively with them in the life of the Commune.[110] If controversies arose between them, they took place in the market square rather from the pulpits of churches and synagogues. Their relations were characterized by a surprising absence of prejudice and animosity, within a society that saw the Jew quite naturally as part of itself. Far away as yet were the times when this reality would be first polluted, then changed and finally overthrown by the marginating violence of Catholic origin, first expressed even in Assisi in the anti-Jewish invectives of the friars minor. The XIV century has left us the memory of one single conversion to Christianity. A daughter of maestro Angelo da Foligno, *habitator Assisii*, was baptized in 1398 and became a nun in the monastery of St. Agnese.[111] We know nothing of the motives that induced her to take such a step, nor the reaction in Jewish and Christian circles in Assisi.

The most interesting personage of the Jewish Assisi of the fourteenth century is undoubtedly the physician maestro Sabbatuccio di Manuele. His Hebrew name was Shabbatai b. Matatia and he belonged to the ancient and prestigious family of Roman origin of the *Min Ha-Keneset* (*Bethel*) or *de Synagoga*.[112] He had come

---

[110] See moreover what we have noted on this subject pp. 8-9.

[111] The child, who had taken the name Agnes at baptism, appears in a notarial act on 22 December 1398 (A.N.A., vol. C 2, *atti di ser Girardo di messer Giovanni*, c. 43v).

[112] We know of maestro Sabbatuccio's membership in the Roman family of *Min Ha-kenesset* or *Bethel* (in non-Jewish documents: *De Synagoga* or *Scola*) through the colophon of cod. parmense 3148 (De Rossi 1134). Other members of the family, such as the banker Matassia di Sabato Scola and the scribe Jechiel b. Jequtiel Bethel, lived in the same period in Perugia and Gubbio (cf. L. ZUNZ, *Nachtrag zur Literatur-*

to Assisi, probably from Rome, in 1358 and had rented a house from the friars of the confraternity of S. Stefano.[113] In 1363, during the grave epidemic of the plague that fell on the city, he had devoted himself with great self-sacrifice to the sick, especially the friars of S. Francesco, who had turned to him and who later on showed their gratitude by maintaining affectionate and cordial relations with him.[114] As a reward for his care for the Commune's situation as well as his medical capacities, he was awarded citizenship of Assisi, which gave him the right to possess property in the city and outside. Maestro Sabbatuccio took advantage of this fact to buy a house in the district of Porta S. Giacomo (later he moved to a new and much more luxurious house in Porta S. Francesco) *in pede platee*, and there opened his *apotheca*.[115] Later on he bought a good deal of cultivated land as well as vineyards in the Assisan countryside.[116] On 3 July 1365, the Guelph government of the city once more showed him confidence, approving him as a *verus guelfus* and numbering him among the very small circle of citizens who were allowed to carry arms.[117] The difficult political and economic

---

geschichte der Synagogalen Poesie, Berlin, Gerschel 1867, pp. 501-502; H. VOGELSTEIN and P. RIEGER *Geschichte der Juden in Rom*, I, Berlin, Mayer und Müller 1896, pp. 332-333; C. BERNHEIMER, *Paleografia ebraica*, Florence, Olschki 1924, p. 266 sq.; U. CASSUTO, *Sulla famiglia da Pisa*, R.I., V, 1908, pp. 230-236, VII, 1910, pp. 72-77; ID., *Gli Ebrei a Firenze*, pp. 32-33; COLORNI, *Prestito ebraico*, p. 30; MILANO, *I primordi*, p. 311; TOAFF, *Gli Ebrei a Perugia*, pp. 29-30, 35-36).

[113] On 27 October 1358 maestro Sabbatuccio rented a house from the friars, paying 12 lire a year (A.C.S.S., *busta sec. XIV*, fasc. 1332, sine fol.). In the document Sabbatuccio is said incorrectly to be the son of *maestro Iohanne iudeo*, instead of maestro Manuele.

[114] On 16 November 1363, the friars of S. Francesco paid maestro Sabbatuccio 7 florins, 10 soldi *pro pluribus curis et medicinis fratrum, a principio mortalitatis usque ad presentem diem* (A.C.S.Fr., *Archivi Amministrativi*, vol. 371, aa. 1352-1364, c. 164r). There is ample documentation of his further relations with the friars of S. Francesco and other Assisan religious milieus. In May 1377, maestro Sabbatuccio furnished the friars with *vino antiquo* from his own lands, selling it at one florin the *salma* (A.C.S.Fr., *Archivi Amministrativi*, vol. 372, aa. 1377-1379, c. 3r). The Jewish physician also had contacts with don Francesco di Burgaro of Assisi, canon of the church of S. Rufino (A.N.B., vol. 2, atti di ser Giovanni di messer Alberico, d. 302v).

[115] A.N.B., vol. 2, *atti di ser Giovanni di messer Alberico*, aa. 1381-1384, c. 302v.

[116] A.N.A., vol. A 3, *atti di ser Francesco di maestro Tommaso*, aa. 1380-1381, c. 129r The piece of *terre vineate*, vineyard, cost maestro Sabbatuccio 18 florins. This was not, however, all the property he owned in the Assisan countryside. He left numerous other pieces of land to his sons at his death. See further on pp. 78-79.

[117] *Sabbatutius magistri Manuellis* appears in the list of 27 Guelph citizens *de porta S. Jacobi*, to whom the Priori had given permission to carry *arma defendibilia* (A.C.A., sezione « P », Bollettari, registro 3, c. 41r).

events of the last years of the fourteenth century in Assisi found maestro Sabbatuccio ready to help the Commune, not only as a doctor but also as moneylender. Assisan leaders turned either to him directly or to his son Daniele, his assistant in this last capacity, for contributions to help pay the soldiers defending the city, to finance development programmes and promote economic balance or, less spectacularly, to pay arrears of the Podestà's salary.[118] If during this period the most important Jewish bank in Assisi was that of Matassia da Perugia and Dattilo da Norcia, bound to the Commune by the 1381 charter, it must not be forgotten that it was often sustained by the more limited but no less valuable lending activities of maestro Sabbatuccio.[119] In 1383 the Commune appointed him *medico cirusico* (doctor surgeon) with a salary of twelve florins a year, in collaboration with the other surgeon, maestro Matteo Santori da Assisi, and the *fisico* doctor of the Commune, maestro Bartolomeo di Jacopuccio da Castel della Pieve.[120] We have con-

---

[118] This is the list of some loans made by maestro Sabbatuccio to the Commune: 16 March 1385. Participation in a loan of 1200 florins *pro quibusdam arduis negotiis et pro bono statu dicte civitatis Assisii* (A.C.A., sezione « H », Riformanze, registro 3, fasc. 5, c. 40r); 19 March 1385. Loan of unspecified amount made by thirty-five Assisan citizens, among whom the *filius Sabbatutii judei*, probably Daniele (A.C.A., *ibid.*, c. 42r); 22 March 1385. Loan of 15 florins *pro arduis opportunitatibus Comunis* (A.C.A., *ibid.*, c. 49v); 26 July 1389, Loan of 50 florins *pro conservatione bladorum, ne comburantur ab emulis ... pro grano et farina et bladis forensibus deferendis ad vendendum pro habundantia dicte civitatis Assisii* (A.C.A., *ibid.*, fasc. 6, a. 1389, c. 5r); 11 October 1389. Loan of 45 florins to pay salary of the Podestà Jacopo di Lello (A.C.A., *ibid.*, c. 42r).

[119] This is the list of some loans made by maestro Sabbatuccio to Assisan citizens: 11 April 1384. Loan of 14 florins to Bartoluccio di Vanne (A.N.B., vol. 2, *atti di ser Giovanni di messer Alberico*, c. 302v); 29 March 1395. Loan of 25 florins made by his son Daniele to Magino di ser Franceschino (A.N.A., vol. B 1, *atti di ser Giovanni di Cecco Bevignate da Casacastalda*, aa. 1389-1396, c. 82v); 20 May 1395. Loan made by Daniele, *procurator et procuratorio nomine ... magistri Sabbatutii, sui patris* for 20 florins to Paolo di Petruccio (A.N.A. *ibid.*, c. 84v); 8 June 1395. Loan of 8 florins, paid by Daniele to Niccolò di Corradello da Bevagna and to Niccoluccio di Vanne da Assisi (A.N.A., *ibid.*, c. 86r); 28 February 1402. Loan of 4 florins to Venturello di Marino and Antonio di Bartolo (A.N.A., vol. A 2, *atti di ser Giovanni di maestro Giacomo di Pietro*, fasc. 3, aa. 1400-1405, c. 3v).

[120] We have records of remittance of salary to maestro Sabbatuccio by the Commune for the years 1383 and 1384 (A.C.A., sezione « P », Bollettari, registro 3, a. 1383, cc. 166v-167v; A.C.A., sezione « H », Riformanze, registro 6, fasc. 2, a. 1383, c. 13r; A.C.A., sezione « P », Bollettari, registro 2, a. 1384, cc. 17r-17v). On this subject CRISTOFANI writes (*Le Storie di Assisi*, p. 218): « In this period the Commune employed two doctors with an annual salary of fifty gold florins, and two surgeons, one with a salary of twenty-four florins, and the other, a Jew, who was paid only twelve ». In the same period other jewish physicians worked in Umbria. In Perugia there were maestro

tracts between maestro Sabbatuccio and private citizens for medical care up to 1391.[121] As he grew older he retired from medical practice and limited himself to sporadic moneylending. But his love for the medical profession left a deep impression on his family. Out of his four sons, Abramo, Daniele, Gaio and Giacobbe, the first three became physicians like himself, and practised in Assisi as we shall see, much to the appreciation and esteem of the population and the government. Maestro Sabbatuccio, who died between 1402 and 1413,[122] has left us proofs of his love for Hebrew culture and science as well. In 1389 he had a copy made for his library by the scribe Abraham b. Moshè of the second part of the ritualistic work *Mishnè Torà* (The Repetition of the Law) of Maimonides,

---

Gaudino di Bonaventura, who was given citizenship in 1381, maestro Musetto di Salomone *medicus* in 1367, Meshullam b. Abraham (Bonaventura di Abramo?), poet as well as doctor, at the end of the fourteenth century, and maestro Musetto di Guglielmo, citizen in 1400 (cf. A. ROSSI, *Gaudino di Bonaventura, Albo dei professori nel terzo quarto del secolo 14º*, « Giornale di erudizione artistica », VI, Perugia 1877 p. 252; F. MOMIGLIANO, *Un ebreo professore di medicina a Perugia nel sec. XIV*, V.Is., LXV, 1918, pp. 384-387; C. SCHIRMANN, *Mivchar ha-shirà ha-'ivrit be-Italia* [*Anthologie der Hebraischen Dichtung in Italien*] , Berlin, Schocken 1934, pp. 172-173; ZUNZ, *Literaturgeschichte*, p. 507; M. MORTARA, *Indice alfabetico dei rabbini e scrittori di cose giudaiche in Italia*, Padova, Sacchetto 1886, p. 48; TOAFF, *Gli Ebrei a Perugia*, pp. 32-33, 82 sq., 269-274). Maestro Elia operated in the Commune of Città di Castello from 1396-1399, and maestro Ventura di Dattilo da Roma, also physician appointed by the Commune in 1398-1401, with a salary of 25 florins a year. (cf. G. MUZI, *Memorie civili di Città di Castello*, I, Città di Castello 1842, p. 227; TOAFF, *Ebrei a Città di Castello*, pp. 95-99). Systematic study of the archives of the Umbrian cities would certainly yield new names to add to the list of Jewish physicians working in this area at the end of the XIV century. On Jewish doctors in Umbria at a later date, cf. also O. SCALVANTI, *Lauree in medicina di studenti israeliti a Perugia nel secolo XVI*, « Annali della Facoltà di Giurisprudenza » (University of Perugia), VIII, 1910, pp. 91-129. On general problems of degrees in medicine for Jewish students see especially V. COLORNI, *Sull'ammissibilità degli ebrei alla laurea anteriormente al secolo XIX*, « Scritti in onore di R. Bachi », R.M.I., XVI, 1950, pp. 202-216; ID., *Gli ebrei nel sistema del diritto comune*, Milan, Giuffrè 1956, pp. 28-31. On Jewish physicians in the Middle Ages cf. E. CARMOLY, *Histoire des medecins juifs anciens et modernes*, Brussels, s. e. 1844; E. FRIEDENWALD, *The Jews and Medicine*, 2 vol., Baltimore, John Hopkins Univ. Press. 1944; ID., *Jewish Luminaries in Medical History*, Baltimore, John Hopkins Univ. Press 1946; M. STEINSCHNEIDER, H.B. XVII, 1878.

[121] On 24 January 1391 maestro Sabbatuccio received 25 florins *ochasione medicharie facte* from a certain Vico di Latino (A.N.A., vol. C 1, *atti di ser Gerardo di messer Giovanni*, aa. 1390-1392, c. 64r).

[122] Maestro Sabbatuccio, on 28 February 1402, granted a loan of 4 florins to an Assisan citizen (A.N.A., vol. A 2, fasc. 3, aa. 1400-1405, *atti di ser Giovanni di maestro Giacomo di Pietro*, c. 3v). In a document dated 21 May, 1413, his son Abram is called *filius condam magistri Sabbatutii* (A.N.A., vol. C 20, aa. 1412-1415, *atti di ser Francesco di ser Benvenuto di Stefano*, c. 84v).

conserved in the cod. parmense 3148 (De Rossi 1134).[123] In the colophon the scribe had noted:

« The holy undertaking that I, Abraham b. Moshè, proposed in copying these last eight books of the work (*Mishnè Torà* of Maimonides), was finished on the night of Sunday, 18 of Adar I of the year 5149 from the creation of the world (= 14 February 1389) in the city of Assisi of the Duchy (*sic*). I copied this text for messer Shabbatai b. Matatià *Min Ha-Keneset* and from his hands I have received the money of my salary. The Lord who allowed me to write this text grant he may meditate on it and on other sacred books, together with his descendents and the descendents of his descendents, to the end of generations. He actualizes the verse that says: ' This book of the law must be ever on your lips; you must keep it in mind day and night so that you may diligently observe all that is written in it. Then you will prosper and be successful in all that you do ' (*Joshua* I, 8) ».

---

[123] Cf. G. B. DE ROSSI, *Mss. codices hebraici*, Parma, Tipografia Pubblica 1803, n. 1134; A. FREIMANN, *Jewish Scribes in Medieval Italy*, « Alexander Marx Jubilee Volume », New York 1950, n. 243; Z. f. H.B., XVIII, p. 59, n. 62. De Rossi's transcription of the colophon, on which apparently Freimann relied, is incomplete, and moreover it does not record Shabbatai's connection with the Roman family of the *Min Ha-Keneset*. The same scribe, Abraham b. Moshè finished copying in Assisi on 29 of the month of Siwan of the year 5156 (= 1396) the *Sefer Ha-Chinukh*, « Book of Education », of Aharon ha-Levi (cod. Casanatense 2857 [Sacerdote 134]) « in honor of my beloved teacher Jequtiel b. Shelomò (Consiglio di Salomone) ». G. SACERDOTE (*Catalogo dei codici ebraici della biblioteca Casanatense*, Florence 1847, pp. 556-557), reads instead the date of the colophon 5103 (= 1343).

THE JEWS IN ASSISI IN THE XV CENTURY

BANKERS AND MONEYLENDERS IN THE FIRST HALF OF THE XVTH CENTURY

On the 20th of March 1400, Assisi, following Perugia's example, surrendered to Gian Galeazzo Visconti, Duke of Milan. Thus began the Visconti rule over the city, which was short but left its mark, and this included the situation of the Jews.[124] Andreino degli Ubertini as lieutenant, and Rolando da Summo as commissioner were named official representatives of the Duke of Milan in Umbria. Both of them took up residence in Perugia from whence they also controlled the rulers of Assisi.

At the beginning of August 1401, the banker, Abramo di Musetto da Camerino presented himself to the Priori of Assisi with a letter from Andreino degli Ubertini and Rolando da Summo.[125] The two Visconti officials, referring to the charter granted by the Priori in 1381 to the bankers, Matassia da Perugia and Dattilo da Norcia, drew their attention to a deplorable oversight by which the possibility of transmission of the privileges to the bankers' descendents had been omitted. Now, on request of Matassia da Perugia's son Salomone, they asked the Assisi government to

---

[124] On the surrender of Assisi to the Visconti cf. CRISTOFANI, *Le Storie di Assisi*, pp. 248 sq; FORTINI, *Assisi nel Medio Evo*, pp. 376 sq. ; S.PEZZELLA, *Dominio Visconteo in Assisi (1399-1403)* (= *Dominio Visconteo*), « Quaderni Umbri », November 1974, pp. 1-68. On the Visconti domination of Umbria and Perugia in detail cf. PELLINI, *Historia di Perugia*, II, pp. 128 sq.; BONAZZI, *Storia di Perugia*, I, pp. 483 sq.; G. FRANCESCHINI, *Biordo Michelotti e la dedizione di Perugia al Duca di Milano*, B.S.P.U., XLV, 1948, pp. 92-113; H. GOLDBRUNNER, *I rapporti tra Perugia e Milano alla fine del Trecento*, « Atti del VI Convegno di Studi Umbri », Gubbio 26-30 May 1968, pp. 642-694; ID., *Il dominio visconteo a Perugia*, extract from « Atti del VII Convegno di Studi Umbri », Gubbio 18-22 May 1969. On the condition of the Jews in Perugia under the Viscontis, cf. FABRETTI, *Ebrei a Perugia*, pp. 23-24; TOAFF, *Gli Ebrei a Perugia*, pp. 59-60.

[125] The letter dated 7 August 1401, was signed by *magnifici domini Andreinus de Ubertinis locumtenens et Rollandus de Summo commissarius illustrissimi et excellentissimi domini Ducis Mediolani* (A.C.A., sezione « H », registro 8, fasc. 1, c. 29r).

remedy this oversight and concede to Salomone and his colleague Abramo da Camerino, together wih their sons and descendents, the renewal of the 1381 « condotta ».[126] Abramo di Musetto had come to Assisi towards the end of the fourteenth century and had settled in a house belonging to the bankers Matassia and Salomone da Perugia, in the district of Porta S. Chiara.[127] He also had gone in for moneylending, without however making an official contract with the Commune like Dattilo da Norcia, who before his time had run the bank there.[128] Abramo's initiative with the representatives of the Duke of Milan was meant to remedy the situation. On 8 August the Priori met to examine his request, and since they had no alternative, considering their dependence on the Visconti officials, they accepted unanimously. On that occasion, the rulers of Assisi were loud in their praise of Abramo da Camerino for his valuable past services to the Commune and for the undoubted usefulness the city would find his activities as official banker.[129] The next day the decision of the Priori was transmitted to Perugia by Abramo himself.[130] Andreino degli Ubertini and Rolando da Summo responded a few days later, expressing

---

[126] Salomone, son of Matassia di Sabbatuccio da Perugia, and Abramo di Musetto had asked *quod cum per offitiales et regimina dicte civitatis Assisii fuerint facta quedam ordinamenta et concessa certa privilegia et immunitates dicto Mathasie* [the « condotta » of 1381] *nec fuerit habita mentio de filiis nec descendentibus dicti Mathasie ... dingnemini, de spetiali gratia, dicta ordinamenta, privilegia et immunitatem ac gratias de novo concedere dicto Salamoni, figlio dicti Mathasie, et dicto Abrahamo, et eorum descendentibus masculis ac etiam sotiis et factoribus ebreis.*

[127] In a contract for a loan dated 6 November 1401, Abramo di Musetto is called *judeus olim da Camareno et nunc civis civitatis Assisii, porte S. Clare* (A.C.S.R., vol. ms. 89, *atti di ser Giovanni di Cecco Bevignate da Casacastalda*, aa. 1400-1404, c. 19v). Abramo was already operating in Assisi in 1396 and contributed to the *dativa fumi* (A.C.A., *sezione* « N », Dative, registro 9 bis [1396] c. 32v). Perhaps he should be identified as that Abraham b. Moshè who, as we have seen, on 14 February 1389 completed in Assisi the cod. Parmense 3148 (De Rossi 1134) for Shabbatai b. Matatià, the physician maestro Sabbatuccio di Manuele.

[128] By way of example, on 23 November 1400, Abramo lent the sum of eight florins to two Assisan citizens (A.N.A., vol. A 2, fasc. 2, *atti di ser Giovanni di maestro Giacomo di Pietro*, c. 64r).

[129] The Priori permitted Salomone da Perugia and Abramo di Musetto to open in Assisi *cameram sive fundicum vel apotecam fenoris seu mutui*, motivating the permit in these words: *actentis virtutibus et bonitate supradicti Abrahami, diu et nuper incole dicte civitatis Assisii, et plurimis servitiis dicto Comuni Assisii per ipsum Abrahamum et suis impensis, et considerato quantum est ipse Abrahamus comunitati Assisii utilissimus et ab ipsa dilectus* (A.C.A., *sezione* « H », Riformanze, registro 8, fasc. 1, c. 29v).

[130] A.C.A., *sezione* « H », Riformanze, registro 8, fasc. 1, c. 29v.

their satisfaction in the decision in favour of the Jewish bankers and their hope that it would be enacted quickly and fully.[131] Hence the 1381 « condotta » with all its clauses, was renewed by the Commune for Salomone di Matassia da Perugia and Abramo di Musetto da Camerino, who at the same time were favoured with Assisan citizenship, with all the juridical rights it implied.[132] Clearly, this episode fits in with the overall Visconti policy towards the Jews, a tolerant and realistic policy rooted in the conviction of the positive role of Jewish moneylending in the economy of the times. Gian Galeazzo, after having conquered the city by armed force could not avoid being favourable to the Jews of Assisi, since from 1387 he had called the Jews to Cremona, Pavia, Como and Vigevano to open numerous banks, allowing them to organize themselves in communities, and having openly favoured the Perugian Jews as well.[133] This was in line with his overall policy towards the Jews and his conviction as to the function they should fulfill in Italian society.

Abramo da Camerino became officially the leading banker in Assisi in the first quarter of the XV century, centering his activity

---

[131] The letter, dated 11 August, was presented to the Priori of Assisi, by Abramo di Musetto, and ended with these words: *placet nobis suprascripta deliberatione vestra et contentamus quod sic fiat et opportune executioni mandetur* (A.C.A., *sezione* « *H* », Riformanze, registro 8, fasc. 1, c. 30*r*).

[132] See pp. 21-22, for the condotta of 1381 and its clauses. Salamone da Perugia and Abramo were also permitted to be considered *in civilibus et criminalibus et in quibuscumque aliis actibus et negotiis, ut cives et tamquam veri et legiptimi cives dicte civitatis Assisii* (A.C.A., *sezione* « *H* », Riformanze, registro 8, fasc. 1, c. 30*v*). In the light of what we have seen, PEZZELLA's affirmation seems unjustified (*Dominio Visconteo*, p. 43) when he says « the Commune, by insisting that the Jews were to be treated in everything and everywhere as citizens, understood that they were not allowed to act according to their own customs ». In reality it is clear that the Jews themselves had asked for citizenship for the rights and privileges it implied, and not the Commune that imposed it in order to draw them away from their « customs ».

[133] On Jewish settlements in Milan and its neighbourhood in the Visconti epoch cf. C. INVERNIZZI, *Gli Ebrei a Pavia. Contributo alla storia dell'Ebraismo nel ducato di Milano*, « Bollettino della Società Pavese di Storia Patria », V, 1905, pp. 192-195; E. A. MOTTA, *Ebrei in Como e in altre città del ducato milanese*, « Bollettino della Società Storica Comense », V, 1885, pp. 5 sq.: A. PESARO, *Cenni storici sulla ex-comunità di Cremona*, *V. Is.*, XXX, 1882, pp. 302-303. Among the debts of the Commune of Perugia that Gian Galeazzo took over after the surrender of the city, there seems to have been a thousand gold florins owed to the Perugian Jews (TOAFF, *Gli Ebrei di Perugia*, p. 59). Hence C. ROTH (*The Jews in the Renaissance*, New York, Harper and Row 1965², p. 11), appears to exaggerate in saying that « Jews were barely known under the tyrants of the House of Visconti ».

in the house at Porta S. Chiara which belonged to his associate Salomone di Matassia.[134] This last was considered as one of the most enterprizing and well–off Jewish banker of the time and, although enjoying Assisan citizenship, he continued to reside like his father mainly in Perugia, whence he carried on his vast business interests. Besides the banks in Perugia (the most important) and Assisi, Salomone was, in fact, involved in a banking society that had opened branches in Padua, and other places in the Po valley (Montagnana, Lendinara, Este, Badia Polesine, Rovigo) and in various centres of Emilia Romagna (Rimini, Modena).[135] So as to keep an eye more closely on these banks and invest fresh capital in the fertile and productive Po valley region, he moved to Ferrara towards the end of the first quarter of the XV century with his family.[136] After his death in 1436, his sons, who carried on his business and in those years figured among the leading Jewish bankers in Florence,[137] decided to sell their remaining Umbrian property. Hence, in the autumn of 1437 they returned to Assisi

---

[134] The house in the Porta S. Chiara district, as the documents make clear, was *Salomonis Macthasie iudei de Perusio, in qua habitat Habram Musepti* (A.N.A., vol. C 6, *atti di ser Gerardo di messer Giovanni*, aa. 1408-1409, c. 213r). Records of loans effected by Abramo di Musetto from 1400 to 1421 are numerous. Here are a few by way of example: 23 November 1400, Loan of 8 florins (A.N.A. vol. A 2, fasc. 2, *atti di ser Giovanni di maestro Giacomo di Pietro*, c. 64r); 6 November 1401. Loan of 8 florins (A.C.S.R., vol. ms. 89, *atti di ser Giovanni di Cecco Bevignate da Casacastalda*, c. 19v); 8 June 1413. Loan of 20 florins (A.N.A., vol. C 7, fasc. 1, *atti di ser Gerardo di messer Giovanni di Assisi*, c. 140r); 2 August 1416. Loan of 24 florins (A.N.A., vol. H 2, *atti di ser Costantino di Francesco*, c. 94v); 25 January 1418. Loan of 60 florins (A.N.A., vol. C 9, fasc. 1, *atti di ser Gerardo di messer Giovanni*, c. 337v); 1 September 1421. Sale of a hoe to the friars of the Convent of S. Francesco (A.C.S.Fr., *Archivi Amministrativi*, vol. 373, c. 375r).

[135] Salomone di Matassia da Perugia, together with another banker from Perugia, were partners in a society that from 1372 was interested in moneylending in Padua, from 1379 at Montagnana, from 1386 at Lendinara, from 1389 at Este and Badia Polesine, from 1391 at Rovigo, in the Po valley. Later on, the society opened other banks (from 1391 onwards) in the Emilian and Romagna regions, at Rimini and Modena (cf. R. Cessi, *Alcuni documenti sugli ebrei nel Polesine*, « Atti R. Acc. di Scienze, Lettere e Arti », XXV, 1908-1909, pp. 57-64; A. Ciscato, *Gli Ebrei in Padova*, Padua, Soc. Cooperativa Tipografica 1901, pp. 22-23; A. Balletti, *Gli Ebrei e gli Estensi*, Reggio Emilia, Anonima Tipografica Italiana 1930, p. 16; Colorni, *Prestito ebraico*, pp. 39-40; Milano, *I primordi del prestito ebraico*, p. 401; D. Carpi, *The Jews of Padua during the Renaissance* (1369-1509), Jerusalem, The Hebrew University 1967 [cyclost. thesis in Hebrew], p. 143). On Salomone's activities in Perugia see Toaff, *Gli ebrei a Perugia*, pp. 27-30.

[136] In documents of the period Salomone is called *judeus de Perusio ... habitator in civitate Ferrarie*.

and ceded their share of banking affairs in Perugia and Assisi to other Perugian bankers. On that occasion they sold for large sum their fine turreted palazzo in Perugia that stood on the road to the church of S. Lucia in the Porta Sole district.[138]

Another active moneylender in Assisi towards the end of the fourteenth century was Mele di Salamonetto, who meanwhile had left the city for Cesena, where he probably opened a bank. On 26 July 1406 he returned to Assisi to name a representative who was to take charge of all the legal tangles that came up on his transfer to Romagna territory.[139] Besides Abramo di Musetto's banking activities, to maintain a minimum competition in the moneylending area there remained the family of the physician maestro Sabbatuccio. Three of his sons – Daniele, Abramo and Gaio – though professionally physicians, sometimes with contracts with the Commune, had not ceased investing their earnings in banking operations. Loan contracts with Assisan citizens are to be found at least until

---

[137] Salomone's sons, Giacobbe and David, and his nephew Isacco di Samuele, were among the pioneers of Jewish moneylending in Florence. From 1437 they are mentioned as proprietors of the bank « dei Soldani », the first Jewish bank in the city (cf. CASSUTO, *Gli Ebrei a Firenze*, pp. 33 sq). Cassuto errs in supposing Giacobbe and David to be sons of the poet Shelomò da Perugia, who lived in Rome around the year 1374 (cf. M. MORTARA, *Indice alfabetico dei rabbini e scrittori di cose giudaiche in Italia*, Padua, Sacchetto 1886, p. 48; ZUNZ, *Literaturgeschichte*, p. 44; ID., *Die Ritus des Synagogalen Gottesdienstes*, Berlin 1867, p. 144; M. STEINSCHNEIDER, *H.B.* VIII, 1865, p. 151; SCHIRMANN, *Mivchar ha-shirà ha-ivrith be-Italia*, p. 176; VOGELSTEIN and RIEGER, *Geschichte der Juden in Rom*, I, pp. 315-316). Giacobbe di Salomone da Perugia also seems interested in a bank in Fano from 1439 (cf. G. LUZZATTO, *I banchieri ebrei a Urbino*, Padua, Drucker 1902, p. 30).

[138] The sale and transfer were carried out in Assisi on 14 November 1437 by Giacobbe di Salomone da Perugia, in his capacity as procurator of his brother David and his nephew Isacco, son of the other brother (Samuele) already deceased (A.N.A., vol. B 15, *atti di ser Giovanni di Cecco Bevignate da Casacastalda*, cc. 139r-140v). The brothers sold their palazzo in Perugia for the sum of eight hundred florins (*... unum casalenum sive domum aut domos, cum solo et turri existentibus in dictis casamento et domo et cum solo et hedifitio seu hedifitiis suis, positum in civitate Perusii, in porta Solis et parochia S. Lucie*). The custom of building a tower beside a house as a symbol of power and prestige was typical of the feudal lords of the country when they became urbanized. Later on it was adopted by the richer merchants and, as we have seen, the wealthier Jewish bankers, who thus stressed their new position as magnates (cf. DE GIOVANNI, *L'Ampliamento di Assisi nel 1316*, p. 4).

[139] In the document Mele is called *judeus de Assisio et habitator in Cesena* (A.N.A., vol. C 5, *atti di ser Gerardo di messer Giovanni*, c. 127r). Later we shall find other Jews of Assisan origin resident in other cities, like that Manuele di Mosè da Assisi, mentioned in a Mantuan decree, 1441 (cf. COLORNI, *Prestito ebraico*, p. 32).

the end of 1435.[140] In those years the banker Aleuccio di Salomone da Roma, with whom the leaders of Spoleto had underwritten contracts on 1393,[141] moved to Assisi from that Commune. In his will, drawn up on 29 November 1420, he named his universal heir Gaio, one of maestro Sabbatuccio's sons, since he seems to have been related to this family, also originally from Rome.[142] Abramo di Musetto made a will in 1412, and left his vast fortune to his sons Manuele and Aleuccio. But about ten years later, for unknown reasons, he drew up another will leaving the whole inheritance to his wife Fiore. Probably his sons, who were now left the small sum of twenty-five florins each, must have disappointed old Abramo, who intended to deprive them of the administration and enjoyment of his patrimony.[143] But things turned out otherwise. From the beginning of 1424, shortly after Abramo's death, we find his son Manuele already in control of the bank, with his mother's consent, and officially her representative

---

[140] Meanwhile maestro Sabbatuccio's sons had moved from the district of Porta S. Giacomo to Porta S. Francesco (A.N.A., vol. B 20, *atti di ser Giovanni di Cecco Bevignate*, c. 102v). Here are a few loans made by maestro Sabbatuccio's family in this period: 28 February 1402. Loan of 4 florins, contracted with maestro Sabbatuccio di Manuele, who was still alive (A.N.A., vol. A 2, fasc. 3, *atti di ser Giovanni di maestro Giacomo di Pietro*, c. 3v); 3 January 1418. Loan of 20 florins, by maestro Gaio di maestro Sabbatuccio (A.N.A., vol. C 23, *atti di ser Francesco di ser Benvenuto di Stefano*, c. 2v); 11 June 1427. Loan of 8 florins, made by the same Gaio (A.N.A., vol. B 20, *atti di ser Giovanni di Cecco Bevignate*, c. 102v); 16 March 1435. Loan of 6 florins made by maestro Abramo di maestro Sabbatuccio (A.N.A., vol. B 14; fasc. 2, *atti di ser Giovanni di Cecco Bevignate*, c. 179v).

[141] For the clauses of the contract of 1393, signed by the Commune of Spoleto with the Jews, see A. SALZANO, *Il « Monte dei danari » e il « Monte del grano » a Spoleto nella seconda metà del Quattrocento*, Spoleto, Tip. dell'Umbria 1940, pp. 40-41; NORSA, *Una famiglia di banchieri*, I, p. 3. From that document we see that Aleuccio up to that date had lived in Narni where he probably ran another bank.

[142] In his will the banker presents himself as *Aliutius Salamonis judeus oriundus de urbe romana, diu habitator civitatis Assisii* (A.N.A., vol. C 27, *atti di ser Francesco di ser Benvenuto*, c. 128v). Probably, like maestro Sabbatuccio di Manuele, he belonged to the Roman family of the Min Ha-Keneset (Bethel) or De Synagoga.

[143] Abramo di Musetto's first will bore the date 4 September 1412. There it says that the banker *in omnibus suis bonis mobilibus et immobilibus ... constituit creavit, et ordinavit suos heredes universales Manuellem et Aleutium suos filios, equis portionibus* (A.N.A., vol. C 13, *atti di ser Gerardo di Giovanni*, c. 232r). In his second will, 13 January 1423, it is stated that Abramo *constituit, creavit et ordinavit suum heredem universalem dominam Florem, eius uxorem, et hoc esse voluit suum ultimum testamentum et ultimam voluntatem* (A.N.A., vol. C 14, *atti di ser Gerardo di Giovanni*, c. 169r). In leaving a legacy of 25 florins to each of his sons he admonishes them severly *quod plus petere non possit vel habere de bonis et hereditate dicti Habrahami et si plus peteret ipos facto cadat a dicto legato*.

and procurator.[144] Later on that subterfuge was abandoned and Manuele di Abramo assumed the same role as his father had had with the governors of Assisi, maintaining it up to the end of the forties of that century.[145]

In August 1425, Bernardino of Siena came to Assisi, *principe dei predicatori francescani*, according to the admiring friar Roberto da Lecce.[146] In his sermons, delivered in the city square before a multitude of people, he certainly touched on the question of usury, which for him was one of the gravest vices of society and a dangerous source of corruption.[147] In Perugia, where S. Bernardino went immediately afterwards, his preaching was the basis for the so-called *Statuti di S. Bernardino*, drawn up on 4 November of the same year. In this summary of the fiery Perugian sermons preached by the zealous friar, in addition to other matters, the leaders of the Commune were ordered to punish the Jewish moneylenders severely and to expel them immediately from the city.[148] It does not appear,

---

[144] In contracts for loans issued by the bank, which formerly belonged to Abramo di Musetto, at the beginning of 1424 appears another signature, that is *Manuel, filius olim Abrami Musecti iudeus de Assisio, ut procurator et procuratorio nomine domine Floris, sue matris, uxoris olim Abrami predicti et heredis ex testamento dicti Abrami* (A.N.A., vol. B 10, atti di ser Giovanni di Cecco Bevignate, c. 45v).

[145] Here by way of example is a list of loans effected by Manuele di Abramo during this period: 1 February 1424. Loan of 4 florins (A.N.A., vol. B 10, *atti di ser Giovanni di Cecco Bevignate*, c. 18r); 24 March 1424. Loan of 24 lire (A.N.A., ibid., c. 45v); 1 April 1437. Loan of 16 florins (A.N.A., vol. B 15, *atti di ser Giovanni di Cecco Bevignate*, c. 43v); 21 April 1439. Loan of 40 lire (A.C.A., sezione « D », Statuti, registro n. 7, c. 62r); 10 May 1440. Loan – amount not indicated (A.N.A., vol. V 2, *atti di Lorenzo di Antonio Gambutti*, c. 84v); January (?) 1442. Loan of 22 lire, 10 soldi to the friars of the Convent of S. Francesco (A.C.S.Fr., *Archivi Amministrativi*, vol. 374, c. 55r).

[146] Cf. ROBERTO CARACCIOLO, *Sermones de Sanctis*, Venice, Giorgio Arrivabene 1490, c. 215r.

[147] Bernardino fought virulently against the opinion of those who held that Jewish moneylending played an indispensable role in the economy of the Communes in his tract: *Quod usura generat in anima saevam blasphemiam contra cuncta divina: et impugnatur error eorum qui dicunt civitatem stare non posse sine usurario manifesto* (cf. BERNARDINO DA SIENA, *Opera Omnia*, t. IV, Ad Claras Aquas, Quaracchi 1946, pp. 377-387). On S. Bernardino da Siena's presence in Assisi in 1425 and on his preaching cf. CRISTOFANI, *Le Storie di Assisi*, p. 302; CENCI, *Documentazione di Vita Assisana*, I, p. 445.

[148] On the friar's preaching in Perugia and his so-called « Statuti di S. Bernardino », especially on their anti-jewish influence, cf. A. FANTOZZI, *Documenta Perusina de S. Bernardino Senensi*, A.F.H., XV, 1922, pp. 108-129; S. MAJARELLI and U. NICOLINI, *Il Monte dei Poveri di Perugia, periodo delle origini (1462-1474)* (= *Il Monte dei Poveri di Perugia*), Perugia, Tip. Porziuncola 1962, pp. 75-77, 91-92; TOAFF, *Gli Ebrei a Perugia*, pp. 60-62. On the anti-Jewish preaching of S. Bernardino in general cf. A.

however, that the words of the holy preacher left anti-jewish traces of any significance among the people nor the government, if one excludes perhaps an unsuccessful stoning of Manuele di Abramo, the leading Jewish banker of the city. The Podestà had the perpetrators immediately arrested and tried; later on Manuele himself forgave them.[149]

The heirs of Salomone di Matassia da Perugia, colleagues of Manuele in the S. Chiara bank, gave over their share of the property in 1437 to the Perugian banker, Guglielmo di maestro Angelo, who was their successor in running the society.[150] On 10 April 1439, the Priori asked for a loan of a hundred florins for a gift to Francesco Sforza.[151] In June of the preceding years, the celebrated adventurer, who in 1450 was to become Duke of Milan, had forcefully taken possession of Assisi and the surrounding districts, maintaining his control by devastating and sacking it with his army of mercenaries.[152] The communal coffers were empty and the Assisan leaders were constrained to request florins right and left to placate the exigent lord with large sums as gifts. The bank of Manuele di Abramo and Guglielmo da Perugia made no difficulty

---

MILANO, *Considerazioni sulla lotta dei Monti di Pietà contro il prestito ebraico*, « Scritti in memoria di Sally Mayer », Jerusalem 1956, pp. 205 sq.

[149] In July of the following year, Manuele di Abramo pardoned the person who had insulted and stoned him (A.N.A., vol. C 9 bis [7 July 1426], *atti di ser Gerardo di Giovanni*, c. 202r), while the guilty persons had already been judged by the Podestà of Assisi (*de percussione cum lapide ... et de alia iniuria facta contra dictum Manuellem ... processum est per presentem potestatem*). In Perugia in 1446, after fra Jacopo della Marca's preaching, a band of ruffians attacked the funeral procession of a Jew with stones and caused deaths and injuries (cf. GRAZIANI, *Cronaca*, pp. 582-583). Paradoxically, it was Bernardino da Siena himself who more than once had taken a stand against the « vice » of stone-throwing (cf. BONAZZI, *Storia di Perugia*, I, pp. 446-448).

[150] Guglielmo di maestro Angelo, with Consiglio di Abramo da Gubbio, had acquired also the real estate belonging to the family of Salomone di Matassia in Perugia (A.N.A., vol. B 15, *atti di ser Giovanni di Cecco Bevignate*, cc. 139r-140v). Both Guglielmo and Consiglio were among the most influential and wealthy bankers of Perugia in the first half of the XV century (cf. TOAFF, *Gli Ebrei a Perugia*, pp. 62, 68, 96).

[151] The loan was requested of the Jewish bankers *pro munere et guiderdone largiendo illustrissimo comite Francisco Fortie* (A.C.A., *sezione* « *D* », registro 7, c. 82v).

[152] Cf. CRISTOFANI, *Le Storie di Assisi*, pp. 310 sq.; FORTINI, *Assisi nel Medio Evo*, pp. 420-428; BONAZZI, *Storia di Perugia*, I, pp. 519-525. For Francesco Sforza's attitude towards the Jews in Umbria in this period, see L. LEONIJ, *Decreti del Comune di Todi contro gli Ebrei e giustizia loro resa da Francesco Sforza*, A.S.I., serie IV, t. VII, 1881, pp. 25-28. Cf. also M. GÜDEMANN, *Geschichte des Erziehungswesens und der Cultur der abendländischen Juden während des Mittelalters*, II, Warsaw, Hölder 1899, pp. 224-225.

in acceding to the Priori's request but, given the state of communal finances, they demanded guarantees from fifteen of the wealthier citizens, three for each district. The bank of S. Chiara ceased functioning in 1442, when Assisi was taken and sacked by Niccolò Piccinino, who had put his adventurer's army at Perugia's service. It is not unlikely that on that occasion Manuele's bank was sacked and forced to close down.[153] Manuele's son, Dattilo, moved to Perugia in the district of Porta Eburnea, where on 18 May 1463, he was arrested by the Podestà's guards for having violated the laws against gambling.[154] Towards the middle of the fifteenth century, then, Assisi, with its failing economy and devastated by the Perugian armies, had no more Jewish banks officially operating.

The earthquakes that shook the region in 1448 and the plague that appeared in the city and surrounding countryside soon afterwards, increased the people's misery and desperation.[155] Among measures the Priori judged indispensable to confront the grave economic situation was an immediate resumption of Jewish moneylending in the city. The Assisan leaders took some decisions on this matter in December 1449. After having noted that, besides natural disasters, sacking and destruction had reduced the city of Assisi to a state of extreme poverty, they lamented the absence of a Jewish bank in the city. This situation obliged the poorer citizens to undergo expense and trouble to leave the district for communes that were sometimes far away, carrying pledges with them to get loans in places where Jewish banks operated. To obviate such inconvenience and to lighten the financial burdens of the Commune, the Priori discussed the possibility of inviting the Jews to open a loan-bank

---

[153] The last record we have found of loans made by the bank of Manuele di Abramo goes back to the year 1442 (no indication of month). It consisted of 22 lire and 10 soldi to the friars of the Convent of S. Francesco (A.C.S.Fr., *Archivi Amministrativi*, vol. 374, c. 55r). On the sack of Assisi by Piccinino and the atrocities he perpetrated in the city on that occasion, see CRISTOFANI, *Le Storie di Assisi*, pp. 321-334; FORTINI, *Assisi nel Medio Evo*, pp. 451-477: PELLINI, *Historia di Perugia*, II, pp. 492 sq.; BONAZZI, *Storia di Perugia*, I, pp. 522-529.

[154] The accusation in the trial against Dattilo was that he many times and in various places *lusit cum taxillis ad ludum succij certam quantitatem danariorum*. Manuele da Assisi's son (who decided not to follow his father's footsteps in Assisi for reasons unknown to us) managed to get away with a fine (A.S.P., Fondo Giudiziario, *Sentenze del Podestà*, busta a. 1463, c. 39r).

[155] Cf. CRISTOFANI, *Le Storie di Assisi*, p. 339.

again in Assisi *così come avveniva nelle città, nelle terre e nei castelli circonstanti* (as was the case in the cities, districts and villages round about).[156] Once more, as elsewhere in Italy in the same period, Jewish banks were judged indispensable for the city's economy.

MID–CENTURY « CONDOTTE »

The leaders of Assisi immediately contacted various Jewish bankers, but apparently without result. No contracts had been signed between the Jews and the Commune in the summer of 1452, when Cherubino da Spoleto, the friar minor preacher, came to Assisi. The pious friar who, in 1476 founded the Monte di Pietà in Prato, considered himself the bitter enemy of *giudaica pravità usuraria*.[157] In his sermons he turned violently on those Christians who tried to avoid the canonical prohibition to lend at interest by entrusting their money to Jewish bankers who would lend it in their stead. With vivid language he admonished them *che de vulpe ancho se ne pigliano*, and concluded by menacing these Christian sinners, accomplices of the Jews: *el dyavolo te ne portarà, ti e luy*.[158]

---

[156] In their deliberations on 7 December 1449, the Priori painted a sad picture of the economic state of the city (... *animadvertentes quod in hac civitate tempore destructionis et novitatis ipsius civitatis pro derobbatione et alia infortunia atque depauperationes exinde sequta, et etiam hodie vigentes, sit maxima necessitas pecuniarum et aliarum rerum, pro subventione eorundem pauperarum personarum*). To borrow money on which they depended for survival, the poor of Assisi endured sacrifices of all kinds, which might partly have been avoided if there had been a Jewish bank, licensed by the Commune, operating in the city (... *opporteat ipsos cives et pauperes personas pro illorum necessitatibus, secundum occurrentiam casuum, ire extra hanc civitatem, et ad partes remotas, cum eorum pingnoribus et bonis, et ibidem pignorare sub usuris, amictendo tempus et faciendo expensas que non facerent si in hac civitate esset unus bancus judei qui mutuaret pecunias ad usuras sicut in aliis civitatibus, terris et castris huic civitati circumstantibus observatur*). If a bank had been opened it would have alleviated the problem of poverty in the city and allowed the Priori to dedicate themselves to other important business (... *ut ovietur indemnitatibus et personarum incommoditatibus, et hec civitas commodius restauretur ab indigentibus*) (A.C.A., sezione « *H* », Riformanze, registro 10, fasc. 4, a. 1449, c. 11r).

[157] On the foundation of the Monte di Pietà in Prato by Cherubino da Spoleto, see M. CIARDINI, *Un « consilium » per il Monte di Pietà di Firenze (1473)*, Florence, Bertini 1905, p. 28.

[158] *Sed quidam verecundantur facere usuram sic aperte et tamen omnino volunt lucrari ex mutuo: et qui faciunt? vadunt ad Judeos qui aperte et publice mutuant sub usuris et dant eis pecunias multas vel paucas ut mutuent eas sub usuris sicut mutuant suas; et hoc que pars est? Certe usura est. El dyavolo te ne portarà ti et luy ... Creditis vos o patres quod inveniantur de istis, qui dant pecunias Judeis ut mutuent eas sub usuris? Certe opinor quod sic. O maledicti homines*

Fra Cherubino's words, directed against the major vices of society such as lust, gambling, blasphemy and sodomy, were particularly forceful when it was a question of usury and the Jews who practised it. To re-establish the moral and spiritual health of the city, the friar suggested some decrees and reforms which he drew up and presented to the city leaders. The Priori council examined them and gave their approval in June of that year.[159]

With regard to the Jews, Fra Cherubino could not demand the revocation of the « condotta », since, as we have seen, there was no bank operating on contract with the Commune at the time. So he limited himself to insisting that all Jews living in the city should wear a distinctive yellow badge on their clothes. This was a measure of discrimination already existing in other parts of Italy and Umbria, but which, up to then, the Assisan Jews had not been obliged to observe.[160]

However, as often happened, the echoes of the friars' sermons gradually grew weaker and even disappeared as soon as they left a city, and the leaders' fears and scruples gave way to practical considerations. Such was the case, too, as soon as Fra Cherubino da Spoleto left the city walls of Assisi behind him.[161] On 17 January 1453 the Priori met in general assembly and on the agenda appeared the proposal to annul the friar's reforms, considering the difficulty

---

et fidei proditores, cum inimicis Christi devoratis bona christianorum.. Say che te ricordo? Che de vulpe ancho se ne pigliano ... (CHERUBINO DA SPOLETO, *Sermones Quadragesimales*, Venice, Giorgio Arrivabene 1502, c. 259r).

[159] On 4 June 1452 the Priori proposed to *reformare super decretis et reformationibus noviter factis per dictum Comune ad requisitionem venerabilis patris fratris Cherubini ordinis observantie S. Francisci predicatoris* (A.C.A., sezione « H », Riformanze, registro 11, fasc. 1, c. 96r.). On 18 June two supervisors for each district were elected, charged to watch over the modesty of the Assisan women's dress (A.C.A., *ibid.*, c. 98r).

[160] In Perugia the obligation of wearing the distinctive Jewish badge was already promulgated in 1432 (cf. FABRETTI, *Ebrei in Perugia*, pp. 33-35; TOAFF, *Gli Ebrei a Perugia*, pp. 62-63); in Todi at an earlier date still (cf. LEONIJ, *Documenti tratti dall'Archivio Segreto di Todi*, p. 185; ID., *Decreti del Comune di Todi contro gli ebrei*, p. 25); at Città di Castello at least from 1449 (cf. TOAFF, *Gli Ebrei a Città di Castello*, pp. 9-10). For general remarks on the obligation of wearing the distinctive badge and its application in Italy cf. V. COLORNI, *Gli Ebrei nel sistema del diritto comune fino alla prima emancipazione*, Milan, Giuffrè 1956, pp. 48-54; GRAYZEL, *The Church and the Jews*, pp. 60-70.

[161] Cherubino da Spoleto returned several times in succession to Assisi and died there in 1484, in S. Maria degli Angeli (cf. CENCI, *Documentazione di vita Assisana*, II, pp. 808, 810). See also the biography of anti-semite tendency by A. PETRI, *Un nemico dell'usura ebraica; il beato Cherubino da Spoleto*, « La Difesa della Razza », III, n. 17 (5 July 1940), pp. 28-29.

of applying them, even when they were not clearly unjust.[162] A week later the decrees were annulled, except for those referring to blasphemers, gamblers and those Jews *che non portavano il segno*.[163] These decrees, at least on paper, remained in vigour, though there does not seem to have been anyone to see to their rigid enforcement. And so the Jews circulated undisturbed in the streets of Assisi without yellow badge, while the Priori, forgetful of Fra Cherubino's stern admonitions, intensified their efforts to bring Jewish bankers to underwrite contracts for loans to the Commune. The grave economic situation of Assisi, they maintained, would be alleviated – especially the condition of the poorest class of the population. However, there were not a few Jews who, without being under contract to the Commune, loaned money on pledge on a very small scale. The Priori turned to them on 5 August 1453, obliging them to air and shake out the clothes they held in pledge periodically, to avoid their deterioration and depreciation.[164]

Nevertheless, the preaching of Cherubino and other friars who followed him did not pass without leaving its mark, and necessarily produced in the population of Assisi small pockets of anti–jewish violence and hostility. The brothers Manuele and Aleuccio di Abramo had their house in the S. Chiara district stoned one night. The windowpanes were shattered and the front door and roof damaged. A few of those responsible were later arrested and condemned by the Podestà to heavy fines.[165] The Commune, meanwhile, went on trying to *condurre* (bring) Jewish moneylenders to the city and on 2 May 1456 it renewed an official invitation for « one or two » of them to underwrite contracts with the

---

[162] A.C.A., *sezione* « H », Riformanze, registro 11, fasc. 1, c. 113v.

[163] On 15 January 1453 the decrees Cherubino had wanted were annulled *dentis tamen reformationibus factis contra blasfematores, contra luxores, contra non custodientes festivitates et contra Judeos non portantes singnum, que omnes mandaverunt in sua firmitate durature* (A.C.A., *sezione* « H », Riformanze, registro 11, fasc. 1, c. 115v).

[164] The Jews (*qui mutuant in dicta civitate*) were obliged to air the pledges once a month in summer and once every two months in winter *ne pignorantes dampnum patiantur et substineant* (A.C.A., *sezione* « H », Riformanze, registro 11, fascicolo 1, c. 130r).

[165] Between 10 and 29 April 1456 six of the attackers were tried because *scienter, dolose et appensate, irato animo et malo modo, animo et intentione mallefitium et excessum commictendi et perpetrandi ... proiecerunt lapides super tecto et pariete domus habitationis Emanuelis et Aleutii eius fratris*. Found guilty, they were fined various amounts, totalling 171 lire and 30 soldi of denari (A.C.A., *sezione* « G », Libri mallefitiorum, cartella a, aa. 1455-1456, fasc. 4, cc. 3r, 4r).

city.[166] To offset this act, and at the same time to avoid the criticism and blame of the observant preachers, the governors of Assisi renewed for all Jews living in the city, the obligation to wear the distinctive mark « in yellow, on the chest, beneath the beard ».[167] Obviously, the decree which had been requested at the time Cherubino of Spoleto was preaching, was never scrupulously observed. The ten–lira fine of the Priori for those in fault should have discouraged the Assisan Jews from ignoring the decree. But it was so small a sum as to make its seriousness doubtful.

In the summer of 1456 the Commune finally found its banker. This was Angelo di Angelo, a Jew from Ferrara, who had lived for some time with his brother Manuele in Assisi and who, from the start, had given the city leaders plenty of worry with his turbulant character.[168] But communal finances were in such a state that the Priori had not much choice in the matter, and on 16 July the contract was signed by the two parties.[169] Angelo da Ferrara undertook to open a loan–bank in Assisi « and keep it in order supplied with money, according to his means and the condition of the city ». On their side, the Priori guaranteed that the banker, his colleagues, family and employees in the bank, would be obliged to pay the Commune only the regular taxes, without being constrained to obligatory loans against their will. They were also guaranteed the

---

[166] The Consiglio Generale of the city deliberated *quod deberet fieri provisio per M. D. Prioribus de duo vel duobus ebreis mutuantibus in civitate Assisii* (A.C.A., *sezione* « H », Riformanze, registro n. 14 [LN-96, aa. 1456-1458] c. 12*v*).

[167] This was the edict proclaimed in the streets of Assisi on 2 june 1456 to the sound of trumpets: *Quod quilibet judeus cuiuscumque status et conditionis existat, debeat portare signium subtus barbam in pectore coloris gialli, taliter quod videri possit, sub pena decem librarum denariorum. Cuius pene quarta pars sit accusatoris et quarta pars officialis qui executionem fecerit et reliqua Comunis Assisii* (A.C.A., *sezione* « H », Riformanze, registro 14 [LN-96], c. 18*r*; cf. also A.C.A., *ibid.*, c. 13*r*).

[168] In November 1455 near the Church of S. Cristoforo, Angelo had insulted and thrown stones at Dattilo, the mattressmaker, who was also a Jew. The Podestà had condemned him to pay a fine of twelve lire (A.C.A., *sezione* « G », Libri mallefitiorum, cartella 1, fasc. 2, c. 1*v*). On the same occasion Angelo's brother, Manuele, had begun to fight poor Dattilo. The Podestà condemned him to pay a fine of thirtyseven lire and ten soldi (A.C.A., *ibid.*, c. 2*v*). About the same time, the friars of S. Francesco paid Dattilo « *per refare le materazza del convento* » (A.C.S.Fr., *Archivi Amministrativi*, vol. 374, c. 127*r*). On 2 April 1456 *Angelus Angeli, ebreus de Ferraria, Assisii habitator* had a quarrel over money matters with a citizen of the town, which was submitted for settlement to the Podestà (A.N.A., vol. S 1, *atti di ser Polidoro di Ludovico di Antonio* c. 37*r* 37*v*).

[169] A.C.A., *sezione* « H », Riformanze, registro 14 [LN-96] cc. 32*v*-34*v*.

right to possess property in the city and outlying districts. Besides which, the Priori emphasized that while the contract was in force, the Commune would neither approve nor renew dispositions or decrees against Jews. The bankers' greatest preoccupation was evidently the anti-usury preaching of the friars minor and its possible consequences on the economic stability of the bank, not to mention the physical security of the bankers. The Priori reassured the Jews that they would not be placed under the jurisdiction of the ecclesiastical authorities, that is, « preachers, inquisitors and spiritual (friars) », nor would they be molested or obliged to attend sermons directed against them. Neither the friars nor other ecclesiastical personalities would ever be able to induce the Commune to annul the privileges granted to the bankers and their connections.[170] As for the badge, the Priori left three days' freedom from their arrival in the city for foreign Jews, but warned them that afterwards *generalmente onne altro judero, da dudici anni in su, sieno tenuti de portare el signo de uno .O. de colore giallo nel pecto del vestito de sopra* [171] (generally, like any other Jew, from twelve years old and upwards, they were to wear the O-shaped yellow badge on their chest outside the clothes). The fine for offenders was five lire in coins. On Good Friday the Jews were to stay at home, to avoid injury or ill-treatment by the crowds coming out of the churches inflamed by the preachers against the « deicide » people. At the same time the government threatened severe penalties against those Christians who might have profited by the day to injure or molest the Jews.[172]

---

[170] *Che ipsi ... non sieno soctoposti ad alcuna persona secolare o ecclesiastica, cioè cum alcuno predicatore, inquisitore et spirituale; et ancho che non sieno instigati, molestati et astrecti andare et stare ad predicatione veruna ... che la dicta comunità sia tenuta et obligata ... che veruno segnore o altro officiale ecclesiastico, overo seculare, per alcuno modo non li rompa over faccia rompere li dicti capitoli.*

[171] The leaders of Assisi, by anticipating exemption from wearing the badge for children under twelve years were in this respect more liberal than those of Città di Castello in 1449 and Perugia in 1432. In Città di Castello, children of seven were already obliged to wear the badge (TOAFF, *Gli Ebrei a Città di Castello*, pp. 9-10, 50); in Perugia from eight years and upwards (cf. FABRETTI, *Ebrei in Perugia*, pp. 33-35).

[172] *Che al dicto Agnolo, fratelli, compagni et sue fameglie et factori nel dì de Venerdì sancto, per qualunche persona de qualunche età o conditione se sia, le sia facto bactaglia per alcuno modo, nè alloro nè alloro habitatione, staiendo chiusi in casa con osti e fenestre, secondo la forma de la rascione, nè alcuna altra molestia, socto la pena de dece libre de denare per ciaschuna persona che contrafacesse et de refetione de danni et de interessi.* Similar ordinaces were enacted in many other Italian cities during the same period. As regards Umbria, we find them in Pe-

The conditions for the actual lending seemed quite favorable. The interest was one bolognino a month per florin, which equalled 30 %, for sums above one florin, and of one denaro per bolognino a month, equal to 40 % for lesser sums.[173] This was for Assisan citizens; for foreigners, the interest rate could be arranged freely by mutual consent. Moreover, the bankers would not be obliged to lend sums amounting to more than half the value of pledges left as security. Possible damage that might occur to these pledges (for example, destruction by moth or rats) would not be their responsibility. On the other hand, anyone who claimed restitution of a pledge on the grounds that it had been stolen from him (even if the theft was proven), could get it back only after repayment of the borrowed sum to the banker to whom the pledge had been given. The lenders were to hold the pledges for a period of sixteen months, after which they were to be considered their property and could be freely sold. Any controversy that arose would be verified in the banker's accounts. Finally, Angelo, his colleagues, family and employees, would be allowed by the Priori to join commercial interest to their banking *secundo li altri mercatanti della dicta città de Assisi* (as the other merchants in the said city of Assisi), without being limited to specific products and kinds.[174] A special guarantee in the contract shielded the property or liquid assets of the Jewish bankers of Assisi from any sort of « retaliation » (« rappresaglia »). This, as is well known, was a common juridical practice in the Middle Ages, by which a Commune or even a private citizen, who had been subject to financial loss or stolen property in a foreign country, could take possession of those of any citizens of the said country

---

rugia in 1432 (cf. FABRETTI, *Ebrei in Perugia*, pp. 33-35); in Città di Castello from 1449 (cf. TOAFF, *Gli Ebrei a Città di Castello*, p. 51).

[173] Since one florin of forty bolognini equalled a hundred soldi and one bolognino equalled two soldi and a half, interest of one bolognino a month or twelve bolognini a year per florin, for sums over one florin, was equivalent to 30 per cent a year. In fact twelve bolognini were thirty soldi. For sums less than a florin there was a fixed monthly interest of one denaro a bolognino, equivalent to forty denari a month and 480 denari a year for each florin. Since one soldo equalled twelve denari, one florin of a hundred soldi was worth 1200 denari. Therefore, the annual interest of 480 denari a florin equalled 40 per cent per annum.

[174] *Che al dicto Agnolo, fratelli, compagni et factori et sue fameglie et factori, sia licito comparare et vendere, secundo li altre mercantani della dicta città de Assisi, senza pregiudicio delle terze persone, onne rascione de mercantia che alloro piacesse et paresse, non obstante statuti o reformationi che contra questo facessero.*

who happened to be in their territory, until the whole stolen sum or restitution of damaged goods was met.[175] In this respect too, the Jewish bankers were considered *come propri et veri ciptadini della ciptà de Assisi* (real and true citizens of the city of Assisi).

The contract was to last fifteen years from the day Angelo da Ferrara's bank started operations in the city. And on 18 July 1456 the moneylender gave official notification to the Priori of the opening of his bank.[176] However, his activity lasted a good deal less than fifteen years; in fact, at the beginning of the following year, Angelo once more ran afoul of the law, and for reasons unknown to us, he was arrested in Perugia and thrown into prison.[177] He never returned to Assisi.[178]

The city leaders lost no time, when the bank was forcibly closed, to take immediate contact with other moneylenders to induce them to replace Angelo da Ferrara as soon as possible; this they considered indispensable for the economy of Assisi. As early as 1 July 1457, the newly elected Priori, as first political act after their swearing in, signed a contract with another banker, maestro Bonaiuto di Salomone da Tivoli. Unlike his predecessor, this man was an honest man, esteemed by the city, being also a physician and a member of one of the most well-known families of Jewish bankers. [179] The conditions offered to

---

[175] On the institution of « retaliation » (*rappresaglia*) cf. among others REZASCO, *Dizionario del linguaggio storico amministrativo*, p. 915; E. CASANOVA and A. DEL VECCHIO, *Le rappresaglie nei comuni medioevali e specialmente a Firenze*, Bologna, Zanichelli 1884.

[176] A.C.A., *sezione* « *H* », Riformanze, registro 14 [LN-96] c. 35r: ... *supradictus Angelus ebreus ... asseruit erexisse bancum et cepisse fenerari*.

[177] In a certified document drawn up in Assisi 19 February 1457, is mentioned a certain *Angelum ebreum de Ferraria, olim feneratorem in civitate Assisii, quem ad presens dixerint in carceribus detrusum in civitate Perusii* (A.N.A., vol. S 2, fasc. 2, atti di ser Polidoro di Ludovico, a. 1457, c. 24v).

[178] Among pledges left in Angelo da Ferrara's bank were to be found richly embroidered men and women's robes and valuable furs worth hundreds of florins. For example, here is the registration of a group of such pledges, placed in Angelo's hands by one of the leading families of Assisi: *Una vestis de velluto cremosino cum manechis ad mantellinam, foderatis de damaschino cremosino ad usum mulieris; quaedam vestis de velluto cremosino cum vistis de dorso: quaedam vestis de rosato foderate de pellibus martorellis; quaedam vestis de panno pagonazo de grana, foderato de pellibus vulpinis et cum ambabus manecis recamatis de argento ad usum hominis* (A.N.A., vol. S 2, fasc. 2, atti di ser Polidoro di Ludovico, c. 25r).

[179] On the family of the bankers da Tivoli cf. especially U. CASSUTO, *La famiglia di David da Tivoli*, C.Is., XLV, 1906-1907, pp. 149-152, 261-264, 197-301. Other members of this family operated as moneylenders in Umbria, at Città di Castello: Ventura di Salomone da Tivoli, his son Abramo, and Consiglio di Dattilo da Tivoli, at the beginning of the fifteenth century; David, his son in 1461 and later, after a long interval, at the beginning of the XVI century (cf. TOAFF, *Gli Ebrei a Città di Castello*, pp. 21-23).

Bonaiuto were, with slight differences, those settled with Angelo da Ferrara.[180] Only the period fixed for retaining the pledges was lengthenend from sixteen to eighteen months. On the other hand, the banker, together with his colleagues and employees, were guaranteed citizens' rights according to civil and criminal law, besides exemption from wearing the badge.[181] Furthermore, for the contract period, fixed for five years and more, no other banker would be allowed to carry out his activity in Assisi or take up residence there without Bonaiuto's explicit approval. As regards observance of the Jewish religious laws on the part of the banker and the little group working with him, the Priori agreed to allow them to establish a synagogue where it best suited them, and to buy meat, ritually slaughtered, from any butcher in the city, who might not refuse to sell if asked.[182] Maestro Bonaiuto was also a physician, and he was allowed to exercise his profession freely in Assisi, even if not on contract with the Commune.[183] The banker arrived in Assisi with his father, Salomone and his wife, Perna, to whom the Priori gave residence permits in the city and free safe-conduct to come and go as they liked. Bonaiuto had an associate director in the bank, Guglielmo di maestro Angelo da Perugia, whom we met in full activity in Assisi towards the forties together with the banker Manuele di Abramo da Camerino. The Priori included his assistant Guglielmo in Bonaiuto's contract. Thus started the banking operations of the family da Tivoli in Assisi. These lasted only a few years,[184] for in the summer of 1462, while in Bevagna on business, maestro Bonaiuto died suddenly.[185]

---

[180] A.C.A., *sezione « H »*, Riformanze, registro 14, cc. 111v-113r.

[181] ... *lo dicto maestro Bonaiuto, sue facturi et compagni siano in tucte le cose allui accascassero, tractati in civile et criminale come li altri ciptadini della dicta ciptà de Assisi ... et durante el dicto tempo, non siano tenuti a portare segno.*

[182] *Che possano et alloro sia licito fare et congregare la loro sinagoga dove alloro piacerà et parerà. Et anchora non sie per niuno offitiale de Assisio prohibito ad niuno macellaro che lassino peiare la carne alloro modo et non li vendano.*

[183] *Et per che lo dicto maestro Bonaiuto è medico et in nella ciptà de Assisi intende la dicta arte esercetare, senza niuno salario de Comuno, domanda et vole poter medicare da chi lui serà rechesto, et da quillo pagarse, secondo merita overo seranno de accordo, senza essere molestato da niuna persona.*

[184] There are traces in the documents of the period of the money-lending activities of *magister Bonusaiutus magistri Salamonis de Tibori, habitator civitatis Assisii* (A.N.A., vol. V 7, fasc. 1, *atti di ser Nicolao di ser Lorenzo*, c. 77v).

[185] In a certified document drawn up on 30 October 1465 it is stated that Bonaiuto da Tivoli died *in terra Mevanee* (A.N.A., vol. S 2, fasc. 7, *atti di ser Polidoro di Ludovico*, c. 30r).

His sister Anna took over his affairs, but, not feeling up to directing the bank, and without relatives in the area to share the responsibility, she decided to give over the gestion to others. On 13 September 1462, Giacobbe di Elia di Francia, the banker – one of the most well-known members of the Jewish community in Perugia – took over the direction of the bank from Anna da Tivoli.[186] She consigned to him the register of pledges and debtors and the capital of the bank. On his part, Giacobbe undertook to pay back the capital in the span of four years, with the addition of twelve florins to a hundred on pledges still to be paid.

Hence Giacobbe di Francia moved from Perugia to Assisi with his sons Bonaiuto (whom he named a few years later his *procuratore, agente et fattore* in banking affairs) and Manuele.[187] At the beginning of 1465 Giacobbe complained to the Priori because lack of funds prevented him from completely satisfying the demands of the citizens; to solve the problem, he proposed to extend the conditions laid down in his contract to his associate Abramo di maestro Musetto da Perugia, a banker in control of a large capital who lived in Bevagna.[188] The Priori gave a favourable answer and on 28 February of that year they discussed whether to confer on the new moneylender with his family and agents the privileges granted to Giacobbe di Francia. The bank, therefore, continued its lending operations in Assisi in the following years and when, in October 1467, the Cardinal of Bologna, Filippo Calandrini came to Assisi to visit the Basilica of S. Francesco, Giacobbe was one of the people who financed the honorariums of the illustrious prelate.[189]

---

[186] A.N.A., vol. V 7, fasc. 3, *atti di ser Nicolao di ser Lorenzo*, cc. 102r-103r. Giacobbe di Elia di Francia was the leading banker in Perugia in 1457 (cfr. MAJARELLI and NICOLINI, *Il Monte dei Poveri di Perugia*, p. 227). His Jewish culture is shown by the fact that in 1458 he was among the members of the Rabbinical Court of the Jews in Perugia (cf. TOAFF, *Gli Ebrei a Perugia*, pp. 100, 107).

[187] Bonaiuto's nomination as procurator, agent and steward of his father's bank is dated 30 October 1465 (A.N.A., vol. S 2, fasc. 7, *atti di ser Polidoro di Ludovico*, c. 30r). Besides Bonaiuto and Manuele, Giacobbe di Francia had another son, Samuele, who was arrested in Perugia on 26 August 1462 while gambling in a clandestine den (A.S.P., *Fondo Giudiziario*, sentenze del Podestà, busta a. 1462, c. 25r).

[188] *Expositum fuit a Jacobo magistri Elie de Francia, ebreo et nunc feneratore in civitate Assisii, per se ipsum non posse supplere pecuniis suis hominibus civitatis predicte, si cum aliquo potentiori non fecerit societatem, et ut melius Comuni Assisii inserviret, se contraxisse societatem cum Habraam magistri Musetti de Perusio et nunc Mevanie habitatore* (A.C.A., sezione « H », Riformanze, registro 9, fasc. 3, cc. 9r-9v).

[189] The loan of five florins, made to the Commune by Giacobbe di Francia, had been used *pro honore et ensenio facto rev.mo d.no cardinali bononiensi in suo adventu ad dictam civitatem causa visitandi ecclesiam S. Francisci* (A.C.A., sezione « N », Dative, registro 10, fasc. 21 b, c. 111r).

OFFENSIVE OF THE PREACHING FATHERS AND THE FOUNDATION OF THE MONTE DI PIETÀ

In Assisi we are on the eve of the violent anti-jewish preaching of the observant friars, which led to the foundation of the Monte di Pietà, severe discrimination against the Jewish group by the rest of the population, and to its inevitable exodus. For Attilio Milano the aim of the anti-Jewish crusade of the propagators of the *Monti* was essentially social, « the Jew to be eliminated because supporter of a regime of economic oppression that distressed the people ».[190] Leon Poliakov takes a different position; according to him, the friars minor fight against Jewish moneylending was an example of *l'action des croyances ou idéologies sur la vie économique* (effect of beliefs and ideologies on economic life).[191] If we paraphrase backwards a well-known formula of Amintore Fanfani on the origin of the capitalistic spirit in Italy, we should speak of the « economist » who gives way to the « moralist ».[192] Yet, for Poliakov, this process would come about in the wider field of *retour du commerce de l'argent des mains des Juifs aux mains des Chrétiens* (passage of money business from Jewish to Christian hands). This ties in with the thesis of the German historian Wilhelm Roscher, in 1875, who interprets the antijewish manifestations in the Middle Ages and period immediately following – into which the institution of the Monti di Pietà would certainly fit – « as the struggles of nations which had developed indigenous merchant classes to break loose from the economic tutelage of the Jews ».[193] This thesis is supported with

---

[190] Cf. MILANO, *Considerazioni sulla lotta dei Monti di Pietà*, pp. 205 sq.

[191] Cf. POLIAKOV, *Les banquiers juifs et le Saint Siège*, pp. 177-191.

[192] Cf. A. FANFANI, *Le origini dello spirito capitalistico in Italia*, Milano, Vita e Pensiero 1933.

[193] Cf. W. ROSCHER, *The status of the Jews in the Middle Ages considered from the standpoint of commercial policy*, « Historia Judaica », VI, 1944. This is a translation of the German original, edited by Guido Kisch, who has contributed an introduction.

some reservations by Brian Pullan, who wrote recently « it is true that an effective anti-Jewish movement could develop only when institutions (such as the Monti di Pietà) had been devised to provide credit still cheaper than any Jews could offer ».[194]

The question remains, however, why such a movement arose exactly then, midway in the fifteenth century, whereas in the previous century the Jews had enjoyed almost complete equality of rights with other citizens and had, while exercising the same professions, been immune from popular hatred and persecution. Difference of faith and religion had never prevented the friars themselves, in Assisi as elsewhere, from keeping up often cordial business relationships with the Jews in their city. Perhaps the cause of the phenomenon should be related to the change brought about from the middle of the fifteenth century by the rise of the Signorie. Connections between the city and Jewish bankers were by now detached from dealings with the local authorities of the Commune and ever more tied up with the courts of the Signori and their political interests. As L. Ruggini justly emphasises, « one could almost say that coinciding precisely with, and in consequence of these new centralizing tendencies, many Communes began to show inexorable hostility towards the Jews ».[195] It was a hostility that led the Commune leaders to soft-pedal their opposition to the anti-Jewish preaching of the friars minor, that still had means of manifesting itself in the past, but had never yet been brought to the surface.

The friars' preaching was not even connected with a popular anti-Jewish feeling already in existence, but very often in fact aroused and initiated it. Still more, the anti-Jewish attitude of the preachers did not even represent the feelings of the greater part of the clergy and friars who filled churches and convents in the Italian cities. When they could do so without excessive scandal, these last took up usual business relations with the Jews, not bothering about the danger to their souls according to the fiery admonitions of the same preachers.

Nevertheless, if change there was in the attitudes of governors

---

[194] Cf. B. PULLAN, *Rich and Poor in Renaissance Venice*, Oxford, Blackwell 1971, pp. 450 sq.

[195] Cf. L. CRACCO RUGGINI, *Note sugli ebrei in Italia dal IV al XVI secolo*, « Rivista Storica Italiana », LXXVI, 1964, pp. 954-956.

and people towards the Jews, especially the moneylenders, and if the Monti di Pietà rose almost everywhere to fight against their *pravità usuraria* (evil usury), it was due to the vehement words of a group of preachers whose voices resounded in the squares and pulpits of churches throughout Italy. As Poliakov observes, it was a question of *une poignée de personnalités puissantes de predicateurs* (a handful of powerful preaching personalities), real orators endowed with charismatic fascination.[196] As I have said, they were not the catalysts of popular protest against the Jews; if anything they provoked it, ably directing all the discontent of times of grave and frequent economic crisis in their direction, or else enlarging on their small frauds. More than fighting an image, they were the ones to create it, agitating the spectre of plague and famine or threatening excommunication. They did not follow public opinion so much as guide it. As M. Weber has said so well, *les predicateurs au XV siècle étaient une grande force: ils dirigeaient la vie publique comme la vie privée* (XV century preachers had great influence; they directed both public and private life).[197] If, according to Roscher's theory, the merchant class of Italy profited by the attack on the Jewish moneylenders to get rid of dangerous competitors, it is equally certain that this did not happen suddenly and that the preachers did not act on their behalf. In the words of fra Roberto Caracciolo da Lecce, one of the cleverest of them, the aim of their activity was to change the social situation that allowed Christians and Jews to work together as free citizens in the Italy of the Communes. In fact it was necessary to teach the people to *schifare la molta pratica, conversazione et compagnia et familiarità con gli giudei ... la qual cosa hoggi vedemo in tutta quasi la Ytalia cresciuta et abondata tanto, che non pare ce sia prohibitione alcuna*.[198]

---

[196] Cf. POLIAKOV, *Les banquiers juifs et le Saint Siège*, pp. 177-178.

[197] Cf. M. WEBER, *Les origines des Monts de Piété*, Rixheim, s.e. 1920, p. 45.

[198] This affirmation is to be found in the vulgarization of *Sermo XVI* of the *Quadragesimale de Peccatis* by Roberto Caracciolo (Venice, Andrea Torresani de Asula 1488, cc. 48v sq.), drawn up by the Franciscan Marco dal Monte S. Maria (*Tractato de' sacri canoni, ordinationi et regole o vero comandamenti della sancta madre ecclesia, christiana, chatolica*, etc. Florence, Antonio Miscomini 1494 s.n.). The intransigent attitude of the friars preachers was in opposition to the more open mentality that flourished even in ecclesiastical circles. Developing Marsilio da Padova's thesis, it would seem that the state and public authorities, *Universitas civium*, should include and coordinate not only the Christians, *Universitas fidelium credentium et invocantium nomen Christi*, but also the Jews, *Universitas Judeorum*, as an autonomous group with special rights. As long as they ob-

At the end of spring 1468, the Observant brother, Fortunato Coppoli da Perugia was preaching in Assisi.[199] He had taken an active part in organizing the first Monte di Pietà in Perugia in 1462 and between the years 1466 and 1473 he was among the leading promotors of this institute in central Italy.[200] His untiring and dynamic action brought foundations of the Monte di Pietà to Foligno, Borgo Sansepolcro, Terni, Cagli, Spello, Spoleto, Amelia, Cortona, Siena, Florence, Pistoia.[201] It is not hard to imagine, then, the object of his preaching in Assisi, which was so near Perugia but still lacked the well-known institute. More than a vehement orator, Fortunato Coppoli is described as an expert lawyer, particularly versed in administrative law, who placed his services at the disposal of the Monti di Pietà, their organization and legal defence.[202] Here there was a precise and balanced man, temperamentally alien to letting fiery, vehement and disordered invective take the upper hand over rational argument, sometimes based on subtle and quibbling

---

served the civil law, they would legitimately form part of the social, economic and religious structure of the communal civilization (cf. F. BATTAGLIA, *Marsilio da Padova e la filosofia politica del Medioevo*, Florence, Le Monnier 1928; P. DE LAGARDE, *La naissance de l'esprit laïque au déclin du Moyen Age*, Paris, Presses Universitaires de France 1948). Later on Cardinal Niccolò Cusano in *De pace fidei*, discussing the problem of peace on earth, recognized and in a certain sense legitimated the actual existence of a multiplicity of beliefs. The philosopher, who died in Todi in 1464, in the name of the harmony and plurality that should regulate earthly life, no longer postulated « the unity of a single and identical wisdom », but admitted « the co-existence of different religions at the heart of a common peace ». Indeed, the aim of wisdom is to welcome and co-ordinate the many (cf. E. GILSON, *Les métamorphoses de la cité de Dieu*, Louvain-Paris, J. Vrin 1952, pp. 180-181; E. GARIN, *Scienza e vita civile nel Rinascimento italiano*, Bari, Laterza 1975³, p. 53).

[199] For a biography of Fortunato Coppoli see A. GHINATO, *Un propagatore dei Monti di Pietà del '400: P. Fortunato Coppoli da Perugia*, « Rivista di Storia della Chiesa in Italia », X, 1956, pp. 193-211.

[200] On Coppoli's activities in the organization of the Monte di Pietà in Perugia cf. MAJARELLI and NICOLINI, *Il Monte dei Poveri di Perugia*, pp. 44-46 etc.

[201] Cf. A. MESSINI, *Le origini e i primordi del Monte di Pietà di Foligno (1463-1488)*, Foligno, Tip. Sbrozzi 1940, p. 13; A. GHINATO, *Primi tentativi per la fondazione di un Monte di Pietà a Terni (1464-1472)*, *A.F.H.*, L, 1957, pp. 406 sq.; ID., *Un propagatore dei Monti di Pietà*, pp. 208-211 (for Cagli, Siena, Florence, and Pistoia); ID., *Monti di Pietà e Monti Frumentari di Amelia*, Rome 1956, pp. 22 sq.; P. FABBRI, *Il Monte di Pietà a Spello*, *B.S.P.U.*, XIV, 1909, p. 170; MAJARELLI and NICOLINI, *Il Monte dei Poveri di Perugia*, pp. 209-212 (for Borgo Sansepolcro, Spoleto and Cortona).

[202] Which clearly emerges in his writings, especially in the *Consilium pro Monte Pietatis* (Venice, Piero Quarengi 1498). On the characteristics of Coppoli's preaching cf. GHINATO, *Un propagatore dei Monti di Pietà*, pp. 193-198; A. FANTOZZI, *A.F.H.*, XIX, 1926, p. 339.

legal points. Yet, perhaps for tactical reasons, in order to attain his end at all costs, his preaching against the Jews took on particularly virulent tones. At Assisi as later in Cortona, he thundered against the Jews, calling them « truly wild and thirsty dogs, that have sucked and go on sucking our blood », and who devour poor Christians « as rust devours iron ».[203] In Coppoli's words, the Jews were the real cause of poverty in the population and the recurrent economic crises that befell the city. Assisi and its leaders, by welcoming the moneylenders, were their accomplices and had committed mortal sin, from which they would be delivered only when they had driven them from their midst.

The friar's words left their trace. On 26 and 27 May the Secret Council held an urgent meeting and chose eight citizens to whom they gave the task of formulating a plan of action for establishing the Monte di Pietà in Assisi to come to the aid of the poor and above all to purify the city from its mortal sin.[204] The new institution was reapidly set up. On the following 20 June in the sacristy of the Church of St. Rufino Fortunato Coppoli himself distributed the first charges in the Monte di Pietà, naming two *depositari*.[205]

Two days later the Priori deliberated on the revocation and annulment of the privileges granted to the Jews, in order to liberate the city from mortal sin and danger of excommunication (*in quantum esse peccatum aut excommunicatio*).[206] On 23 June, from a pulpit placed in the Piazza del Comune, Coppoli, before a great crowd, triumphantly announced the foundation of the Monte di Pietà and a series of other measures destined to relieve the poor of the city.[207] The preacher had been able to complain to the leaders of Assisi about Jews who failed to wear the distinctive badge on

---

[203] Cf. MAJARELLI and NICOLINI, *Il Monte dei Poveri di Perugia*, pp. 77, 81.

[204] *Priores populi civitatis Assisii et cives positi et deputati super Monte Pietatis collegialiter congregati ... statuerunt, reformaverunt et deliberaverunt quod fiat Mons Pietatis in civitate Assisii pro subventione totius populi Assisanatis et ad levandum peccatum mortale* (A.C.A., *sezione* « H », Riformanze, registro 17, cc. 46v-47v). On the foundation of the Monte di Pietà in Assisi see also, CRISTOFANI, *Le Storie di Assisi*, pp. 357-359. Cristofani holds, without sufficient documentary support, that fra Barnaba Manassei da Terni collaborated with Coppoli in founding the Monte of Assisi.

[205] These were Francesco di Filippuccio, elected *depositarium denariorum*, and Giacomo di ser Mariano, elected *depositarium pignorum* (A.C.A., *sezione* « H », Riformanze, registro 17, cc. 51v-52r).

[206] A.C.A., *sezione* « H », Riformanze, registro 17, c. 52v.

[207] A.C.A., *sezione* « H », Riformanze, *ibid*.

their clothes, so even this sign of discrimination was renewed. On 3 July the decree, with the considerable sum of twenty-five lira as the fine for offenders, was promulgated in the streets of Assisi.[208]

It was not long before the Jews reacted, particularly after Fortunato Coppoli had left the city and the echoes of his preaching had died away. Their leaders were the bankers Giacobbe di Francia and his sons Bonaiuto and Manuele, whose contract had been unilaterally broken by the Commune to make way for the Monte di Pietà. On the other hand, as in Perugia and other places, the Monte di Pietà had a hard time at first, being short of funds and not easily finding generous supporters, and its failure contributed to scepticism as to its real ability to replace the Jewish moneylenders efficiently. This scepticism, encouraged by the Jews, spread among the leaders of Assisi, bringing second thoughts that led to the convocation of the Secret Council on 27 September of that year. This occasion enabled those in the city and countryside – and they were many – who felt the forced arrest of Jewish moneylending brought with it more problems that it had solved, to express their complaints. They considered new problems and annoyances had been caused for the poorer citizens of Assisi. Hence the Secret Council decided, with only three against, to revoke the annulment of the contracts with the Jews, renewing the validity of those that had been signed together with all their clauses.[209] It was a notable success for the Jews of the city but it was short lived. Another celebrated friar minor preacher, fra Jacopo della Marca, hastened to Assisi in the following days with the manifest intention of saving at all costs the results of Fortunato Coppoli's preaching, which he saw was in danger.[210] His vehement intervention brought about the drawing up of fresh documents on the moral state of the city, and these caused the annulment of all the contracts with the Jewish

---

[208] This was the content of the edict: *Quod pro cetero nullus judeus habitans in civitate Assisii aut veniens in dicta civitate possit ire per dictam civitatem sine .O. et quicumque judeus fuerit reperitus ire sine .O. incidat in penam ipso facto .XXV. librarum denariorum pro quolibet contrafaciente et qualibet vice* (A.C.A., sezione « H », Riformanze, registro 14, c. 18r).

[209] The cancellation of the contract with the Jews was officially revoked because *cives et comitatenses multa patiantur incommoda et multe usque ad presens fuerunt exposite querele de predictis* (A.C.A., sezione « H », Riformanze, registro 17, c. 74v).

[210] A.C.A., sezione « H », Riformanze, registro 17, c. 75r. Jacopo della Marca had founded the Monte di Pietà in Aquila in 1466 (cf. G. Garrani, *Il carattere bancario e l'evoluzione strutturale dei primigenii Monti di Pietà*, Milan, Giuffrè 1957, pp. 305-314.

bankers. This measure, presented as the essential condition for the city to be liberated from mortal sin and excommunication, aimed above all at protecting the struggling life of the Monte di Pietà. Jacopo della Marca's words were approved by the Secret Council on 3 November of the same year.[211]

There were many interests at stake, and on both sides manoeuvres and friction gave no sign of diminishing. On 27 May 1469 the vicar general of the diocese of Assisi, Antonio di Andrea Feliciani, brought out fresh decrees on the Monte di Pietà, with violent denunciation of the Jews who endangered its existence. What is more, he menaced with excommunication those who had plotted to withdraw supplies from the Monte, which had been willed and created by Fortunato Coppoli, *profeta della legge divina* (prophet of divine law).[212] In the following month of June, Coppoli himself came back to Assisi to defend the results of his preaching in person and to guarantee, in face of new dangers, its stability and continuity.[213]

The Jews, seeing the battle was lost on the local level because of the vigilant and vigorous intervention of the friars preachers, determined to turn to the Pope. Paul II, informed of events in Assisi and of what the Jews considered the arbitrary withdrawal of their contract at the instigation of the friars preachers, was requested to intervene to defend their legitimate rights. On 16 July 1469 a letter from Rome on this subject was addressed to the Priori of Assisi. It was signed by Angelo Fasolo, Bishop of Feltre, and Pietro Ferriz, Bishop of Tarragona.[214] The two high prelates expres-

---

[211] The members of the Consiglio Segreto of Assisi *capitula olim facta super regimine civitatis per ven. fr. Jacobum de Marchis ... iuraverunt attendere et observare iuxta posse* (A.C.A., *sezione* « H », Riformanze, registro 17, c. 79r).

[212] A.C.A., *sezione* « H », Riformanze, registro 17, cc. 109v-110v. Cf. also MAJARELLI and NICOLINI on this subject, *Il Monte dei Poveri di Perugia*, p. 81, n. 1.

[213] A.C.A., *sezione* « H », Riformanze, registro 17, c. 191r).

[214] A.C.A., *sezione* « H », Riformanze, registro 17, c. 113r. Pietro Ferriz and Angelo Fasolo belonged to the closed circle of prelates who enjoyed Paul II's trust and confidence. Pietro Ferriz, Bishop of Tarragona from 1464, was a judge in the pontifical tribunal of the Rota, had carried out delicate diplomatic missions for the Pope and would be named cardinal in 1476. Angelo Fasolo, Bishop of Feltre from 1464 to 1491, was pontifical treasurer in 1469. The two prelates, neither of whom lived in his diocese, were entrusted by Pope Paul II to sort out the thorny question of the Jewish moneylenders in Assisi as pontifical commissioners. On Ferriz and Fasolo, see L. PASTOR, *The History of the Popes*, IV, London 1938⁴, pp. 112, 123; *Dictionnaire d'histoire et de géographie ecclésiastiques*, XVI, Paris 1967, col. 1292-1293.

sed the Pope's displeasure at the illegal cancellation of the contracts with the Jews and exhorted the governers of Assisi to respect them until their expiration.[215] The letter also contained a severe admonition to the preachers, which reflected the official position of the Holy See in this matter: if they wanted to correct behaviour and to find fault with the sins of the people, they were free to do so, but they might not molest or harm Jews who respected the law simply because their customs differed from those of Christians (*Predicatores admonete ut peccata redarguant et exterminent, Judeos autem permittant suo more vivere, qui etiam secundum leges nostras tollerantur inter Christianos*).[216] Paul II's authoritative intervention enabled the Priori to reinstate the validity of the cancelled contracts with the Jews. Hence, Giacobbe di Francia's bank, now in the hands of his son Manuele,[217] took up once more its activity in Assisi and the surrounding districts. But they were still menaced by the preachers who had by no means renounced their open fight against the Jews.

---

[215] *Predicantibus quibusdam religiosis viris, immo ut dicitur, publice et palam hebreos insectantibus, videtur quod comunitas Assisii nolit capitula et constitutiones ipsis hebreis illic habitantibus observare. Que res, si ita se habet, non est benefacta neque Sanctissimo Domino Nostro placet. Eam ob rem rogamus atque hortamus Vestras Magnificentias ut imponant ordinem ne aliquid hebreis innovetur, usque ad prefinitum tempus suorum capitulorum.*

[216] The Holy See's position in this matter had been clearly expressed on 13 February 1429 by Martin V, who admonished, *ne predicatores ... contra Judeos iposos sine expressa ordinariorium locorum licentia et consensu ad Christianum populum praedicare nec contra eos Christianos huiusmodi suis sermonibus excitare* (cf. M. STERN, *Urkundliche Beiträge über die Stellung der Päpste zu den Juden*, Kiel, H. Fienke 1893, pp. 38-42).

[217] Manuele di Giacobbe di Francia had exercised moneylending in Perugia until 1463. Like his father he seems to have possessed a certain rabbinical culture because in 1458 he was a member of the Rabbinical Court in Perugia (cf. TOAFF, *Gli Ebrei a Perugia*, pp. 73, 98, 279).

DECADENCE AND DISSOLUTION
OF THE JEWISH COMMUNITY

In Assisi the Monte di Pietà took its first hesitating steps, and its action should have been upheld by the Commune and the ecclesiastical milieus of the city. But the latter often found it more convenient to turn to the Jews, without troubling overmuch about the moral aspects of such behaviour. In itself, the foundation of the Monte di Pietà was insufficient to put the Jewish bankers in crisis because, by comparison, their loans, if not more profitable, were certainly preferable in many ways.[218] For example, on 9 July 1470 Manuele di Francia lent the sum of thirty ducats to Don Bartolomeo di Matteo, abbot and agent of the abbey of S. Pietro of Assisi.[219] On 26 March 1482, his colleague, Bonaventura di Abramo da Bevagna, lent a hundred ducats to the learned Padre Bartolomeo di Tommaso da Perugia, minister of the province of S. Francesco.[220] The considerable loan contract was signed in the same convent of S. Francesco, in Bishop Andrea di Egidio's room in the presence of friars and clerics. The Commune was not far behind, for in June 1474 it turned to Manuele di Francia for gold it needed to gild two goblets to be presented to Antonio della Rovere, treasurer of Perugia.[221] In those days, Cardinal della Rovere,

---

[218] See on this question POLIAKOV (*Les banquiers juifs*, pp. 188-191), who holds that the rise of the Monti di Pietà in Italy in no way provoked the crisis of the Jewish bankers.

[219] A.N.A., vol. S 6, fasc. 5, *atti di ser Mariotto di Ludovico*, c. 17r.

[220] A.N.A., vol. S 24 b, *atti di ser Ludovico di Giovanni di Angelo*, c. 57v. Bonaventura was the son of that Abramo di maestro Musetto da Bevagna who, in 1465, had been partner in the bank of Giacobbe di Francia.

[221] On 16 June the Commune paid Manuele thirteen florins and a half for the gold that should have served *pro deaurandis labris duorum craterum donandorum d. Antonio de Ruvere thesaurario Perusii* (A.C.A., sezione « P », Bollettari, registro 5, aa. 1471-1486, c. 58v).

nephew of Pope Sixtus IV,[222] passed by Assisi at the head of his pontifical troops, on the way to lay seige to the rebellious Città di Castello. The della Rovere family had requested soldiers and money, and it was doubtful if they would be content with the artistic and precious gift of two goblets. In March 1480, one of the Jewish bankers, either Manuele di Francia or Bonaventura da Bevagna, made loans to the « destroyers » of the Assisan army.[223] Finally, on 27 October 1484, in order to make a presentation to Cardinal Giovanni Arcimboldo di S. Prassede, Perugian legate, the city rulers pawned the silver cups of the Commune to Manuele's bank.[224]

But throughout this period the preachers had never left off persecuting the Jewish community that still lived in Assisi. In the autumn of 1474, the son of the banker Manuele di Francia, maestro Elia, who exercised the medical profession, had asked the Priori to grant him the « condotta » of surgeon and medical doctor of the Commune. The Secret Council which met in October of that year, taking into consideration his skill and learning in the medical art, granted his request on condition that he present the necessary papal dispensation allowing him to attend Christians patients.[225] At the same time, the leaders expressed the hope that by contacts with his Christian patients, maestro Elia would have the doors of truth opened to him and be led to conversion.[226] Rather than a hope directed to the Jewish physician, it was probably an ingenuous attempt to attenuate, if not silence, the friars' expected opposition

---

[222] On these events and their impact on the history of Assisi, cf. CRISTOFANI, *Le Storie di Assisi*, pp. 367-368; CENCI, *Documentazione di vita assisana*, II, p. 741; BONAZZI, *Storia di Perugia*, I, pp. 545-546.

[223] The secret Council of the Commune met on 10 March 1480 and decided (for what motives we do not know) to submit the banker to questioning on behalf of the Podestà *super negotio usurae quam accepit ex denariis guastatorum per eum mutuatis* (A.C.A., sezione « H », Riformanze, registro 20, c. 51v). On the « spoilers » in the Assisan army cf. CRISTOFANI, *Le Storie di Assisi*, p. 378.

[224] A.C.A., sezione « H », Riformanze, registro 9, fasc. 4, c. 4r.

[225] Maestro Elia di Manuele's petition was examined and approved by the Secret Council in two sittings, held on 2 and 26 October. The Priori addressed the Jewish physician directly, asking him to present the necessary papal dispensation, without wich the contract would not be valid (... *quod a S.mo D.no Nostro D.no Sixto, divina clementia dignissimo pape quarto, dispensationem consequeris super medendo fidelibus, non obstante quocumque in contrario canone ... et si dispensationem non consequeris, presens electio sit pro infecta et nullius momenti*). A.C.A., sezione « H », Riformanze, registro 18, cc. 330r-330v.

[226] ... *ac etiam sperantes quod ex consuetudine bonorum christianorum fortasse ad limen veritatis congnoscendum converteris, spirante tibi divino spiritu, qui ubi vult spirat*.

to the nomination. In fact, in spite of the dispensation obtained from Sixtus IV [227] and presented to the Priori on 11 December, the friars preachers began a violent campaign from pulpits and squares against the new physician of the Commune. The accusation was probably the classical anti-Jewish one of Catholic origin, which held that Jewish doctors poisoned their Christian patients physically and spiritually instead of curing them.[228] In hopes of quieting the opposition, Elia's father, Manuele, turned to the Pope himself and obtained a bull that solemnly declared maestro Elia's right to exercise his profession among Christians in all the papal states, and moreover exempted him from wearing the badge.[229] The bull ended with a severe warning to those who might oppose its contents or place obstacles in the way of its execution.[230] Visibly impressed by the solemn tenor of the pontifical bull, authenticated by several notaries, the Priori registered it in the acts of two sittings, convened on 4 and 5 March 1475. It made far less impression on the friars preachers who did not in the least diminish their attacks against maestro Elia. The most fiery of them all was the friar minor Antonio da Vercelli, who in March 1475 officially applied to the Priori asking them to annul the contract given to the Jewish physician.[231] While the rulers of Assisi, embarrassed, wondered what to do, maestro Elia himself resigned the office with great dignity, declaring to the Priori that with much bitterness he realised he was unwelcome to the people because of his Jewish origin.[232] The preachers could thus register a fresh victory in their favour in the fight to banish the Jews from the city.

They had another success at the beginning of 1475, when a certain Leone, a resident Jew, had publicly expressed the desire to

---

[227] A.C.A., *sezione* « *H* », Riformanze, registro 18, c. 335r.

[228] Fear that Jewish doctors would poison Christians (*ne aliquam potionem dent Christianis*) is the root cause of the strict limitations imposed on them at various times by the Church. On this argument see especially GRAYZEL, *The Church and the Jews*, pp. 74-75.

[229] A.C.A., *sezione* « *H* », Riformanze, registro 18, cc. 341v-343v).

[230] *Nulli ergo omnino hominum liceat hanc paginam nostre elargitionis et concessionis infringere, vel ei ausu temerario contraire. Siquis autem hoc attentare presumpserit indignationem omnipotentis Dei ac beatorum Petri et Pauli apostolorum eius se noverit incursurum.*

[231] A.C.A., *sezione* « *H* », Riformanze, registro 18, cc. 373r, 374v.

[232] Maestro Elia appeared before the Priori and spontaneously resigned his medical post *quia intelligit non placere populo quod ipse serviat ex quo est Judeus* (A.C.A., *sezione* « *H* », Riformanze, registro 18, c. 376r).

become a Christian. The documents tell us nothing of his motives in taking such a step, but it is legitimate to believe that he had been brought to it by the proselytizing sermons of the friars, intensified in Assisi and the rest of Umbria at this time.[233] The Priori decided to give a tangible sign of gratification to the Jew which would also encourage his co-religionaries in Assisi to follow his example (*pro honore Dei et magnificentie dicte civitatis et bono exemplo aliis hebreis dando*).[234] Leone's baptism was fixed for Sunday 23 January and the General Council, in meetings held on 17, 20 and 21 of that month decided that for the occasion the Commune would solemnly grant him citizenship of Assisi. Besides this, the Priori deliberated to assign him the sum of eight florins, and twenty *moggi* of cultivable land that belonged to property confiscated by the Commune from citizens banished from Assisi, as well as a house in the city.[235] Then they invited fra Fortunato Coppoli, who was in Perugia, to come and preach in the city for the baptism, to confer greater solemnity on the event.[236] Thus Leone became a Christian, taking the name of Michele Francesco, and other gifts were made to him from

---

[233] From 1467 to 1474, for example, three Jewish families living in Perugia, out of a total of fifteen living at that time in the city, had become Christians following on the proselytizing sermons of the friars minor and the Augustinians (cr. Toaff, *Gli ebrei a Perugia*, pp. 78-79).

[234] Motivations of this kind for gifts and alms bestowed by the Commune to the neophyte, are repeated more than once in other words in the documents: (*ad Dei laudem et argumentum fidei christiane et spem aliorum hebreorum*). The traditional attitude of the Church in this respect, made their own by many Christian rulers, prescribed the making of gifts and benefices to Jews who voluntarily faced baptism. Already we find mention of this in Gregory the Great (Epist. 2, 38; 4, 31; 5, 7; 8, 23), according to whom the conversion of Jews should be facilitated by material gifts. In the Third Lateran Council (1179) it was clearly stated that *melioris conditionis conversos ad fidem esse oporteat, quam antequam fidem acceperunt habebantur*. Referring to the neophytes, in a poetical metaphor, Innocent III affirmed that *nova plantatio non solum nove doctrine riganda sit, sed etiam temporalibus beneficiis nutrienda* (cf. on this subject Blumenkranz, *Juifs et Chretiens dans le monde occidentale*, pp. 95-97; Id., *Les auteurs chrétiens latins du Moyen Age sur les juifs et le judaisme*, Paris-La Haye, Mouton 1963, pp. 73 sq.; Grayzel, *The Church and the Jews*, pp. 15-21).

[235] A.C.A., *sezione* « H », Riformanze, registro 18, cc. 337v-338r. The gift of eight florins was presented to the Jew on 22 January (A.C.A., *sezione* « P », Bollettari, registro 5, c. 64v). As for the house and land, the Priori settled that if the neophyte died without sons or moved from the city, these goods should revert to the Commune.

[236] The Commune recorded payment made for *uno nuntio misso Perusium pro fr. Fortunato, ut predicaret in baptistimate hebrei* (A.C.A., *sezione* « P », Bollettari, registro 5, c. 65r).

various quarters, set down regularly in the communal books.[237] These were generally personal articles, suits and linen, and various sums of money amounting to twenty-seven florins all told. On 12 February, according to their promise, the Priori presented the neophyte with a house near the Piazza del Comune, and the next day twenty *moggi* of land, partly agricultural and partly woods, in the *bailia* of Castelnuovo, along the road to Spello.[238] If the rich gifts corresponded with their hopes, it must be said that the leaders of Assisi were confident this would lead other Jews of the city to follow Leone's exàmple and convert to Christianity.

When Bernardino da Feltre arrived in the city in August, 1485, the situation of the Jews was going from bad to worse. The zealous friar, known to the crowds as the *martello degli heretici* (hammer of heretics), went from one end of the peninsula to the other, placing his ardent and impetuous words at the service of the growing anti-judaism.[239] At Trento, his sermons were behind the tremendous accusation of ritual homicide brought against the local Jewish community. Preceding the petition for beatification of little Simone had been the execution of numerous Jews who had been presumed guilty and the banishment of those few who were left.[240] In other cities his words had incited the population to fanatical

---

[237] The inventory bears the date 25 January (A.C.A., *sezione* « H », Riformanze, registro 18, c. 338v). From the kind ot gifts made on that occasion to the neophyte it seems he must have been a person of modest economic condition. Besides, the fact that the Priori speaks as if he had no sons (even if they understood this to mean sons who followed him into the new religion) leads us to reject the idea that he was that Leone, father of Consolo di Leone di Fiandra who, on 3 December 1476 dissolved the partnership he had with Angelo di Abramo da Cosenza (A.N.A., vol. S 8, fasc. 1, *atti di ser Mariotto di ser Antonio*, c. 95r).

[238] A.C.A., *sezione* « H », Riformanze, registro 18, c. 339v.

[239] On the preaching of Bernardino da Feltre in Umbria cf. among others L. WADDING, *Annales Minorum*, t. XIV, 1472-1491, Ad Claras Aquas, Quaracchi 1933, pp. 457-459, 468, 472 sq., 518 sq.; F. CASOLINI, *Bernardino da Feltre il martello degli usurai*, Milan, Vita e Pensiero 1939, pp. 219 sq.; TOAFF, *Gli Ebrei a Perugia*, pp. 80-81

[240] In the abundant literature on the events in Trent cf. among others J. E. SCHERER, *Die Rechtsverhältnisse der Juden in den deutschösterreichischen Ländern*, Leipzig, Von Duncker und Humblot 1901, pp. 596-609, 643-667; and more recently G. VOLLI, *I « processi tridentini » e il culto del beato Simone da Trento*, « Il Ponte », Florence, XIX, 1963, pp. 1396-1408; ID., *Contributo alla storia dei « Processi Tridentini »*, R.M.I., XXXI, 1965, pp. 570-578. As is known, the cult of blessed Simonino da Trento has been recently abolished by the Church, based on the results of W. P. ECKERT's study, *Il beato Simonino negli « Atti » del processo di Trento contro gli Ebrei*, « Studi trentini di scienze storiche », XLIV, 1965, pp. 193-221.

and intolerant acts against the Jews that provoked forced baptisms and expulsions. No wonder then, that his arrival in Assisi, as in other Italian cities, aroused the enthusiasm of the more reactionary of ecclesiastical circles and the terror of the Jewish community. In his sermons, Bernardino linked the crisis in the Monte di Pietà with the continuance of Jewish moneylending, which prevented its development with underhanded competition.[241] He therefore proposed new contracts and rulings for the Assisan Monte di Pietà that would assure its survival, but made them contingent on the immediate revocation of all existing ones between the Jewish bankers and the Commune. The Priori met on 14 August and approved the friar's proposals as to the restructuring of the Monte di Pietà.[242] At the same time they cancelled their signed contracts with the bankers, prohibiting them to export the pledges they held under pain of a large fine. Finally, they renewed the obligation for all Jews living in the city to wear the badge.[243] To supervise the careful implementation of the decision regarding the prohibition to export pledges, the Priori ordered the seizure of all the bank registers and account books. They were returned on the 29th of the same month of August, after the Priori had fixed one thousand ducats' fine if the prohibition was violated.[244] When he wrote to the leaders of Assisi on 7 October 1487, Bernardino da Feltre recalled those days with great complacency and with a certain lack of modesty, emphasizing how all this had come about merely through two sermons of his:

« XXVI months ago passing here from Gubbio I preached two sermons against Jewish usury in favour of the Monte di Pietà; and by the grace of God I have come back to find they were so efficacious that the

---

[241] On Bernardino da Feltre's attitude in favour of the Monti di Pietà in the years 1484-1485, ct. CIARDINI, *Un « consilium » per il Monte di Pietà di Firenze*, pp. 10-11.

[242] The Priori approved *gli capitoli et ordinamenti del monte della pietà della magnifica comunità d'Assisi, fatti et ordinati ... una cum lo rev. p. frate Bernardino da Feltro, dell'ordine de Frati Minori dell'Osservanza, al presente predicante nella città* (A.C.A., sezione « H », Riformanze, registro 9, 1asc. 4, c. 31v; sezione « O », registro 10, cc. 2r-7r).

[243] *Fuit reformatum quod capitula hebreorum ex nunc intelligantur vana, cassa, irrita et inania et pro nullis habeantur. Et quod dicti hebrei teneantur ferre in pectore publice .O. giallum. Et fiat inventarium rerum hebreorum et precipiatur quod* (sc. *pignora*) *non extrahant quoquomodo de civitate* (A.C.A., sezione « H », Riformanze, registro 9, 1asc. 4, c. 32r).

[244] *Fuit solemniter conclusum quod libri hebreorum restituantur eis data prius idonea cautione quod non possint extrahere bona aliqua de civitate, pena perditionis rerum et mille ducatorum* (A.C.A., sezione « H », Riformanze, registro 9, rasc. 4, c. 33v).

Jews were irrevocably forbidden to lend money, and none of their cunning ways prevented the council and all the people from agreeing to this good thing ... If only two sermons sufficed, Oh! Assisans!, how many more have you had for the love of good Jesus, for the salvation of your souls, bodies and goods, that firmly convinced you that you want neither usury nor Jews ».[234]

Yet Bernardino had no need to worry, since even by 14 August 1487, several weeks before receiving his letter, the Priori, unanimously ratifying the Monte di Pietà statute which bore his name, decided to forbid definitively Jewish moneylending in the city.[246] We do not know how many Jews were still there after the forced exodus of the bankers, only that still in May of that year the blacksmith, Gabriele d'Angelo, sold iron to the Franciscan Friars.[247] But these were the last rearguard of the Jewish community that had lived for nearly two centuries in the city of S. Francis and that the friars' preaching forced into new refuges in exile in the north of Italy. In truth, there was an attempt made at the beginning of the sixteenth century to readmit Jews to Assisi, and in January 1513 the Priori discussed the possibility of allowing a Jewish banker to take up residence in the city. However, the fear of once more incurring excommunication made them shelve the project indefinitely.[248]

---

[245] Bernardino da Feltre's letter to the Priori or Assisi is published by CRISTOFANI (*Le Storie di Assisi*, pp. 367-368). We reproduce it in full in the appendix.

[246] *Fuit reformatum, nemine contradicente, quod de cetero Hebrei non fenerentur, et legantur capitula fr. Bernardini in consilio generali* (A.C.A., sezione « H », Rirormanze, registro 9, rasc. 4, c. 60r).

[247] *Pagammo a Gabriele giudeo, per ferro da lui comperato, bol.* [ognini] *novantasei.* 2 May 1487 (A.C.S.Fr., *Archivi Amministrativi*, vol. 4, c. 104r).

[248] On 8 January 1513, the Secret Council met and invited the Priori *quod videant capitula Montis Pietatis si extat excommunicatio quod dictus hebreus non possit stare seu prestare.* They warned that in such a case the proposal would automatically be annulled (*quatenus extat dicta excommunicatio non ratiocinetur*); otherwise, it no impediment arose the question *proponetur in concilio secreto* (A.N.A., vol. N 20, *atti di ser Simone Paolozzi*, c. 225r).

CIVILIAN LIFE AND JURIDICAL CONDITION OF THE JEWS IN ASSISI

From the fourteenth century, as we have seen, in legal matters the Jews were not subject to some particular civil magistrate but to the Podestà and the Capitano del Popolo with their criminal judges. In this matter, their juridical condition was no different than that of other Assisans. The bankers' privileges brought out explicitly their absolute equality in civil as in criminal law with other citizens, and in particular withdrew them from the jurisdictional claims of ecclesiastical officials. In the «condotta» signed by the Commune with Abramo da Camerino and Salomone da Perugia in August 1401, they reaffirmed this right of theirs, *tractentur et tractari debeant in civilibus et criminalibus et in quibuscumque aliis actibus et negotiis ut cives et tamquam veri et ligiptimi cives dicte civitatis Assisii*.[249] Angelo da Ferrara and his relatives, colleagues and employees were also assured in the contract of 16 July 1456 of juridical equality with Assisan citizens (*siano tractati come propri et veri ciptadini della ciptà di Assisi*), as well as their right not to be tried by any civilian or ecclesiastical tribunal, but only by the Podestà and the Capitano del Popolo (*non siano soctoposti ad alcuna persona secolare e ecclesiastica cioè ad alcuno predicatore, inquisitore et spirituale*).[250] These rights were confirmed explicitly in the contracts granted on 1 July 1457 to maestro Bonaiuto da Tivoli *in tutte le cose allui accascassero, sieno tractati in civile et criminale, come li altri ciptadini della dicta ciptà de Assisi et cusì sieno reputati*.[251] The Assisan rulers in contracts dated 1456 and 1457, undertook to protect the Jews from the friars' preaching (*che non siano instigati, molestati et astrecti andare et stare*

---

[249] A.C.A., *sezione* «*H*», Riformanze, registro 8, fasc. 1, cc. 29v-30r.
[250] A.C.A., *sezione* «*H*», Riformanze, registro 14 [LN-96], cc. 32v-34v.
[251] A.C.A., *sezione* «*H*», Riformanze, registro 14, cc. 111v-113r.

ad predicatione veruna); but, as we have seen, they lacked the authority and political will to keep their promise.

In the civilian field, the archives dealing with Assisan Jews present us with a vast range of cases, generally discussed before the Podestà's judge, whose decision was sometimes passed on to an arbitration group chosen by both sides. The Jews in these cases occasionally chose a representative who might or might not be a Jew. On 16 July 1406, Mele di Salomonetto, former Assisan citizen then living in Cesena, named the notary ser Franceschino di Nuccio his representative *ad agendum, petendum, defendendum civiliter et criminaliter in causa seu causis, quam et quas habet et habiturum est in curia seu curiis Comunis Assisii et in qualibet alia curia ecclesiastica et seculari*.[252] A Jew, maestro Bonaventura di maestro Elia da Ferrara, was nominated on 14 November 1437 to represent banker Giacobbe di Salomone da Perugia *in omnibus causis, litibus et questionibus civilibus et criminalibus*.[253] Giacobbe di Elia di Francia on 30 October 1465 chose his son, Bonaiuto as his representant for all cases.[254] In the controversy that arose about the dissolution of the moneylending society founded by Consolo di Leone di Fiandra and Angelo di Abramo da Cosenza, on 3 December 1476, the latter was represented by the procurator Angelo di Vitale da Camerino, who lived in Perugia at the time.[255] The referee or arbitrating group, to whom the contending parties sometimes appealed to solve the controversies *in curia domini Potestatis Assisi*, could also be chosen among Jews or non-Jews. In March 1438, in the case that arose between maestro Vitale di Manuele da Chianciano and an Assisan citizen, the two put themselves into the hands of an arbitrator, notary Mariano di Napoleone da Assisi.[256] On 8 February 1431 maestro Vitale da Chianciano was also called on to join the arbitrating group that was to decide compensation due to maestro Abramo di Sabbatuccio for medical care given to the wealthy merchant Ludovico Ama-

---

[252] A.N.A., vol. C 5, *atti di ser Gerardo di messer Giovanni*, c. 127r.

[253] A.N.A., vol. B 15, *atti di ser Giovanni di Cecco Bevignate*, c. 140v,

[254] A.N.A., vol. S 2, fasc. 7, *atti di ser Polidoro di Ludovico*, c. 30r.

[255] A.N.A., vol. S 8, fasc. 1, *atti di ser Mariotto di Ludovico di ser Antonio*, c. 95r. Angelo da Camerino, one of the owners of the Banco della Vacca in Florence from 1477, had formerly worked in Perugia (cf. CASSUTO, *Gli Ebrei a Firenze*, pp. 145, 260-261; TOAFF, *Gli Ebrei a Perugia*, pp. 100-101).

[256] 3 March 1438. Controversy between Vitale di Manuele da Chianciano and Antonio di Petruccio (A.N.A., vol. B 16, *atti di ser Giovanni di Cecco Bevignate*, c. 29r).

tucci.[257] In a case between the banker Angelo da Ferrara and an Assisan citizen on 2 April 1456, the Podestà himself was called on to give the arbitrated award.[258] At other times the parties came to an agreement that obviated the need to call on the arbitrators. This was the case with the controversy between Samuele di Giuseppe da Lecce and Abramo da Camerino and his son Manuele. The protagonists of the event, all Jews, who accused each other *in curia Communis Assisii* of injuries and threats, preferred to end the quarrel and come to terms in the presence of a notary on 15 April 1417.[259] More rarely, in the case of all-Jewish suits and when the parties were in agreement, the Assisan Jews had recourse to the Rabbinical Court of Perugia.[260] The near-by Jewish community, which in the second half of the fourteenth century was already set up as *Universitas Hebreorum* with its institutions, and was certainly superior in number to the little group in Assisi, was well able to offer the latter its ritual and religious services.[261] The physician and banker, maestro Bonaiuto di Salomone da Tivoli, of Assisi, had recourse to the Rabbinical Court that had its seat in the Synagogue of Perugia and took decisions based on Jewish law (*judices et sindici sinagoge ebreorum civitatis Perusii ... sedentes pro tribunali in dicta sinagoga*). One of his debtors, Mosé di Dattilo da Rimini had fled from the city without paying what he owed, and Bonaiuto threatened to go to the Perugian or Assisan magistrates to have him arrested if the Rabbinical Court did not satisfy him. On 17 September 1459 two Assisan Jews, Dattilo, son of the banker Manuele di Abramo da Camerino, and Aleuccio, son of the physician Abramo di Sabbatuccio, went before the judges in the Synagogal hall in Perugia to give personal guarantee for the stubborn debtor, thus ending the controversy.[262]

---

[257] A.N.A., vol. R 5, *atti di ser Angelino di Nicoluccio di Vanni*, c. 29r.

[258] Angelo da Ferrara and ser Antonio di Nino reached a compromise before the Podestà of Assisi, Carlo de' Cesi (A.N.A., vol. S 1, *atti di ser Polidoro di Ludovico di Antonio*, cc. 37v and sq.).

[259] A.N.A., vol. B 7, *atti di ser Giovanni di Cecco Bevignate*, c. 67v.

[260] On the activities of the Rabbinical Court of Perugia cf. TOAFF, *Gli Ebrei a Perugia*, pp. 99-100.

[261] We can calculate approximately the number of Jews in Assisi in the first half of the fifteenth century to be about fifteen families, amounting to roughly seventy persons. Thus the community was smaller than the one in Assisi in the preceding century. Towards the eighties of the fifteenth century, just before the exodus, this small group would be still further reduced in number.

Assisan documents contain a variety of cases in the criminal field which the Podestà and Capitano del Popolo were called upon to judge. However, it seems that the Assisan Jews never committed grave criminal acts and they were condemned at most to a variety of fines. As usual, if the offender was a rich banker the sum was heavier, measured by the needs of the Commune rather than the gravity of the crime committed. In November 1455 the banker Angelo di Angelo da Ferrara and his brother Manuele were condemned to pay considerable monetary fines for having injured and ill-treated the mattressmaker Dattilo, also a Jew.[263] Abramo di Mosé da Sarteano, responsible for a gigantic fraud damaging the Assisan banker Giacobbe di Elia di Francia and his son Bonaiuto, was arrested at Perugia and tried in that city. On 24 January 1463, the Podestà condemned him to pay a fine of 240 florins and if he failed to pay, to have his right hand cut off. Naturally the huge sum was immediately turned over to the communal treasury.[264] In Perugia too, Dattilo di Manuele da Assisi was arrested when he was caught gambling by the Podestà's police, in a gambling den in the Porta Eburnea district. Tried on 18 May 1463, he was condemned to pay a large fine.[265] No less severity was shown by the Podestà and Capitano del Popolo against anyone responsible for crimes against the Jews. An Assisan citizen, tried in July 1426 for having injured and hit the banker Manuele di Abramo with a stone, was saved from a severe sentence only because the latter forgave him, thus putting an end to the trial.[266] When a considerable group of Assisan citizens one night stoned the house of the brother Manuele and Aleuccio di Abramo at Porta S. Chiara, probably following on the preaching of Cherubino da Spoleto, the Podestà immediately had those responsible arrested. Although the stones had caused more noise than damage, at the trial that was held in several sittings in April 1456 the fines amounted to nearly two hundred lire.[267]

---

[262] A.S.P., Fondo Notarile, *atti di ser Tomaso di Antonio*, bastardello n. 391, c. 284v.

[263] A.C.A., *sezione « G »*, Libri mallefitiorum, cartella 1, fasc. 2, cc. 1v-2v.

[264] A.S.P., Fondo Giudiziario, *Sentenze dei Podestà*, a. 1463, c. 42v.

[265] A.S.P., Fondo Giudiziario, *Sentenze del Podestà*, a. 1463, c. 39r.

[266] On 7 July 1426, Manuele pardoned Lorenzo di Giovanni the insults and blows he had received (A.N.A., vol. C 9 bis, *atti di ser Giovanni di Gerardo* c. 202r).

[267] A.C.A., *sezione « G »*, Libri mallefitiorum, cartella 1, fasc. 4, cc. 3r-4r.

The Jews were admitted as witnesses in civil cases and in this capacity they signed notarial documents whether concerning Jews or non-Jews. Although their participation as witnesses was expressly recognized by Justinian law, in practice this was somewhat exceptional, preference generally being given to Christian witnesses.[268] In this matter, as compared to other Italian cities, the custom prevailing in Assisi is interesting because it shows a liberal application of the norms. On 9 July 1426 Manuele di Abramo was witness to the sale of a quota of a tenth of Monte Subasio, whose actionists were both non-Jews.[269] Manuele again acted as witness (with three Christians) in the sale of goods between the heirs of the banker Salomone da Perugia and other Perugian Jews, the act of which was signed at Assisi on 14 November 1437.[270] The judiciary procedure was identical for Jews as for Christians, differing only in the oath that the former, as has been noted, swore on the sacred books of the Jews.[271] Among formulas used in Assisi we find the fol-

---

[268] On the validity of Jewish witnesses in civil acts, the law 22 entitled *de Haereticis et Manichaeis et Samaritis* (C.J. 1.5.21) in the Justinian Codex, states: *Ceterum testamentaria testimonia eorum* (sc. *hebreorum*) *et quae in ultimis elogiis vel in contradictibus consistunt, propter utilitatem necessarii usus eis sine ulla distinctione permittimus, ne probationum facultas angustetur*. This text is referred to by various writers on common law: *Et ultra casus de quibus supra, admittitur etiam judaeus in testem in contractibus et in ultimis voluntatibus et in quasi contractibus, ut per Bartolum* (sc. *a Saxoferrato*) *in l.*(ege) QUONIAM, C., DE HERETICIS) = C.J. 1.5.21) (cf. MARQUARDO SUSANNI, *Tractatus de Judaeis et aliis infidelibus*, Venice, C. De Tridino 1558, parte II, cap. 5, n. 16, p. 64); *In contractibus vero et ultimis voluntatibus testes Judeos recte admitti disponit textus in dicta lege* QUONIAM (= C.J. 1.5.21) *et ibi Bartolus* (cf. GIUSEPPE SESSA, *Tractatus de Judaeis*, Turin, Mairesse e Radix 1717, cap. 18, nn. 36-37, pp. 56-57). While recognizing the validity of the Justinian norm, other authors consider it to be applicable only exceptionally, Christian witnesses being preferred. They therefore warn that *id* (sc. *testimonia hebreorum admitti*) *procedere si sint testes testamentarii et instrumentarii* [that is, not in judgement], *et praecipue si in loco ubi celebratus fuit contractus non adessent alii testes praeter Judeos* (cf. PROSPERO FARINACCI, *De haeresia*, in *Opera Omnia*, Rome, Tip. Cam. Apost. 1609, quaestio 188, par. 7, nn. 128-129). Here I wish to thank my teacher, Prof. Vittore Colorni, for the precious enlightenment he has given on this question.

[269] The quota of tenths were sold by the notary Ludovico di ser Matteo to the rope-maker Angelo di Vittorino (A.N.A., vol. R 2, *atti di ser Angelino di Nicoluccio di Vanni*, c. 45r).

[270] A.N.A., vol. B 15, *atti di ser Giovanni di Cecco Bevignate*, cc. 139r-140v.

[271] Ordinarily the oath was taken on a Hebrew Bible, or on some other sacred object, as for example the phylacteries (*tefillin*) containing ritual formulas. Very often the Rabbis opposed these customs, for fear the Christians, not understanding their value or misinterpreting their function, should make them objects of ridicule. They blamed particularly those Jews who could have settled their disputes between Jews in the Rabbinical courts but preferred to turn to the civil ones. For example, the Rabbis

lowing: *iuravit super suis scripturis, ebraico modo*;[272] *iuraverunt super ebraicis libris*;[273] *iuravit super ebraicis litteris, more iudeorum*;[274] *iuraverunt super ebraicis litteris scriptis ... secundum legem eorum*;[275] *iuravit scripturis ebraicis corporaliter manu tactis*.[276] As we have seen in the past, not a few Jews were admitted by the Assisan rulers to citizenship and allowed to carry arms for self-defence. Bankers and physicians were especially privileged in this way since their social status automatically placed them in this category. And among these must be numbered a certain Abramo di maestro Vitale da Chianciano who on 15 December 1438 sold his sword to an Assisan citizen for one florin.[277]

There was no limit to Jewish right to possess real estate, and this was explicitly affirmed in the bankers' contracts. In pacts signed between the Priori and Angelo da Ferrara on 16 July 1456, and those signed by Bonaiuto da Tivoli in the following year, their possessions were safe from any danger of « retaliation » (« rappresaglia »).[278] On 29 June 1434, Abramo, Giacobbe and Gaio, sons of the physician Sabbatuccio di Manuele, divided the property left them by their father. Three neighbouring houses with a small garden in the Porta S. Francesco district, pieces of plough land in the Assisan countryside and within the town walls, in the *bailia* of Mora and of Bagnoli, near the Collicello tower and in the area « delle grotte », the district of Porta Perlici, S. Francesco and S. Rufino.[279] Clearly, here was a very large estate accumulated by

---

of Pesaro on 3 August 5344 (= 1584) solemnly decreed « that no Jew may force another Jew to swear an oath before the civil tribunals on a sacred object ... such as the phylacteries (*tefillin*) or some sacred book, because Christians seeing and not understanding their ritual value, might laugh at them, thinking the strips of leather were shoelaces or catapult strings ». The Hebrew text has been published by L. FINKELSTEIN, *Jewish Self-Government in the Middle Ages*, New York, The Jewish Theological Seminary of America 1924, pp. 314-315.

[272] A.N.A., vol. B 1, *atti di ser Giovanni di Cecco Bevignate*, c. 84v.

[273] A.N.A., vol. B 10, *atti di ser Giovanni di Cecco Bevignate*, c. 45v; A.N.A., vol. S 8, fasc. 1, *atti di ser Mariotto di Ludovico di ser Antonio*, c. 95r.

[274] A.N.A., vol. B 15, *atti di ser Giovanni di Cecco Bevignate*, c. 140v.

[275] A.N.A., vol. B 14, *atti di ser Giovanni di Cecco Bevignate*, c. 67r.

[276] A.N.A., vol. S 1, *atti di ser Polidoro di Ludovico di Antonio*, c. 37v; A.C.A., sez. « H », Riformanze, registro 18, c. 376r.

[277] A.N.A., vol. B 16, *atti di ser Giovanni di Cecco Bevignate*, c. 104r.

[278] A.C.A., *sezione* « H », Riformanze, registro 14 [LN-96], cc. 32v-34v; ibid., cc. 111v-113r. On the institution of « retaliation » see bibliography at note 175.

[279] A.N.A., vol. B 14, *atti di ser Giovanni di Cecco Bevignate*, cc. 66v.

maestro Sabbatuccio during his long career as physician and moneylender. On 30 March 1400, his son Daniele received as payment for medical care given to an Assisan citizen, a piece of plough land valued at ten gold florins on the « bailia » of Satriano.[280] On 27 September 1429 another of his sons, Abramo, acquired a farm in the district of Porta S. Francesco for two florins and he let it on contract in January 1431.[281] The banker Abramo da Camerino on 6 June 1417 paid fifteen florins for a large vineyard in the « bailia » of S. Savino.[282] On 15 December 1456 Aleuccio di Abramo sold a house in the district of Porta S. Chiara.[283] For the considerable sum of eight hundred gold florins, the heirs of the banker Salomone da Perugia – his sons Giacobbe and David, and his nephew Isacco di Samuele – signed in Assisi on 14 November 1437 a contract for the sale of their battlemented palace in Perugia in the Porta Sole district, on the road leading to the church of S. Lucia.[284] The buyers were two wealthy Perugian bankers, Consiglio da Gubbio and Guglielmo da Perugia.[285]

At Assisi, as elsewhere in Italy, in questions of matrimony the Jews followed not common law but Jewish law, which allowed for divorce. Matrimonial contracts were drawn up in Hebrew (*ketubot*) before Jewish witnesses. Sometimes they were accompanied by similar documents in Latin drawn up by public notaries and signed by Christian witnesses, specifying in detail the economic

---

[280] A.N.A., vol. C 16, *atti di ser Francesco di ser Benvenuto di Stefano*, c. 11r.

[281] A.N.A., vol. B 11, fasc. 3, *atti di ser Giovanni di Cecco Bevignate*, c. 84v; vol. C 11, *atti di ser Giovanni di messer Gerardo*, cc. 108v-109r.

[282] A.N.A., vol. C 9, fasc. 1, *atti di ser Giovanni di messer Gerardo*, c. 144r.

[283] A.N.A., vol. S 1, *atti di ser Polidoro di Ludovico*, c. 48r; vol. S 2, *atti di ser Polidoro di Ludovico*, c. 52r.

[284] Giacobbe and David da Perugia, with their nephew Isacco, were among the first Jewish bankers in Florence in 1437 (cf. CASSUTO, *Gli Ebrei a Firenze*, pp. 33 sq.). Two years later Giacobbe appears among the owners of a bank in Fano (cf. LUZZATTO, *I banchieri ebrei a Urbino*, p. 30). As can be seen, the heirs of Salomone da Perugia had, besides, considerable interests in Ferrara and in the Po valley and Umbria (Perugia and Assisi). Testimony of their Jewish culture can be seen in the splendid cod. British Museum 626, containing the formulary of prayers of the Italian rite, copied for them (Ja'aqob and David, sons of Shelomò da Perugia) by the scribe Izchaq b. Obadiah da Forlì and completed in Florence in August 1441 (cf. G. MARGALIOUTH, *Catalogue of the Hebrew and Samaritan Manuscripts in the British Museum*, London, The British Museum 1899, n. 626; ID, *J.Q.R.*, XVI, 1903-1904, pp. 73-97; L. BELLELI, *Sopra un libro di preghiere fiorentino del secolo XV*, C.Is., XLII, pp. 165-167, 225-238; FREIMANN, *Jewish Scribes*, p. 265).

[285] A.N.A., vol. B 15, *atti di ser Giovanni di Cecco Bevignate*, c. 139r.

conditions of the parties.[286] The spouses coming from wealthier families brought large dowries that amounted to hundreds of florins, and princely trousseaus. The banker Abramo da Camerino's will dated 14 September 1412 shows that his wife Fiore di Guglielmuccio had brought him a dowry of two hundred florins, and that Rosella, first wife of his son Manuele, had brought a dowry of a hundred and fifty florins in money and trousseau.[287] In that document, Abramo also noted the expenses of his son's wedding that came to a hundred florins. According to Hebrew law, in case of divorce or the husband predeceasing the wife, she had a right to the whole sum of her dowry with a further amount foreseen in the marriage contract as compensation and damages. The dowry fixed for the marriage of Stella di Aleuccio da Padova to Manuele di Abramo (his second wedding) amounted to 410 gold florins in money and goods, doubtless a vast sum that witnessed the prosperity of the bride's family.[288] The money was presented to Stella on 15 September 1429 by Guglielmo da Perugia, procurator of the Paduan banker Giacobbe di Mosè, who had paid the sum on behalf of the woman's family.[289]

Similar to marriage contracts, wills generally followed Jewish law and were sometimes accompanied by notarial acts drawn up in Latin.[290] When on 29 June 1434 the sons of the physician Sabbatuccio di Manuele divided the vast estate left by their father, Abramo the eldest received the largest share.[291] This was according to Jewish law, which gave privileges to the eldest son who received twice the amount of the other brothers. Abramo da Camerino's first will, drawn up on 4 September 1412, followed Roman law instead of Jewish and this treated the sons as equals. In fact, his sons Manuele and Aleuccio were named universal heirs to the « estate and goods » of the banker in equal shares.[292] But, following

---

[286] On relations between Jewish matrimonial law and local norms cf. particularly COLORNI, *Legge ebraica e leggi locali*, pp. 181-182.

[287] A.N.A., vol. C 13, *atti di ser Gerardo di Giovanni*, c. 232r.

[288] A.N.A., vol. C 10, *atti di ser Gerardo di Giovanni*, c. 14r.

[289] In 1432 Giacobbe di Mosè da Ancona was the owner in Padua of the bank « del Duomo », one of the largest in the city (cf. CISCATO, *Gli Ebrei a Padova*, p. 44).

[290] On the Rabbinical law of succession and its relations with local law, cf. COLORNI, *Legge ebraica e leggi locali*, pp. 201-221.

[291] A.N.A., vol. B 14, *atti di ser Giovanni di Cecco Bevignate*, cc. 66v-67v.

[292] A.N.A., vol. C 13, *atti di ser Gerardo di Giovanni*, c. 232r.

Jewish law, Abramo stipulated that his wife should receive the dowry she had brought and the personal usufruct of his property. The dowry of his sister-in-law Rosella, Manuele's wife who had divorced her husband, had also to be returned to the woman according to the will, which showed that in his time this money had been administered by the father-in-law as part of his patrimony. In his second will, drawn up 13 January 1423, Abramo da Camerino, for unknown reasons, changed his previous dispositions and named his wife Fiore universal heir to all his goods;[293] each of his sons was left a small legacy of twenty-five florins. Aleuccio di Salomone da Roma, in his will of 29 November 1420, named heir and sole executor of all his possession, the physician Gaio, maestro Sabbatuccio's son, with the undertaking he would provide for his widow, Gioietta.[294] Aleuccio, who had been banker in Spoleto, was in all probability from the same Roman family of the Bethels or De Synagoga, to which maestro Sabbatuccio belonged.[295]

We have seen how, very probably, the Jews in Assisi at first celebrated their liturgy privately, in some banker's home and not in a specifically designed synagogue. In the fifteenth century the situation seems to have altered and the banker's contracts presuppose the existence of a synagogue for Jewish cult.[296] Perhaps this is to be identified with the *Domus Judeorum*, situated in the vicinity of the Piazza del Comune (*versus plateam*), which is mentioned in a document of 25 August 1457.[297] In this case the synagogue should be somewhere near the present Chiesa Nuova, behind the Palazzo dei Priori, on the site of the so-called birthplace of S. Francesco. It seems that, once the Jews had been given a synagogue for their worship by the rulers of the city, they were not permitted to meet in prayer privately or together in other places.

---

[293] A.N.A., vol. C 14, *atti di ser Gerardo di Giovanni*, c. 169r.

[294] A.N.A., vol. C 27, *atti di ser Francesco di ser Benvenuto*, c. 128v.

[295] Before coming to Assisi, Aleuccio di Salomone da Roma had lived in Narni, and in 1393 had signed the contracts with the Commune of Spoleto (cf. SALZANO, *Il « Monte dei denari » e il « Monte del grano » a Spoleto*, pp. 40-41).

[296] For example, in the contracts signed between the Priori and maestro Bonaiuto da Tivoli on 1 July 1457 it was explicity mentioned that the Jews *possano et alloro sia licito fare et congregare la loro sinagoga dove alloro piacerà* (« they may licitly set up and gather together in their synagogue how and where they like»). This was probably a ratification of a privilege already enjoyed for some time by the Jews of the city rather than a new concession (A.C.A., *sezione « H »*, Riformanze, registro 14, cc. 111v-113r).

[297] A.C.A., *sezione « H »*, Riformanze, registro 14, c. 126r.

Only thus can we explain Manuele di Francia's request to the Bishop of Assisi, to be allowed to celebrate religious functions in his house for the sake of his aged father who could no longer move. The petition, backed up also by Manuele's colleague, Abramo da Bevagna, was accorded by the vicar general on 22 September 1471.[298] The Jewish cemetery or *Sepultura judeorum*, according to a document of 29 June 1434, was situated in the district of Porta Perlici, adjoining some land belonging to the physician maestro Sabbatuccio.[299] The fact that it was well within the ancient walls and not outside in the country as elsewhere, makes it seem that its location goes back to the early days of Jewish settlement in the city. On the Jews' request, the Priori consented to allow free sale of meat prepared according to Jewish rites in all the city butcher shops. A contract made with Bonaiuto da Tivoli on 1 July 1457, contained the explicit clause *che non sia per niuno offitiale de Assisio prohibito ad niuno macellaro che lassino peiare la carne alloro modo et non li vendano*.[300] On the other hand, observance of the Jewish dietary laws by the Assisan Jews was not limited to butcher's meat but extended also to other items such as wine, which had to be prepared scrupulously according to special laws in order to be suitable for ritual use. On 10 May 1419 for example, as payment for medical care of an Assisan peasant, the physician Gaio di Sabbatuccio asked for two *salme* of wine, prepared according to the Jewish rite (*more judeorum*) and some olive oil.[301]

Names of the Jews of Assisi do not appear to differ from those studied by Cassuto for Florence; Colorni for Ferrara; and my study for Perugia.[302] On the one hand we find typically Jewish

---

[298] The vicar-general Antonio di Andrea di Assisi permitted Manuele *propter senectutem patris possit, una cum Abramo Isac ebreo, celebrare offitium in domo in qua habitat et etiam una cum dicto suo patre* (A.N.A., vol. V 9, fasc. 2, atti di ser Nicolò di ser Lorenzo, c. 72v).

[299] A.N.A., vol. B 14, atti di ser Giovanni di Cecco Bevignate, c. 66v.

[300] A.C.A., sezione « H », Riformanze, registro 14, cc. 111v-113r.

[301] Maestro Gaio di Sabbatuccio was to receive *duas salmas vini, more judeorum, tempore vendemiarum proxime venturarum et duos caldarellos olei boni, tempore recollecte olivarum proxime venture* (A.N.A., vol. B 18, atti di ser Giovanni di Cecco Bevignate, c. 428v). Maestro Vitale da Chianciano ordered a certain amount of oil from some *contadini* (*unum caldarellum olei boni et dulcis*) for one florin, 31 December 1436 (A.N.A., vol. B 15, atti di ser Giovanni di Cecco Bevignate, c. 11r).

[302] Cf. Cassuto, *Gli Ebrei a Firenze*, pp. 231-244; V. Colorni, *Ebrei in Ferrara nei secoli XIII e XIV*, « Miscellanea di studi in memoria di D. Disegni », Turin 1969,

names, derived from the biblical or postbiblical Jewish world, generally italianized through Latin and Greek versions of the Bible. To this category belong such names as Abramo, Isacco, Giacobbe, Mosè (with its diminuitive Musetto), Beniamino, Giuseppe, David, Daniele, Elia (with the derivatives Aleuccio, Liuccio), Gabriele, Lazzaro (that correspond with Hebrew *Eli'ezer* or *El'azar*, through Greek *Lazaros*), Matassia (Heb. *Matatià*), Salomone, Emanuele (with variants Manuele, Manuello, corresponding with Heb. *'Immanuel*, more often *Menachem*), Sabato, Samuele (with probable variants Mele and Simigliolo, the last of which is found only in Assisi), Genatano (Heb. *Jonatan*). A second category includes Italian names which are translations or derivations of Hebrew names or at least have certain evident phonetic affinities or signification. Thus, Angelo (Heb. *Mordekhai*), Bonaventura (Heb. *Meshullam*), Benamato (Heb. *Jedidyà*), Bonaiuto (Heb. *'Azriel* or *'Uziel*), Cresce (Heb. *Ghedaliyà*), Consolo (Heb. *Manoach* or *Nechemià*), Consiglio (*Jequtiel*), Gaio (Heb. *Izchaq*, Isacco), Dattilo (Heb. *Joab*), Deodato (Heb. *Netanel* or *Elnatan*), Guglielmo (Heb. *Binyamin*), Leone (Heb. *Jehudà*), Vita (Heb. *Chaim*), Vitale (Heb. *Jechiel*). It seems more difficult to find corresponding Hebrew names for some others, such as Bonagiunta.[303]

Elsewhere we have remarked that, in our opinion, connections between Italian and Hebrew names, verified in numerous cases, are less rigid and automatic than Cassuto, who was the first to study them and draw up an organic and reasoned list of correspondences, seems to hold.[304] Our thesis is that connections between

---

pp. 91-95; Toaff, *Gli Ebrei a Perugia*, pp. 101-104. On Jewish names see the still useful essay by L. Zunz, *Namen der Juden*, Leipzig, Fort 1837.

[303] We agree with Colorni (*Ebrei in Ferrara*, p. 94). He examines some Jewish names from Ferrara in the thirteenth and fourteenth centuries such as, Bonaccorsio, Bentivegna, Bonavanzo, Boncambio, and maintains that the further back we go in the Middle Ages towards antiquity, the more frequently we find in the Jews of the diaspora an exclusive use of local names, that is, without corresponding or parallel Jewish names.

[304] Cassuto's theory, (*Gli Ebrei a Firenze*, p. 234), accepted by the majority of scholars, is that « the Italian name of each Jew was not chosen by accident, but was always made to correspond with a given Hebrew name ». According to the eminent scholar, « this was a rule followed universally, without exceptions, which thus made it possible to know *eo ipso*, from knowing the one name of a Jew to know the other ». Against the rigidity of such a schema, valid in general but having a number of variants, especially in the thirteenth and fourteenth centuries, I have expressed my reservations (cf. Toaff, *Gli Ebrei a Perugia*, p. 103). These have been confirmed by an examination of

Italian and Hebrew names, above all in the XIII and XIV cent. were more fluctuating and allowed for numerous combinations; only much later on did they gradually assume a fixed and automatic form. A further proof of our claim is to be found in certain archival documents and parallel Hebrew texts on the Jews of Assisi. The name of the physician maestro Sabbatuccio di Manuele appears frequently in Latin documents of the second half of the fourteenth century up to the beginning of the following century. According to the correspondence table proposed by Cassuto, this Hebrew name should be Shabbatai b. 'Immanuel or Shabbatai b. Menachem. But in the colophon of cod. Parmense 3148 (De Rossi 1134), which Abraham b. Moshè finished copying for him on 14 February 1389, we know he was named Shabbatai b. Matatià. We consider there is need for a certain methodological caution in applying the table of Italian–Hebrew correspondences, for they cannot always be taken for granted.

Generally speaking, from the second half of the fourteenth century, we come across indications of names followed by place of origin, while before this time in the thirteenth and first half of the fourteenth centuries, this practice seems limited to sporadic cases, usually applied to Jews coming from Rome (*de Urbe*). Only two centuries later, we have the place name turning definitely into a surname. The Assisan Jews other than those from Rome (Sabbatuccio « de Urbe », Aleuccio « de urbe Romana », etc.) were from the various Umbrian communes (Matassia da Perugia, Dattilo da Norcia, Consiglio da Gubbio, Bonaventura da Bevagna, etc.) and generally speaking, from central Italy (Abramo da Camerino, Vitale da Chianciano, Angelo da Ferrara, Bonaiuto da Tivoli, etc.). But there were also Jews from Southern Italy (Samuele da Lecce, Angelo da Cosenza) and from beyond the Alps (Giacobbe di Francia, Consolo di Fiandra). As for family names, which were quite rare for Italian Jews in the Middle Ages, Assisan documents only give one instance. This was the old Hebrew–Roman surname *Min Ha–Keneset* or *Bethel* (in Latin acts sometimes written *De Synagoga* and in Jewish–Italian *Scola*), which was the signature of doctor Sabbatuccio di Manuele's family.[305] In As-

---

the names of the Jews in Assisi. I am happy to note that my reservations have been accepted by V. COLORNI, (*Gli ebrei a Perugia*, R.M.I., XLI, 1975, p. 558).

[305] On the family of *Min Ha–Keneset*, *Bethel*, see bibliography, note 112.

sisi, as in Florence, Perugia and Ferrara, women were usually given local names, sometimes diminuitive (Gioietta, Gentilina, Rosella, Fiore, Stella, Perna), while not disdaining classical biblical names as well (Anna, Sara, Susanna, etc.). [306]

---

[306] Cf. CASSUTO, *Gli Ebrei a Firenze*, p. 241; COLORNI, *Ebrei in Ferrara*, pp. 94-95; TOAFF, *Gli Ebrei a Perugia*, p. 104.

JEWISH PHYSICIANS IN THE FOURTEENTH CENTURY

The fourteenth century is a period when particularly large numbers of Jewish physicians exercised their profession at Assisi and generally in all the main centres of Umbria, often having regular contracts with the various city leaders for medical service. At the beginning of the century we find three of the four sons of the Roman physician Sabbatuccio di Manuele, following in their father's footsteps in Assisi: Abramo, the eldest and certainly the most well-known, official surgeon of the Commune, Gaio and Daniele, both *medici cirusici* in private practice; the latter of the two died prematurely.[307] Like their father, the three physicians, with their fourth brother, Giacobbe, did not hesitate to invest capital made through their profession in the income-bearing activity of moneylending, without however risking overly large sums.[308] Assisan archives have preserved a noteworthy number of contracts for medical treatment, signed by the three brothers (but specially by Abramo), that cover the years 1400-1435 and throw light on their daily activities, the kind of client they dealt with, the services they were asked to render, the diagnoses they made and finally the honorarium they asked. When a badly wounded person needing urgent assistance or a delicate operation was brought to the Jewish

---

[307] Abramo appears in the documents as *medico cirusico di Assisio*; Gaio as *medico cirusico*, without further detail. On 30 March 1400 Daniele attended a woman (*pro cura prestitam per dictum Daniellum in personam domine Luciole ... in infirmitate sua*) and was paid with a piece of land valued at ten florins (A.N.A., vol. C 16, *atti di ser Francesco di ser Benvenuto di Stefano*, c. 11r). After this date his name no longer appears in the documents, even in the partition of the inheritance of his father, maestro Sabbatuccio, who died between 1402 and 1413.

[308] Here are a few examples: 3 January 1418, loan of 20 florins by Gaio di Sabbatuccio (A.N.A., vol. C 23, *atti di ser Francesco di ser Benvenuto di Stefano*, c. 2v); 11 June 1427. Loan of 8 florins made by the same Gaio (A.N.A., vol. B 20, *atti di ser Giovanni di Cecco Bevignate*, c. 202v). 16 March 1435. Loan of 6 florins made by Abramo di Sabbatuccio (A.N.A., vol. B 14, *atti di ser Giovanni di Cecco Bevignate*, c. 180r).

physician by a relative or friend, the doctor made a contract with the family of the patient, typical in the clauses that recur in all documents of the kind we have examined. The doctor accepted the patient *pro corpore mortuo*, that is, without assuming any kind of responsibility if, because of the wounds of the operation, he should die. After diagnosing the gravity of the wounds he was asked to cure, and the possible complications that might arise, the physician fixed his honorarium *ut ipsum possit ad sanitatem reducere*, asking two alternative sums: the first, naturally higher, if things turned out well and the patient was cured; the second, that the family undertook to pay no matter how things went.[309] From the receipt of payment made and added at the foot of the page to contracts signed with maestro Abramo, it appears that in a large number of cases his cures were effective, so that the higher sum was paid willingly by the patient's family. Thus, Abramo's fame as an outstanding physician, known in Assisi and all the countryside, was well deserved. Among his clients we find members of all the social classes of the city; the notary Evangelista di Francesco, the well-known merchant Ludovico Amatucci, the dancing master Giovanni Pascucci, called *della danza*, peasants, merchants, craftsmen, clerics and artists. At times the authorities of Assisi themselves turned for professional advice to Abramo in particularly delicate cases. When the Podestà of Assisi, Antonio da Urbino, in May 1413 was faced with an Assisan citizen accused of having gravely wounded a woman, he turned to Abramo and the other medical officer, Giovanni di Antonio, asking for an estimate of the gravity of the wounds sustained by the victim.[310] This opinion was, in fact, indispensable in order to estimate the punishment to inflict

---

[309] An example of this type of contract is the one agreed between maestro Abramo with Antonio di Andrea da Perugia, who was brought to the doctor with a grave skull fracture that required a delicate operation. The contract, dated 8 August 1434 opens thus: *Cum hoc sit quod vulnus factum in capite dicti Antonii sit cum fractura ossis seu clanei et periculosum sit et necessit ipsum vulnus cum ferro videri pro cura ipsius et est dubium de morte vel de vita, ideo ipse magister Abram, medicus antedictus, non intendit dictum vulnus discoprire vel incidere nisi quia ipse recepit et vult habere dictum Antonium pro corpore mortuo, et si ex dicto vulnus sequeretur mors ipse magister Abram non vult nullo modo teneri ad aliquam penam, cum ipse intendit et velit dictum vulnus cum ferro revidere et curare prout requiritur ad hoc ut ipsum possit ad sanitatem reducere*. Later on maestro Abramo demanded a fee of four florins if he managed to cure the patient and one florin if the patient died (A.N.A., vol. B 14, fasc. 2, *atti di ser Giovanni di Cecco Bevignate*, c. 79v).

[310] A.N.A., vol. C 7, fasc. 1, *atti di ser Gerardo di Giovanni*, c. 97r.

on the agressor, although he had been pardoned by the woman. From contracts signed by Abramo and his brother Gaio with the families of their patients, we know they were asked to operate on skulls following grave and dangerous fractures; on the throat; and to treat wounds inflicted by swords or daggers.[311] Abramo and Gaio, who lived in the same street in the district of S. Francesco, possessed a large property in Assisi and the surrounding countryside, partly inherited from their father but largely acquired from the exercise of their profession.[312] Their residence in Assisi is attested to up to 1435, after which we lose sight of them. Gaio

---

[311] Here are some examples: 21 May 1413. Contract for medical attention by maestro Abramo for a skull fracture (*pro cura quam prestabit ... in personam Iohannis Petri Pauli Vanni de Assisio ... qui cecidit et quod habet craneum fractum*) (A.N.A., vol. C 20, *atti di ser Francesco di Benvenuto di Stefano*, c. 84v); 19 September 1413. Abramo treats a woman who has been wounded by her brother-in-law (*... habere curam et solecitudinem de Gostantina ... vulnerata per Matheum Pauli eius congniatum et ipsam medicare solicite*) (A.N.A., vol. C 7, fasc. 1, *atti di ser Gerardo di Giovanni*, c. 149v); 10 May 1419. Maestro Gaio treats an Assisan citizen wounded in the throat and other parts of the body (*... pro medicatura de vulneribus factis in gula Francisci Iohannis Petruccioli et in gamba sinistra ipsius*) (A.N.A., vol. B 18, *atti di ser Giovanni di Cecco Bevignate*, c. 428v); 15 June 1429. Maestro Abramo treats a *contadino* whose skull had been fractured when a donkey kicked him (*... quidam asinus percussit ipsum Angelum in capite ipsius cum fractura ossis capitis*) (A.N.A., vol. R 4, fasc. 1, *atti di ser Angelino di Nicoluccio di Vanni*, c. 86r); 11 September 1429. Abramo operates on ser Evangelista di Francesco, the notary, for a throat tumour (*... ad tagliaturum ... quoddam nascitum in gula*) (A.N.A., vol. B 11, fasc. 3, *atti di ser Giovanni di Cecco Bevignate*, c. 77v); 2 February 1431. Abramo treats a patient whose skull is probably fractured (*... habeat unum vulnus in capite ... et vulnus sit dubium et periculosum et expediat quod pro cura dicti vulneris dictum vulnus medicatur, radatur et discoperiatur ita quod ossis capitis videatur ut medere possit pro ipsius sanitate*) (A.N.A., vol. B 12, *atti di ser Giovanni di Cecco Bevignate*, c. 39v); 8 February 1421. Maestro Abramo treats Jacopo, son of Ludovico Amatucci, the merchant (A.N.A., vol. R 5, *atti di ser Angelino di Nicoluccio di Vanni*, c. 29r); 30 March 1433. Maestro Gaio treats a woman with a fractured skull (*... ipsa Orsella ceciderit ab alto adeo quod vulnerata est in capite*) (A.N.A., vol. R 6, *atti di ser Angelino di Nicoluccio di Vanni*, c. 58v); 28 March 1434. Abramo treats a *contadino* from Poggio Priore (A.N.A., vol. B 14, fasc. 2, *atti di ser Giovanni di Cecco Bevignate*, c. 13r); 8 August 1434. Abramo treats a patient with a fractured skull and other wounds (*cum Antonius Andree de Perusio ... sit vulneratus inter alia in capite ... cum fractura ossis et habeat certas alias percussiones*) (A.N.A., vol. B 14, fasc. 2, *atti di ser Giovanni di Cecco Bevignate*, c. 79v); 8 March 1435. Abramo treats an Assisan citizen with wounds and hemorrhage (*pro cura ... de vulneribus factis in personam dicti Francisci sanguinolentis*) (A.N.A., vol. B 14, fasc. 2, *atti di ser Giovanni di Cecco Bevignate*, c. 176r).

[312] As we have seen, maestro Sabbatuccio's sons had divided their father's considerable estate between them (A.N.A., vol. B 14, *atti di ser Giovanni di Cecco Bevignate*, c. 53r); maestro Gaio also had been heir to Aleuccio da Roma, the banker (A.N.A., vol. C 27, *atti di ser Francesco di ser Benvenuto*, c. 128v). Abramo, on the other hand, had acquired other property in the city (A.N.A., vol. B 11, fasc. 3, *atti di ser Giovanni di Cecco Bevignate*, c. 84v).

reappears in Perugia in 1458 in a list of Jews resident in that city and belonging to the local *Universitas Judeorum*. He lived in the Porta S. Pietro district; two of his brother Abramo's children were also there (Aleuccio and Gentilina) and their names appear in other documents.[313] We do not know, however, the motives of their transfer from Assisi. The last of Abramo's colleagues, medical officer of the Assisan Commune, was maestro Antonio di Matteo Santori, who died early in 1434. In the inventory of his library, made two years later, besides various Hebrew Bibles was the so-called *Almanach Profatii Iudei*.[314] This was the « perpetual almanac », containing the well-known astronomical tables of the provençal Jew, Jacob b. Makhir ibn Tibbon of Montpellier (c. 1236-1308).[315] Had maestro Antonio received it as a gift from his Jewish colleague?

Not until the end of the first half of the century do we find another Jewish physician in Assisi. As we have seen, on 1 July 1457 the Priori signed a contract with maestro Bonaiuto da Tivoli's bank, to which they granted favourable conditions for its activities. Bonaiuto was a physician and on that occasion he asked the Priori's permission to practice in Assisi. The city leaders acceded to his request, specifying, however, that the contract between the Commune and maestro Bonaiuto concerned only his activity as banker; as physician he could give private service to all the sick who came to him, without however receiving any salary from the Commune.[316] Bonaiuto died suddenly in the sum-

---

[313] In the list of the Jews in Perugia meeting in the synagogue on 18 April 1458 appears the name of *magister Gaius magistri Sabati de Assisio habitator in Porta S. Petri* (A.S.P., Notarile, *atti di ser Tomaso di Antonio*, bastardello n. 391, c. 190r). In a sentence passed by the Rabbinical court in Perugia on 17 September 1459 we find the name of *Aleutius magistri Abrae di Assisio* (A.S.P., Notarile, *atti di ser Tomaso di Antonio*, bastardello n. 391, c. 284v). Gentilina di maestro Abramo da Assisi appears among the heirs in the will of a Perugian Jew dated 25 May 1457 (cf. MAJARELLI e NICOLINI, *Il Monte dei Poveri di Perugia*, p. 219).

[314] A.N.A., vol. R 9, fasc. 1, *atti di ser Angelino di Nicoluccio di Vanni*, cc. 134r-135r.

[315] The tables of Jacob b. Machir from Montpellier have been published by J. BOFFITO and C. MELZI D'ERIL with the title *Almanach Dantis Alighierii, sive Prophacii Judaei montispessulani almanach perpetuum ad annun 1300 inchoatum* (Florence 1908). On Dante's use of the Almanach cf. M. A. ORR, *Dante and Early Astronomers*, London, Gall 1913; ROTH, *The Jews in the Renaissance*, pp. 87 sq.

[316] *Et per che lu dicto mastro Bonaiuto è medico et in nella ciptà de Assisi intende la dicta arte exercetare, senza niuno salario de Comuno, domanda et vole poter medicare da chi lui serà rechesto, et da quillo pagarse, secondo merita, overo seranno de accordo, senza essere molestato da niuna persona* (A.C.A., sezione « H », Riformanze, registro 14, c. 112v).

mer of 1462, while in Bevagna on business. The archives contain clear traces of his banking activities in Assisi and the surrounding country, but no mention is made of his work as a physician.

A few years later we come across another Jewish physician who, although from Perugia, intended to extend his professional activities as far as Assisi. On 9 October 1461 maestro Abramo di maestro Vitale da Perugia presented the Priori with a bull from Pope Pius II Piccolomini asking that it be registered in the chancery of the Commune. The pontifical document, dated 11 March 1458, authorized the Jewish physician to exercise his art among Christians in all the cities under the dominion of the Church (and therefore Assisi as well as Perugia), even if statutes and local custom should be unfavourable to his employment.[317] Pope Piccolomini affirmed that he had conceded this privilege after solicitous and repeated recommendations from Braccio Baglioni, lord of Perugia, whose personal, esteemed and influential physician maestro Abramo was.[318] We do not know, though, how long Abramo practised in Assisi, since there are no traces of his activity in the documents of that period.

Only in the autumn of 1474, the Secret Council once more chose a Jew to practise medicine in the city. This was maestro Elia, son of Manuele di Francia, at that time leading banker in Assisi. The signed contract with the Commune on 26 October 1474, contains expressions of high praise for his knowledge and capacity in the medical art, and employed him for a year with an overall salary of fifty gold florins.[319] The terms of the contract

---

[317] *Nos igitur ... tibi ut quamdiu vixeris, in prefata ac aliis quibuscumque civitatibus, terris, castris et locis, nobis et prefate Ecclesie subiectis, quibusvis personis tam Christianis quam aliis a quibus vocatus fueris, juxta regulas et canones medicine, mederi et eas curare libere et impune, et sine cuiusquam alterius licentia possis et valeas ... non obstantibus constitutionibus et ordinationibus apostolicis ac statutis et consuetudinibus provinciarum, civitatum, castorum et locorum* (A.C.A., *sezione* « *H* », Riformanze, registro 16, c. 121r).

[318] *Quare pro parte tum dilecti filii nobilis viri Brachii de Ballionibus domicelli Perusini, asserentis quod tu sibi et suis in eadem arte sepenumero auxilium prestitisti, et ipsum ac suos diligenter curasti, nobis fuit humiliter supplicatum ut tuo statui super hiis oportune providere de benignitate apostolica dignaremur* (A.C.A., *sezione* « *H* », Riformanze, registro 16, *ibid*).

[319] The condotta opened with these words: *Cum ex experientia superioris temporis, per multos iam menses, quibus nostre urbis medico vocavit et ... cognoverimus quantum solers, cautus, diligensne et doctus sis, ac in artibus peritus, quantamne soleas, in curandis egritudinis, cum in phisica tum in chirurgia curam adhibere, diligentiam, solicitudinem et accuratam operam, ita ut multi ex nostris predicent tue opere et efficacibus remediis a gravibus eorum egritudinibus convaluisse ...* (A.C.A., *sezione* « *H* », Riformanze, registro 18, c. 330v).

specified that maestro Elia should carry out the duty of general practitioner (*phisicus*) and surgeon (*cirusicus*), giving free service to any citizen or peasant of Assisi who came to him. In addition, he had to act for the other medical officer, a Christian, when for some reason he could not visit his patients in the district. In this case maestro Elia was authorized to receive payment for the visit and reimbursement for costs of the drive and the servant accompanying him.[320] The last condition laid down was that, should there be danger of the plague in Assisan territory, the physician could not leave the city without explicit consent of its leaders. In the following months maestro Elia presented the Priori with the necessary papal dispensations, without which the contract could not be promulgated. The first was a brief from Sixtus IV entitled *Ut magister Helias hebreus possit mederi christianis in civitate et comitatu Assisii*, registered by the Priori on 11 December 1474, by which the Jewish doctor was authorized to exercise his profession freely among Christians. In this document, too, the honesty and competence of the Jewish physician were praised.[321] The second was a bull from the same Sixtus IV, drawn up in solemn form and authenticated by a number of notaries, both pontifical and imperial, and placed in the acts of the Secret Council in March of the following year.[322] After the usual compliments, the document confirmed the concession made to maestro Elia to exercise his profession among all Christians in the papal territories, and dispensed him from wearing the yellow badge like other Jews.[323] But as we have seen, the pontifical intervention in favour of maestro Elia was aimed above all at protecting him from the virulent and intimidating propaganda of the friars minor. The intervention was a failure. The contract had been renewed for a few months only when the

---

[320] The clauses of the document referred also to the rather limited « staff » of the medical officer in these words: *te, famulo sive socio tuo, et equo*.

[321] The Pope was lavish in his praise of maestro Elia: ... *tibi qui peritiam artem medicine in curandis sanandisque corporibus, febre vel aliquo morbo laborantibus habes et in cuius experientie, prudentie et probitate plurimum homines civitatis nostre Assisii confidunt* ... (A.C.A., sezione « H », Riformanze, registro 18, c. 335).

[322] A.C.A., sezione « H », Riformanze, registro 18, cc. 341v-343v.

[323] *Praeter tibi ut cum uno socio vel famulo tuo per quascumque provincias, castra, civitates et loca predicta eorumque territoria, absque eo quod tu vel idem socius seu famulus signum aliquod deferre teneamini, conversari possitis, nec propter aliqua pena vel mulcta affici valeatis, licentiam concedimus per presentes* (A.C.A., ibid., c. 343r).

Jewish physician came before the Priori and with much dignity resigned his post, observing that the denigrating campaign against him as a Jew would not permit him to continue his activity in peace.[324] The city leaders registered this renunciation, with how much regret we do not know, and arranged that he receive a bonus of thirty two florins.[325] They then recommended he make no further claims nor interfere in community affairs (*quod non debeat amplius se inmiscere in serviendi comunitati*). The document states that the Jewish physician made no reply and silently (*quietus et tacitus*) withdrew. This was on 23 March 1476.

---

[324] A.C.A., *sezione « H »*, Riformanze, registro 18, c. 376.

[325] The condotta assured fifty florins a year salary to the doctor (*et habeat de salario quinquaginta florenos pro uno anno de moneta marchiana*). For receipt of payment to maestro Elia see A.C.A., *sezione « H »*, Bollettari, registro 5, cc. 64v, 72v.

NOTE CONCERNIG A JEWISH PARCHMENT FOUND IN ASSISI

In November 1974 the daily paper, *La Nazione*, published in its Assisi columns an article by Gemma Fortini on the discovery of a Jewish parchment in the Umbrian city.[326] It came to light accidentally during restoration work on an old house in Via Montecavallo, hidden behind a stone in the east wall on the first floor of the house. This find was not only interesting because it was one of the few Jewish documents attesting the presence of Jews in Assisi in the Middle Ages, but above all because on the back of it there was a polychrome drawing of some interest, representing a medieval scene. In the parchment, which had been wrapped up by its owners in a piece of twill, were found two objects not easily identified. Gemma Fortini describes them in her article together with some proposals for solving the enigma: « The first object is of light-coloured, smooth wood, about ten centimetres high, wider and rounded at the base, that seems to suggest the cuttings of a diamond; it might be the base of a seal, also because the extremity bears signs of a small applied form. The second object, also of light wood but much rougher, is about 25 centimetres by two; the smooth centre interrupts on one side a five-toothed edge for about five centimetres. It could be the arm of a small scale for precious stones and gold dust. Were these Jews jewel merchants? ». As for the parchment, the article states that, although very badly damaged and illegible, it contained Psalm 117. This was one of the Psalms of Praise that goes by the name of *Hallel* in Jewish liturgy, recited in the synagogues on the feasts of *Pesach*, *Shabuot* and *Succot*, on the first days of the month and the feast of *Chanukkà*. Some scholars have suggested that the drawings on the parchment

---

[326] Cf. G. FORTINI, *Il primo documento ebraico in Assisi*, « La Nazione » (Florence), [« Cronaca Umbra »], 17 November 1974; ID., *Trovato un importante documento sull'economia di Assisi nel Trecento*, « La Nazione », [« Cronaca Umbra »], 15 February 1975; ID., *Una nuova ipotesi*, p. 826.

were illustrations of the Hebrew text.[327] Perhaps it was an image of a *Haggadà* of *Pesach* (which, as we know, contains the *Hallel* with Psalm 117), precious property of an unknown Jew who lived in Assisi in the Middle Ages? Or else we have to do with a kind of *qamian*, amulet placed within the stones of a house by Jewish proprietors to invoke the divine protection on their families?

The news of the interesting find was taken up by the Jewish press, which described it with an abundance of detail, stressing its importance for the history of the Jews in the communities of central Italy in the Middle Ages.[328] In a recent visit to Assisi, I was able to examine the Jewish parchment in question, thanks to Mrs. Gemma Fortini. It is kept by the present owner of the house where it was found and, in this matter, it is strange to note that to the hypotheses on its meaning already suggested, another very extravagant one has been added and quickly taken up with special favour by popular opinion. This is that the parchment contains nothing less than the plan of the treasure of the presumed jeweller or banker who in former times lived in the house on Via Montecavallo. So it is no wonder that the present owners of the house, taking the fantastic hypothesis on faith, have no intention of parting with the text, which they think might lead them to discover the treasure. This is the description of the find from my direct examination. It is a fragment of parchment codex of the Jewish Psalter, measuring 21 × 13 cm. The text in Hebrew square Italian characters, pointed with vowel signs and accents and laid out in two columns, seems to date between the XIII and XIV century. The page contains only the last letters of each line, while those on the left are more or less complete, even if they cannot be read clearly. On the back, however, the right-hand column is complete in its number of lines, while the left-hand stops after the first letters of each line. On the front surface, the right-hand column of the parchment contains fragments of Psalm 116 (*vv.* 9-16) and on the

---

[327] Cf. G. FORTINI, *Trovato un importante documento*, cit.

[328] There was no lack of errors or inexactitudes when the news came out — for instance the anachronistic mention of the existence of a ghetto in Assisi. Cf. *Un ghetto ebraico ad Assisi?*, « Shalom », VIII, n. 11, Rome, December 1974-January 1975, p. 17; V. COLORNI, *Gli ebrei erano ad Assisi nel '400*, « Shalom », IX, n. 1, Rome, January-February 1975, p. 23; A. TOAFF, *Non c'era un ghetto ad Assisi*, « Shalom », IX, n. 3, Rome, March-April 1975, p. 22; ID., *A proposito di una pergamena ebraica recentemente ritrovata ad Assisi*, R.M.I., XLII, 1976, pp. 144-148.

left the last words of the same Psalm (*v.* 19), followed by the whole of 117 and the beginning of 118 (vv. 1-4). On the back in the right-hand column are legible *vv.* 10-12 of Psalm 118, while the rest of the writing seems to be erased and covered over with a polychrome design which is horizontal in respect to the vertically positioned text. The picture is badly damaged and contained only a few fragments, which allow for a very partial reconstruction. It might have been a picture of a group of ladies and knights. On the left-hand margin of the page the fragment shows a long grey skirt (but the colours are very faded), that would have belonged to a gentlewoman beside whom is a man in a coat of mail of the same grey colour, with remains of a drawing of the lower section of the body (covered with an embroidered stuff and the coat of mail) and one arm. In the centre there is a long draped tunic of heavy brocade, dark brown in colour. The fragments of colour to the right of the page are insignificant and it is not possible to use them to reconstruct the picture. The type of clothing would seem to date between the end of the fourteenth and beginning of the fifteenth centuries.

It seems clear that the drawing is neither an illustration of the text nor the decoration of the codex page, but that it was made on top of the Hebrew writing, erasing and covering it up. Neither its author nor the person who ordered it (assuming them to be two different persons) would have been Jews because otherwise they would not have made use of a page of the sacred text where the name of God was found. We have, then, a drawing, traced by an unknown, non-Jewish artist on a sheet of parchment, coming from a codex of the Hebrew Psalter, originally belonging to a Jew of Assisi. It might be that the picture was made at the end of the fifteenth century after the foundation of the Monte di Pietà in 1468, when the Jewish community of the city disappeared in a short span of time, leaving their homes in the hands of new owners. It is no wonder than that the fragment of a book of biblical and liturgical texts, no longer used and forgotten somewhere, should end up in the hands of people who, unaware of its origin, thought of making use of the parchment it was written on for other purposes.

APPENDIX OF DOCUMENTS

1. Assisi
1305, September 27
Abramo di Vitale, as procurator of Mele di Salomone makes settlement for a certain sum of money.

Bevagna, Biblioteca Comunale, Fondo Notarile, atti di ser Giovanni di Alberto, bastardello AA. 1303-1307.

c. 108r
A.D. 1305, indictione 3.a Ecclesia Romana pastore vacante ...
c. 120v
Die 27 septembris ante palatium Comunis presentibus ...
Die predicta, in domo Guidarelli Deotaiuti, presentibus Gilio Bonaquisti et Cicce Massioli testibus.
Habraam Vitalis ut procurator Mele Salamonis fecit finem refutationem et cetera Fino Jacobutii, pro Nerio Tancio domini Carserii stipulanti, et magistro Francisco Rufiani stipulanti, de .xxxviii. libris denariorum cortonensium, quod eidem et suis sotiis dare et solvere tenebantur ut patet in instrumento scripto manu Venci Lelli notarii. quod instrumentum fecit cassum et cetera. promictens et cetera. et hoc fecit quia fuit confessus scilicet esse plenissime satisfactus. Renumptiantes et cetera. scilicet de .xii. libris et .xiii. solidis denariorum et dampna omnia litis et extra promisit scilicet reficere et non contrafacere sub pena dupli et cetera.

2. Assisi
1305, October 14
Abramo (di Vitale) makes settlement for a certain sum of money, for himself and his colleagues.

Bevagna, Biblioteca Comunale, Fondo Notarile, atti di ser Giovanni di Alberto, Bastardello AA. 1303-1307, busta 11 c, vol. A.

c. 108r
A.D. 1305 indictione 3.a Ecclesia Romana Pastore vacante ...
c. 121v
Die .xiiii. a mensis octubris, in domo Guidarelli Deotaiuti et presentibus Andrutio Victorutii et Golato sopradicto testibus.
Habraam Judeus pro se et nomine et vice et nomine suorum sotiorum fecit finem et refutationem et cetera magistro Marco magistri Petri pro se et magistro Petro suo patre et Massolo Berardi stipulanti, de .C. libris denariorum quos denarios sibi dare et solvere tenebantur causa mutui ut patet manu Thome Francissci notarii. quod instrumentum fecit cassum et vanum et cetera. promictentes et cetera. et hoc fecit pro .xx. libris denariorum et cetera dampna omnia litis et extra promiserunt ei reficere et non contrafacere sub pena dupli et cetera.

3. Assisi
1306, February 3
Leone di Salomone and associates grant a loan of 200 lire of denari.

Archivio Notarile di Bevagna, presso la Biblioteca Comunale di Bevagna, busta 11 C, vol. A, bastardello di ser Giovanni di Alberto, AA. 1303-1307.

c. 128v – Anno Millesimo trecentesimo sexto ...
c. 133v
Die tertia februarii, in domo D.ni Thome, presentibus Angelutio Bevenuti de Nucerio et Bartolutio Pascalis testibus.
Magister Philippus de Pizzutis de Urbe, habitator Fulginei, et Petriolus Johannis Cancelli et Vangne Putii Busi, et quilibet ipsorum in solidum, per se et eorum heredes, promiserunt reddere et restituere Leo Salamonis stipulanti pro se et Mele et Bonaventura suis fratribus, et Genattao et Abraam Vitalis, et Mele magistri Salamonis, et suis heredibus, aut cui jus eorum concesserit, ad eorum vel alterius eorum terminum et petitionem, ducentas libras denariorum cortonensium. Quos denarios fuerunt confessi se ab eo mutuo habuisse et recepisse. De quibus denariis fecerunt sibi finem et refutationem. Pro quibus denariis pacto cogi voluerunt etc. dampna omnia litis et extra promiserunt eis reficere et non contrafacere, sub pena dupli etc.

ibid.
Die predicta, loco et testibus.
Dictus magister Philippus fuit confessus quod dicta obligatio pro se solo facta fuit et addebitum pro se solo contractum, et quod tota ipsa quantitas pecunie ad eum perventi et nihil ad dictos Petriolum et Vangnem.
Ideo promisit eos et quemlibet ipsorum a dicta obligatione indempnes conservare etc.

4. ASSISI
1306, February 8
Leone di Salomone and associates grant a loan of 20 lire of denari
   to the Commune of Villa Balzano.

Archivio Notarile di Bevagna presso la Biblioteca Comunale di Bevagna, busta 11 C, bastardello di ser Giovanni di Alberto, AA. 1303-1307, vol. A.

c. 128v – Anno Millesimo trecentesimo sexto ...
C. 134r
Die octava mensis februarii, ante domum mei notarii; presentibus Andrutio Petri et Spinutio Petrioli testibus.
Andriolus Juntole, Guidarellus Actizoli et Bonutius Pascalis de Balzano et quilibet eorum, principaliter et in solidum, per se et eorum heredes, promiserunt reddere et restituere Leo Salamonis, stipulanti pro se et supradictis suis sotiis et fratribus, aut cui jus suum concesserit, ad eius terminum et petitionem .xx. libras bonorum denariorum cortonensium. Quos denarios fuerunt confessi se ab eo mutuo habuisse et recepisse. De quibus denariis fecerunt sibi finem et refutationem etc. Dampna omnia litis et extra, promiserunt eis reficere et non contrafacere, sub pena dupli etc.

ibid.
Die predicta, loco et testibus.
Dictus Andriolus sindicus et procurator Ville Balzani, fuit confessus quod dicta obligatio pro dicta Villa facta fuit.
Ideo promisit ipsos Guidarellum et Bonutium conservare indempnes etc.

5. ASSISI
1306, February 10
Leone di Salomone, together with his associates, grants a loan
   of 600 lire of denari.

Archivio Notarile di Bevagna, presso la Biblioteca Comunale di Bevagna, busta 11 C, vol. A, bastardello di ser Giovanni di Alberto, AA. 1303-1307.

c. 128v – Anno Millesimo trecentesimo sexto ...
c, 134v
Die .x. februarii, in domo D.ni Thome Petri, presentibus Ciccolo Venturelli et magistro Angelo Johannis et Junta Berardelli testibus.
Andrutius Putii D.ni Tiberii, Stefanus D.ni Egidii, Lolus Bosi et magister Bartolus magistri Pauli, et quilibet eorum principaliter et in solidum, per se et eorum heredes, renumptiantes etc. promiserunt reddere et restituere Leo Salamonis, pro se et Bonaventura et Mele suis fratribus, et [pro] Mele magistri Salamonis, Genattao et Abraam Vitalis stipulanti, pro se et eorum heredibus, aut cui jus

eorum concesserint, ad eorum vel alterius eorum terminum et petitionem, sexcentas libras bonorum denariorum cortonensium.
Quos denarios fuerunt confessi se ab eo mutuo habuisse. De quibus denariis fecerunt eis finem et refutationem etc. Renumptiantes etc. et pacto generaliter voluerunt cogi et dampna omnia litis et extra promiserunt eis reficere et non contrafacere sub pena dupli etc.

6. Assisi
1306, February 18
Leone di Salomone and associates grant a loan of 60 lire.

Archivio Notarile di Bevagna, presso la Biblioteca Comunale di Bevagna, busta 11 C, vol. A, bastardello di ser Giovanni di Alberto, AA. 1303-1307.

c. 128*v* − Anno Millesimo trecentesimo sexto ...
c. 135*r*
Die .xviij. februarii, loco et presentibus magistro Jacobo Leoli et Lello Francisci testibus.
Magister Jacobus Gutii Berardutii et Petrutius eius frater, et quilibet eorum principaliter et in solidum, per se et eorum heredes, promiserunt reddere et restituere Leo Salamonis, pro se et suis sotiis et heredibus, stipulanti, aut cui jus suum concesserit, ad eius terminum et petitionem sexaginta libras denariorum cortonensium.
Quos denarios fuerunt confessi se ab eo mutuo habuisse et recepisse. De quibus denariis fecerunt sibi finem et refutationem etc. Renumptiantes etc. dampna omnia litis et extra promiserunt ei reficere et non contrafacere sub pena dupli etc.

7. Assisi
1306, February 21
Leone di Salomone acquires a woman's cloak.

Archivio Notarile di Bevagna, presso la Biblioteca Comunale di Bevagna, busta 11 C, vol. A., bastardello di ser Giovanni di Alberto, AA. 1303-1307.

c. 128*v* − Anno Millesimo trecentesimo sexto ...
c. 136*r*
Die .xxi. februari ...
c. 136*v*
Die predicta in domo D.ni Thome Petri, presentibus magistro Angelo Johannis et Puzzarello Leonardi testibus.
Andriolus Benedicti dictum Zarafinus, dedit vendidit Leo Salamonis quemdam mantellum femenilem de bladeto, pro pretio et nomine pretii quinque librarum et .xii. soldorum denariorum. Quod pretium fuit confessus se ab eo habuisse etc.

8. ASSISI
1306, February 23
Leone di Salomone and associates grant a loan of 37 lire.

Archivio Notarile di Bevagna, presso la Biblioteca Comunale di Bevagna, busta 11 C, vol. A, bastardello di ser Giovanni di Alberto, AA. 1303-1307.

c. 128*v* – Anno Millesimo trecentesimo sexto ...
c. 137*v*
Die .xxiij. februarii ante domum mei notarii ...

ibid.
Die predicta, in domo D.ni Thome Petri, presentibus Zutio Severij et Ciccolo Venturelle testibus.
Beze Gilii, Leonardutius Bartoli et Petrutius Marcii, et quilibet eorum principaliter et in solidum, per se et eorum heredes; renumptiantes etc. promiserunt reddere et restituere Leo Salamonis, pro se et dictis eorum sotiis stipulanti, aut cui jus eorum concesserit, ad eorum vel alterius eorum terminum et petitionem, triginta septem libras bonorum denariorum cortonensium.
Quod denarios fuerunt confessi se ab eo mutuo habuisse etc. Dampna omnia litis et extra, promiserunt ei reficere et non contrafacere sub pena dupli etc.

9. ASSISI
1306, February 25
Leone di Salomone and associates grant a loan of 25 lire.

Archivio Notarile di Bevagna, presso la Biblioteca Comunale di Bevagna, busta 11 C, vol. A, bastardello di ser Giovanni di Alberto, AA. 1303-307.

c. 128*v* – Anno Millesimo trecentesimo sexto ...
c. 138*r*
Die .xxv. februarii, in domo d.ni Thome Petri, presentibus Ciccolo Venturelle et Lello Bartolutii testibus.
Moricus Niliis et Ciccolus Buzarelli, et. quilibet eorum principaliter et in solidum, per se et eorum heredes, renumptiantes etc promiserunt reddere et restituere Leo Salamonis, pro se et dictis eorum sotiis stipulanti, aut cui jus eorum concesserit, ad eorum vel alterius eorum terminum et petitionem .xxv. libras bonorum denariorum cortonensium.
Quos denarios fuerunt confessi se ab eo mutuo habuisse etc. dampna omnia litis et extra promiserunt ei reficere et non contrafacere sub pena dupli etc.

ibid.
Die predicta, loco et testibus.
Dictus Moricus per se/et suos heredes, promisit reddere et restituere dicto Ciccolo, causa mutui, ad eius terminum et petitionem; xxv. libras denariorum etc.
Dedit mihi licentiam cassandi. Casso instrumento Lei etc.

10. ASSISI
1306, February 27
1308, March 13
Leone di Salomone and associates grant a loan of 1000 lire of denari cortonesi.

Archivio Notarile di Bevagna, presso la Biblioteca Comunale di Bevagna, busta 11 C, vol. A, bastardello di ser Giovanni di Alberto, AA. 1303-1307.

c. 128*v* – Anno Millesimo trecentesimo sexto ...
c. 138*v* – Die .xxvii. februarii, in domo D.ni Thome Petri, presentibus Lutio Lutie et Bartolo Boniohannis et Petrello Bovatoni testibus.
Giliolus Juliani, Vangne et Puzzarellus eius filius de consensu et voluntate dicti sui patris, et quilibet eorum principaliter et in solidum, per se et eorum heredes, promiserunt et convenerunt reddere et restituere Leo Salamonis, pro se et Mele et Bonaventura suis fratribus stipulanti et pro Genatao et Abraam Vitalis et Mele magistri Salamonis, aut cui jus eorum concesserit, ad eorum vel alterius eorum hoc instrumentum habentem, terminum et petitionem, mille libras bonorum denariorum cortonensium. Quos denarios fuerunt confessi et contenti se ab eo mutuo habuisse etc. Pro quibus denariis pacto cogi voluerunt et compelli etc. dampna omnia litis et extra promiserunt eis reficere et non contrafacere sub pena dupli etc. Quibus debitoribus presentibus et confitentibus predicta omnia vera esse.
Ego Johannes notarius precepi et mandavi omni modo guarentigie quod ipsi et quilibet ipsorum adtendant omnia supradicta etc.

ibid.
Anno .M⁰.ccc.viii. indictione quinta, tempore D.ni Clementis pape .V. et die .xiii. martii, ante domum D.ni Thome, presentibus Jole Ugolini et Januario Capitosa testibus, cassavi mandato Manuelli.

ibid.
Die predicta [–1306– .xxvii februarii] loco, presentibus dictis Lutio et Bartolo et Giliolo Juliani testibus.
Accomandutius Forze et Moricus Juliani, Petrellus Bovaroni, Marcus Johangnoli de Bailìa Gabbiani, Massolus Andrioli de Bailìa Capudaque et Puzzarellus Benvenuti de Bailìa Scti Savini, et quilibet ipsorum principaliter et in solidum, per se et eorum heredes renumptiantes etc promiserunt reddere et restituere dicti Leo, pro se et supradictis suis sotiis stipulanti, aut cui jus eorum concesserit, ad eorum terminum et petitionem, mille libras denariorum cortonensium.
Quod denarios fuerunt confessi se ab eo mutuo habuisse etc. Pro quibus denariis cogi voluerunt et compelli Assisii, Perusii, Fulginei etc. dampna omnia litis et extra promiserunt eis reficere et non contrafacere sub pena dupli etc.

ibid.
Anno, die, [1308, xiii martii] loco et testibus supradictis in cassatione predicta; cassavi mandato dicti Manuelli.

ibid.
Die predicta, [1306, xxviii februarii] loco et presentibus dictis Lutio et Bartolo testibus.
Giliolus Juliani, Vagne et Puzzarellus eius filius et quilibet ipsorum in solidum, per se et eorum heredes, promiserunt reddere et restituere Accomandutio Forze, Morico, Petrello, Marco et Massolo et Puzzarello, causa mutui, ad eorum terminum et petitionem, mille libras bonorum denariorum cortonensium.
Quos denarios fuerunt confessi ab eis mutuo habuisse etc. dampna omnia litis et extra promiserunt ei reficere et non contrafacere sub pena dupli etc.

ibid.
[1308, xiii martii] Cassavi mandato predictorum creditorum Marcus et Puzzarellus.

11. ASSISI
1306, March 3
Leone di Salomone and associates grant a loan of 30 lire.

Archivio Notarile di Bevagna presso la Biblioteca Comunale di Bevagna, busta 11 C, vol. A., bastardello di ser Giovanni di Alberto, AA. 1303-1307.

c. 128*v* – Anno Millesimo trecentesimo sexto ...
c. 139*r*
Die tertia mensis martii, in domo D.ni Thome Petri, presentibus Bartolo magistri Angeli et Bartolutio Andree testibus.
Ceccolus Maffutii, Vangnolus Junte de Bailìa Sēti Pauli et Boneventure de Bailìa Campilgloni, et quilibet ipsorum principaliter et in solidum, per se et eorum heredes renumptiantes etc. promiserunt reddere et restituere Leo Salamonis, pro se et supradictis suis sotiis stipulanti, aut cui jus suum concesserit, ad eorum vel alterius eorum terminum et petitionem, triginta libras denariorum cortonensium.
Quos denarios fuerunt confessi se ab eo mutuo habuisse etc. dampna omnia litis et extra promiserunt eis reficere et non contrafacere sub pena dupli etc.

12. ASSISI
1307, June 4
1309, June 12
Mele di Salomone grants a loan of 325 lire.

Archivio Notarile di Bevagna presso la Biblioteca Comunale di Bevagna, busta 11 C, vol. A, bastardello di ser Giovanni di Alberto, AA. 1303-1307.

« A. 1307. » [c. 167*r*]
c. 175*r*
Die quarta mensis junii in domo D.ni Thome Petri ...

c. 176r
... presentibus Andrutio Futarelli dicto Malagaida et Lello Andrioli Zabei testibus.

ibid.
Die predicta, loco et testibus.
Sozus Errighetti olim de Senis, et nunc Porte Sēti Rufini de Assisio; per se et suos heredes, omni conditione remota, promisit et convenit reddere et restituere Mele Salamonis, pro se et suos heredibus stipulanti, aut cui jus suum concesserit, ad eius terminem et petitionem, trecentum viginti quinque libras bonorum denariorum cortonensium.
Quod denarios fuit confessus et contentus se ab eo habuisse etc. Pro quibus denariis pacto cogi voluerit et compelli generaliter ubique locorum scilicet Assisii, Perusii, Senarum, Fulginei etc. dampna omnia litis et extra promisit ei reficere et non contrafacere sub pena dupli etc.

ibid., interlineato.
Anno Millesimo trecentesimo nono, indictione septima, tempore D.ni Clementis pape quinti, die .xii. junii in domo Andree Georgii, presentibus magistro Guido Maffei et Passarello Bevenzoni testibus.
Cassavi mandato Vitalis procuratoris dicti Melis.

13. Assisi
1307, July 6
1308, March 25
Mele di Salomone grants a loan of 120 lire.

Archivio Notarile di Bevagna presso la Biblioteca Comunale di Bevagna, busta 11 C, vol. A, bastardello di ser Giovanni di Alberto, AA. 1303-1307.

« A. 1307 » [c. 184r]
c. 129r
Die .vi. mensis julii in domo olim D.ni Thome Petri, presentibus Rollandutio Asisiani et Zecaptutio Baterani testibus.
Magister Cristianus Angeli, magister Mercede eius filius et Paulus Maghetti et quilibet eorum principaliter et in solidum, per se et eorum heredes, renumptiantes etc. promiserunt reddere et restituere Mele Salamonis, pro se et suis heredibus stipulanti, aut cui jus suum concesserit, ad eius petitionem et terminum, centum viginti libras bonorum denariorum cortonensium.
Quod denarios fuerunt confessi se ab eo mutuo habuisse etc. et promisit dictus magister Mercede non venire contra. Dampna omnia litis et extra promiserunt ei reficere et non contravenire sub pena dupli etc.

ibid.
Anno Millesimo trecentesimo octavo, die .xxv. martii, loco infrascripto presente Francisco Alexii et Putio Consolutii testibus.
Cassavi mandato Melis magistri Salamonis.

14. ASSISI
1307, September 6
Mele di Salomone grants a loan of 48 lire.

Archivio Notarile di Bevagna, presso la Biblioteca Comunale di Bevagna, busta 11 C, vol. A, AA. 1303-1307, bastardello di ser Giovanni di Alberto.

c. 205r
« A. 1307 » —
c. 205r
Die .vi. septembris, loco, presentibus Vangnutio magistri Andree, et Bectarello d.ni Egidii testibus rogatis.
Cola Veti, Tella Savie et Cecce Andriutii dompni Junte Porte Sēti Jacobi et quilibet eorum principaliter et in solidum, per se et suos heredes, promiserunt reddere et restituere Manuello Lei, procuratori Melis Salamonis, pro ipso Mele stipulanti, aut cui jus suum concesserit, ad eius terminum et petitionem, quadraginta octo libras bonorum denariorum cortonensium.
Quos denarios fuerunt confessi se ab eo mutuo habuisse etc. et promiserunt non venire contra. Dampna omnia litis et extra promiserunt et reficere et non facere sub pena dupli etc.

ibid.
Die predicta, loco et testibus. Dictus Cola per se et suos heredes promisit reddere et restituere dictis Telle et Cecce causa mutui ad eorum petitionem et terminum .xLviii. libras denariorum etc.
Quam dederunt mihi licentiam cassandi.
Casso instromento Melis etc.

15. CANNARA
1307, September 8
1307, November 19
Manuello di Leone and other Jews of Assisi grant a loan of 3000 lire to the Commune of Cannara.

Archivio Notarile di Bevagna presso la Biblioteca Comunale di Bevagna, busta 11 C, AA. 1303-1307 vol. A, bastardello di ser Giovanni di Alberto.

c. 205r
« A. 1307 »
c. 206r
Die .viii. septembris in palatio Comunis Cannarii presentibus Suzalo Opportoli notario, Puzzarello Simonis, magistro Salve Putii notario, et Petro Saraceni testibus rogatis.
Cannaiolus Bevengnatis, Bevenutus Afforziati, Michael Passari, Zutius Gerardi; Marcus Thome, Lellus Gilii, magister Thomas Passari, Ventura Amiche, Nar-

dolus Massioli, Thomassutius Bevenuti, Nutius Bucari, Vangne Martini Leti, Massolus Johangnoli, et Vangne Jacobutii de Castro Cannarii, et quilibet ipsorum principaliter et in solidum, per se et eorum heredes renumptiantes etc. promiserunt reddere et restituere Manuello Lei, stipulanti pro se, Mele et Bonaventura et Leo Salamonis, Mele magistri Salamonis, Habraam et Genatao Vitalis et eorum heredibus aut cui jus eorum concesserit, ad eorum vel alterius eorum hoc instrumentum habentem, terminum et petitionem, tre mile libras bonorum denariorum cortonensium. Quos denarios fuerunt confessi se ab eo mutuo habuisse etc. pro quibus denariis pacto cogi voluerunt et compelli Asisii Perusii Fulginei etc. dampna omnia litis et extra promiserunt ei reficere et non contrafacere sub pena dupli etc.

ibid.
Anno predicto, in domo heredum D.ni Thome Petri, presentibus Lello Francisci, Melle D.ni Jacobi et Zanzolo Rainutii.
Cassavi mandato Manuelli et Genatai. die .xxviiii. novembris.

16. Assisi
1308, January 14
Mele di Salomone makes a loan of 9 lire.

Archivio Notarile di Bevagna presso la Biblioteca Comunale di Bevagna, Palazzo del Comune, busta 14 C, fascicolo B, atti gennaio–febbraio 1308, bastardello di ser Giovanni di Alberto.

c. 1*r* – Anno D.ni millesimo trecentesimo octavo ...
c. 6*r* – Die .xiv. mensis januarii ante domum heredum D.ni Thome Petri
c. 7*v* + ... presentibus Vangne Rollandi et magistro Bevenuto Bucari testibus ...
c. 7*v*
Die predicta, loco et presentibus dictis testibus.
Lellus magistri Passari dictus Passarinus et Lippus Tomassutii florentini et quilibet eorum principaliter et in solidum, per se et eorum heredes renumptiantes etc. promiserunt reddere et restituere dicto Mele, stipulanti pro se et dictis suis sotiis aut cui jus eorum concesserit, ad eorum vel alterius eorum hoc instrumentum habentem, terminum et petitionem, novem libras denariorum cortonensium. Quod denarios fuerunt confessi se ab eo mutuo habuisse etc. Dampna omnia litis et extra promiserunt eis reficere et non contrafacere sub pena dupli etc.

ibid.
Die predicta loco et testibus. Dictus Lellus Passari promisit reddere dicto Lippo causa mutui ad eius terminum et petitionem, novem libras denariorum cortonensium etc.
Dedit mihi licentiam cassandi.
Casso instrumento Melis etc.

17. ASSISI
1308, January 21
Manuello di Leone grants a loan of 60 lire.

Archivio Notarile di Bevagna presso la Biblioteca Comunale di Bevagna, busta 14 C fascicolo B, gennaio–febbraio 1308, atti di ser Giovanni di Alberto.

c. 1*r* – Anno D.ni Millesimo trecentesimo octavo ...
c. 12*v*
Die .xxi. mensis januarii ...

ibid.
... in platea ante domum olim Massoli Leti, presentibus Viano Galterii et Andrutio Gilioli testibus ...
c. 13*r*
Die predicta, loco et testibus.
Magister Jacobus Pacis de Bictonio per se et suos heredes promisit reddere et restituere Manuello predicto, stipulanti pro dictis suis sotiis etc. ad eorum vel alterius eorum hoc instrumentum habentem, terminum et petitionem, .Lx. libras denariorum cortonensium.
Quod denarios fuit confessus ab eo mutuo habuisse etc.

18. ASSISI
1308, October 29
An Assisi citizen underwrites Abramo di Vitale and associates for a sum they have lent fra Bartolomeo of Spello with a Bible for security. Fra Bartolomeo alone, and no–one else, can ask for the Bible back; otherwise it is this citizen of Assisi who is to repay the frair's debt.

Archivio Notarile di Bevagna, presso la Biblioteca Comunale di Bevagna, busta 14 C, fascicolo D, ott. nov. 1308, atti di ser Giovanni di Alberto.

[fasc. B – c. 1*r* – Anno D.ni Millesimo trecentesimo octavo ...]
fasc. D /
c. 3*r*
die .xxviiii. octobris ...
c. 3*v*
Die predicta in domo Andrioli Georgii, presentibus Petrutio Johangnoli et Cresiolo Petri testibus.
Ventura Manentoli ut principalis et privata persona promisit et convenit Abrae Vitalis judeo stipulanti pro se et suis sotiis, ita facere et curare quod frater Bar-

tolomeus de Spello nec aliquis alius non petet eis quandam bibliam quam dictus frater Bartolomeus pingnoravit eidem.
Quod si secus appareret promisit ex nunc pro ut tunc dare sibi quinquaginta libras denariorum cortonensium. Et hec promisit adtendere et non contra facere sub pena dupli etc.

19. Assisi
1308, October 30
1309, October 30
Abramo di Vitale makes a loan of 54 lire.

Archivio Notarile di Bevagna presso la Biblioteca Comunale di Bevagna, busta 14 C, fascicolo D, ott. nov. 1308, atti di ser Giovanni di Alberto.

[fasc. B – c. 1r – Anno D.ni Millesimo trecentesimo octavo ...]
fasc. D /
c. 4r
die penultima octubris ...
c. 4v – die ultima octubris

ibid.
Die predicta, loco et presentibus Marco Bevenuti baiulo Comunis, Putio Grosso testibus rogatis.
Vangne Marcutii de Porta Sēti Jacobi; Ciccolus Picardi de Porta Sēte Clare et magister Andreas magistri Niccole de Porta Sēti Jacobi; et quilibet eorum principaliter et in solidum per se et eorum heredes renumptiantes etc. promiserunt reddere et restituere Abrae Vitalis stipulanti pro se, Genatao suo fratre et Mele et Leo Salamonis et Mele magistri Salamonis et eorum heredibus, ad eorum vel alterius eorum in solidum, terminum et petitionem, quinquaginta quattuor libras denariorum cortonensium.
Quos denarios fuerunt confessi se ab eo mutuo habuisse etc. et hec promiserunt adtendere et non contrafacere sub pena dupli etc.

ibid.
Die predicta loco et testibus.

ibid.
Die predicta loco et testibus.
Dictus Vangne per se et suos heredes promisit reddere et restituere Ciccolo Picardi et magistro Andree ad eorum vel alterius eorum terminum et petitionem, .Liiii. libras denariorum causa mutui etc.
Dederunt mihi licentiam cassandi.
Casso instrumento Melis etc.

ibid.
Anno .M⁰.iii^c. nono indictione .vii^a. tempore supradicto, cassavi mandato creditorum.

20. ASSISI
1309, January 10
Abramo di Vitale and other Assisi Jews grant a loan of 42 lire.

Archivio Notarile di Bevagna presso la Biblioteca Comunale di Bevagna, busta 14 C, fascicolo E, nov. 1308 genn. 1309, atti di ser Giovanni di Alberto.

c. 12*v* – Anno Millesimo trecentesimo nono ...
c. 16*r*
Die .x. mensis januarii, in domo Andrioli Georgii, presentibus Batilglone Johannitti et Massolo Jacobi testibus.
Paulus Maghetti de Porta Sēte Clare et Andriolus Jacobutii dictus « tres libre » de Porta Sēti Rufini, et quilibet eorum principaliter et in solidum per se et eorum heredes renumptiantes etc. promiserunt reddere et restituere Abrae Vitalis stipulanti pro se, Genatao suo fratre, Mele et Leo Salamonis et Mele magistri Salamonis, et eorum heredibus stipulanti, ad eorum vel alterius eorum terminum et petitionem, quadraginta duas libras bonorum denariorum cortonensium.
Quos denarios fuerunt confessi se ab eo mutuo habuisse etc et hec promiserunt adtendere et non contra facere sub pena dupli etc.

ibid.
Die predicta loco et testibus.
Dictus Paulus promisit reddere dicto Andriolo causa mutui ad eius terminum et petitionem .xLII. libras denariorum cortonensium etc.
Dedit mihi licentiam cassandi.
Cassavi instrumentum Melis etc.

21. ASSISI
1309, May 31
Abramo di Vitale and associates grant a loan of 450 lire.

Archivio Notarile di Bevagna presso la Biblioteca Comunale di Bevagna, busta 14 C, fascicolo G, maggio–giugno–luglio 1309, atti di ser Giovanni di Alberto.

[fasc. E – c. 12*v* – Anno 1309 ...]
c. 4*v*
Die ultima maii ...
c. 5*v*
– Die predicta, in domo Andrioli Georgii, presentibus Vangne Agostoli, Ciccolo Scagni Consilii et Petrutio Niccole Scagni testibus rogatis.
Lutius Berti de Porta Sēti Francisci per se et suos heredes promisit et convenit reddere et restituere Abrae Vitalis, stipulanti pro se et Genatao suo fratre, Mele et Leo Salamonis et Mele magistri Salamonis, et eorum heredibus, et pro quo-

libet eorum in solidum ita quod quilibet possit petere, recipere et quietare, ad eorum vel alterius eorum in solidum petitionem et terminum, quattuorcentus quinquaginta libras bonorum denariorum cortonensium.
Quos denarios fuit confessus se ab eo mutuo habuisse etc. et hec promisit adtendere et dampna et expensas reficere et non contrafacere sub pena dupli etc. et promisit non venire contra etc.
- Die predicta, loco et testibus.
Petrus Tanasutii Morlupi de Porta Sēti Francisci per se et suos heredes, omni exceptione remota, promisit et convenit reddere et restituere Abrae Vitalis predicto, stipulanti pro se et omnibus supradictis, et pro quolibet eorum in solidum, ad eorum vel alterius eorum hoc instrumentum habentem, et utentem, terminum et petitionem, .iiii^{c}L. libras bonorum denariorum cortonensium.
Quos denarios fuit confessus et contemptus se ab eo mutuo habuisse et recepisse, de quibus denariis fecit sibi finem et refutationem etc. et hec promisit adtendere et observare et dampna et expensas reficere et non contrafacere sub pena dupli etc.
- Die predicta, loco et testibus.
Lellus Ugolelli de Porta Sēte Clare per se et suos heredes, promisit reddere et restituere dicto Abrae Vitalis stipulanti pro omnibus supradictis, et pro quolibet eorum insolidum, ad eorum vel alterius eorum in solidum, terminum et petitionem, .iiii^{c}L. libras bonorum denariorum cortonensium.
Quos denarios fuit confessus et contemptus se ab eo mutuo habuisse et recepisse. De quibus denariis fecit sibi finem et refutationem et pactum de ulterius aliquid non petendo. Renumptians etc. et nec promisit adtendere et dampna et expensas reficere, et non contra facere sub pena dupli etc.
c. 6r
- Die predicta loco et testibus.
Manuellus Perini de Porta Sēti Francisci, per se et suos heredes, promisit reddere et restituere Abrae Vitalis predicto, pro e et omnibus supradictis stipulanti, et pro quolibet eorum in solidum, ad eorum vel alterius eorum in solidum, terminum et petitionem, .iiii^{c}L. libras bonorum denariorum cortonensium.
Quos denarios fuit confessus et contemptus se ab eo habuisse etc. et hec promisit adtendere et dampna et expensas reficere et non confrafacere sub pena dupli dictorum denariorum etc.
- Die predicta, loco et testibus.
Ritius Berardelli de Monticolo, per se et suos heredes, omni exceptione et conditione remotis, promisit et convenit reddere et restituere dicto Abrae stipulanti pro se et dictis suis sotiis, et pro quolibet eorum in solidum, ad eorum vel alterius eorum, terminum et petitionem, .iiii^{c}L. libras bonorum denariorum cortonensium.
Quos denarios fuit confessus se ab eo habuisse etc. et hec promisit adtendere et dampna et expensas reficere et non contrafacere sub pena dupli dictorum denariorum etc.
- Die predicta, loco et testibus.
Lutius Berti Porte Scti Francisci, per se et suos heredes, promisit et convenit reddere et restituere Petro Morlupi, Lello Ugolelli, Manuello Petrini et Ritio Berardelli, pro se et eorum heredibus stipulantibus et cuilibet ipsorum in solidum, ad eorum vel alterius eorum in solidum hoc instrumentum habentem, ter-

minum et petitionem, quattuorcentus quinquaginta libras bonorum denariorum cortonensium.
Quos denarios fuit confessus se ab eis mutuo habuisse etc. Et hoc promisit adtendere et dampna expensas reficere et non contrafacere sub pena dupli etc.
– Die tertia junii ...

22. Assisi
1309, June 9
Abramo di Vitale and associates grant a loan of 2,500 lire.

Archivio Notarile di Bevagna presso la Biblioteca Comunale di Bevagna, busta 14 C, fascicolo G., maggio–luglio 1309, atti di ser Giovanni di Alberto.

[fasc. E – c. 12v – Anno 1309 ...
c. 7r
Die .viii. junii ...
.....

Die predicta, ante domum D.ni Jacobi Georgii presentibus magistro Francisco Ferti, Vagniello Gilioli, magistro Bartolo magistri Pauli, magistro Andrea Petrioli et magistro Jacobo Zutii testibus rogatis.
Petrutius Johangnoli Guilielmi de Bailìa Sōti Bartolomei de Olesia per se et suos heredes, omni exceptione remota, promisit et convenit reddere et restituere Abrae Vitalis, stipulanti pro se, Genatao suo fratre, Mele et Leo Salamonis, et Mele magistri Salamonis, et pro quolibet eorum in solidum, ad eorum vel alterius eorum in solidum, terminum, et petitionem, duo mille quingentas libras bonorum denariorum cortonensium.
Quos denarios fuit confessus et contemptus se a dicto Abraam, mutuo et nomine mutui, habuisse et recepisse. De quibus denariis fecit sibi finem et refutationem etc. renumptiantes etc. et hec promisit et juravit ad sancta dei evangelia adtendere et observare et dampna et expensas reficere et non contrafacere sub pena dupli etc.

23. Assisi
1309, July 7
Manuello di Leone and associates grant a loan of 60 lire to Don Ventura, Abbot of Santa Maria d'Alfiolo.

Archivio Notarile di Bevagna presso la Biblioteca Comunale di Bevagna, busta 14 C, fascicolo G, maggio–luglio 1309, atti di ser Giovanni di Alberto.

[fasc. E – c. 12v – Anno 1309 ...]
c. 15v
... in domo Andrioli Georgii ...

c. 16v
Die .vii^a.julii, in domo predicta, presentibus Andrutio Petri et Rusteco merzario testibus rogatis.
Dompnus Ventura Abbas Sēte Marie de Alfiolo comitatus Eugubini, per se et suos heredes, promisit reddere Manuello predicto, pro se et suis sotiis stipulanti, ad eorum vel alterius eorum terminum et petitionem, sexaginta libras bonorum denariorum cortonensium.
Quos denarios fuit confessus se ab eo mutuo habuisse etc. et hec promisit adtendere et non contrafacere sub pena dupli etc.

24. Assisi
1309, March 12
Manuello di Leone and an Assisi citizen bring the common society for almond trading to its conclusion.

Archivio Notarile di Bevagna, presso la Biblioteca Comunale di Bevagna, busta 14 C, fascicolo F, gennaio–maggio 1309, atti di ser Giovanni di Alberto.

[fasc E – c. 12v – Anno 1309 ...]
c. 8r
Die .xii. martii ante domum mei notarii, presentibus Melle D.ni Jacobi et Zamarita testibus.
Manuellus Lei per se et suos heredes ex una parte, et Ciccolus Venturelle ex altera, et invicem inter se, fecerunt unus alteri, finem et refutationem generalem; de omni eo et toto quod sibi petere possit, nomine et occasione mercantie amandolarum, quam habebant simul.
Promictentes etc. et hec fecerunt quia fuerunt confessi inter se esse plenarie satisfacti etc.

25. Assisi
1309, July 5
An Assisi citizen receives from Manuello di Leone, procurator of Mele di maestro Salomone and Leone di Salomone, the price of two cottages in the S. Chiara district that are adjacent to each other.

Archivio Notarile di Bevagna presso la Biblioteca Comunale di Bevagna, busta 14 C, fascicolo G, luglio 1309, atti di ser Giovanni di Alberto.

[fasc. E – c. 12v – Anno 1309 ...]
c. 15r
... « die quinta julii » ...

Vangne Leti per se et suos heredes fecit finem et refutationem dicto Manuello Lei, tutori Melis magistri Salamonis, pro ipso Mele stipulanti, de viginti tribus libris et decem solidis denariorum; quos sibi dare et solvere tenebatur pro pretio cuiusdam casaleni et medietate cuiusdam muri siti in contrata Sēte Clare, cui a primo strata, a secundo dompnus Francisscus Rustikelli, a tertio Leo Salamonis, a quarto Ciccolus Massioli Bartoli, ut patet de vendita, manu mei notarii. Promittens etc. Et hec fecit quia fuit confessus sibi esse integre satisfactus. Renumptians etc. Et hec promisit adtendere et observare et dampna et expensas reficere et non contrafacere sub pena dupli etc.
- Die predicta loco et testibus.
Dictus Vangne Leti per se et suos heredes, fecit finem et refutationem etc. dicto Manuello procuratori Lei Salamonis, pro ipso Leo stipulanti, de viginti libris denariorum. Quas sibi dare et solvere tenebatur, pro pretio cuiusdam casaleni siti in contrata Sēte Clare, cui a primo et secundo via, a tertio Mele magistri Salamonis, a quarto Ciccolus Massioli, Bartoli, ut patet manu mei notarii.
Quod instrumentum promissionis fecti cassum et vanum etc. Promictens etc. Et hec fecit quia fuit confessus sibi esse a dicto procuratore legitime satisfactus. Renumptians etc. Et hec promisit adtendere et dampna et expensas reficere et non contrafacere sub pena dupli etc.

26. Assisi
1309, July 6
Manuello di Leone, procurator of Mele di maestro Salomone and Leone di Salomone, employs two builders for the construction of their houses in the S. Chiara district.

Archivio Notarile di Bevagna presso la Biblioteca Comunale di Bevagna, busta 14 C, fascicolo G, luglio 1309, atti di ser Giovanni di Alberto.

[fascicolo E – c. 12v – Anno 1309 ...]
c. 15r
Die .vi. julii ...
c. 15v
Die predicta, loco et presentibus Marino Venture, magistro Acero Criscii et Putio Crisinbene testibus rogatis.
Ciccolus Petrioli Donati et Ciccolus Filippi, per se et suos heredes, quilibet eorum principaliter et in solidum renumptiantes etc. promiserunt Manuello Lei procuratori Mele magistri Salamonis, pro ipso Mele stipulanti facere et habere factam hinc ad medietatem mensis septembris proxime venturi, quamdam domum, secundum modum infrascriptum, super quodam casaleno ipsius Melis sito in contrata Sēte Clare, cui a primo strata, a secundo dompnus Francisscus Rustikelli, a tertio Leo Salamonis, a quarto ipse Mele, scilicet murum anteriorem de lapidibus albis subbiatis cum uno hostio ad modum hostii mangni domus Coppi que est in dicta contrata de magnitudine et concimine, et cornices cum una fenestra francissca ad modum cornicium domus dicti dompni Francissci, et murum posteriorem cum uno arco duplo a solario infra, a solario supra

cum uno hostio de duobus pedibus et medio, cum batusso de lapide. Et facere longam et altam dictam domum quantum est domus dompni Francissci predicti, et facere solarium et tectum cum // [c. 16r] // ... confessi habuisse etc et hec fecerunt ipsi Ciccolus et Ciccolus pro pretio et homine pretii centum librarum denariorum cortonensium.

De quo pretio fuerunt confessi et contempti a dicto Manuello habuisse et recepisse .xLiiii. libras denariorum cortonensium.

De quibus .xLiiii. libris fecerunt sibi finem et refutationem etc. et hec promiserunt et juraverunt adtendere et observare et dampna et expensas reficere et non contra facere sub pena dupli etc.

- Die predicta, loco et testibus.

Dicti Ciccolus Petrioli et Ciccolus Filippi et quilibet ipsorum principaliter et in solidum, per se et suos heredes, renumptiantes etc. promiserunt et convenerunt Manuello Lei procuratori Lei Salamonis pro ipso Leo stipulanti, facere et habere factam hinc ad medietatem mensis septembris proxime venturi, quamdam domum, secundum modum infrascriptum, in quodam suo casaleno dicti Lei, in contrata Sēte Clare, cui a primo strata, a secundo Mele magistri Salamonis, a tertio via a quarto ipse Leo; scilicet murum anteriorem de lapidibus albis subbiatis cum uno hostio ad modum hostii domus Coppi d.ni Gherardini de magnitudine et conzimine, et cornices cum una fenestra « francissca » ad modum cornicium dompni Francissci Rustikelli, murum adversus viam et domum Berardoli a solario infra cum duobus archizolis cum scudizolo deretro, a solario duo scaffaria, murum deretro cum uno arco duplo subtum solarium, a solario supra cum uno hostio de duobus pedibus et medium cum batusso de lapide, longitudo et altitudo domus esse debet quantum est domus dicti dompni Francissci. Et facere unum filiarium de canalibus. Et facere solarium cum uno cervicali. Et tectum ad modum solarii et tecti Coppi predicti, que sunt ibi in dicta contrata et facere hostium anteriorem bonum et pulitum de nuce et hostium posteriorem et fenestram de assidibus populi cum cardinibus de ulmo. et exgomberare casalenum et proicere terrenum usque ad ficulneam que est in campo Sēti Rufini ante dictam domum, et operare dictam domum de bonis basiis. Et in predictis a Cresimbere Morici promisit dare renam et calzinam intrisam ad murum, et cavare fundamenta. / et hec pro .x. libris denariorum, quos fuerunt confessi habuisse et recepisse. Et hec fecerunt dicti Ciccolus et Ciccolus // [c. 16v]...

.....

Die predicta loco et testibus.

Dictus Manuellus promisit dare et solvere Ciccolo Petrioli et Ciccolo Philippi pro residuo pretii [dictarum] domorum faciendarum, sexaginta libras bonorum denariorum cortonensium, scilicet medietatem [in fine dicti] operis et aliam medietatem in principio dicti operis. Et hec promisit adtendere et observare et dampna et expensas reficere et non contrafacere sub pena dupli dictorum denariorum et obligatione omnium suorum bonorum etc.

27. Assisi
1309, August 25
A labourer contracts to carry out digging work to level the ground

on the Mele and Leone di Salomone property, so that the building of their houses can start.

Archivio Notarile di Bevagna presso la Biblioteca Comunale di Bevagna, busta 14 C, fascicolo H, luglio–novembre 1309, atti di ser Giovanni di Alberto.

– fasc. E, c. 12*v* – Anno 1309 ...
– c. 9*v*
die .xxv. mensis augusti, in platea Comunis ...
die predicta ante cameram Betazoli magistri Johannis ...
Die predicta, loco et presentibus Johanne magistri Andrea et magistro Andrea Jacobi testibus.
Giliolus Leonardi per se et suos heredes, promisit et convenit Ciccolo Petrioli et Ciccolo Ugutionis, cavare terrenum quod est in domibus Melis et Lei Salamonis, in burgo Sēte Clare juxta stratam Sēte Clare, scilicet terrenum quod est in dictis domibus et extradictas domos, in strata ante et proicere dictum terrenum, omnibus suis expensibus, in campo Scti Rufini, a ficulnea ultre, et remondare ipsas domos in planetia batussiorum, intus et extra.
Et hec fecit pro pretio .vii. librarum denariorum et .x. solidorum.
Quod pretium promiserunt sibi dare hoc modo scilicet medietatem in principio dicti operis et aliam medietatem in medietate dicti operis, et hec promisit adtendere et dampna et expensas reficere et non contrafacere sub pena vigintiquinque librarum denariorum etc. et hec promisit habere facta hinc ad medietatem menis septembris. etc.

28. Assisi
1309, October 8
The Podestà of Assisi orders the Sindaco of the Commune to verify that the dwellings of Mele di maestro Salomone and Leone di Salomone, in the S. Chiara district, are in compliance with the statutes of the city and in accordance with the assurances made to the Commune by the two Jewish proprietors at the time of their being granted citizenship of Assisi.

Archivio Notarile di Bevagna presso la Biblioteca Comunale di Bevagna, busta 14 C, fascicolo H, luglio–novembre 1309, atti di ser Giovanni di Alberto.

– fasc. E, c. 12*v* – Anno 1309 ...
– c. 26*v*
– Die .vi. octobris ...
c. 27*r* – Comunis Assisii et judeorum.

Die predicti Mensis .viii^a. in sala palatii Comunis Asisii, presentibus magistro Francissco Venturelle et Letio Rubei testibus.

Nobilis vir Francisscus d.ni Feis Balgloni potestas civitatis Assisii commisit et mandavit Lippo Tomassutii sindico Comunis Assisii, quatenus vadat et videat domos quas Mele magistri Salamonis et Leo Salamonis, novi cives civitatis Assisii, tenentur facere et promiserunt, in junta nova infra muros novos et veteres civitatis Assisii, si sunt facte et constructe et edificate secundum formam statuti Comunis Assisii et secundum quod promiserunt facere ipsi Comuni tempore receptionis citadantie ipsorum.

- Die ottava mensis octobris in loco predicto, presentibus magistro Jacopo Boni et Tura Cetroni testibus rogatis.

Constitutus Lippus Tomassutii sindicus predictus coram dicto d.no Potestati, retulit ipsi d.no Potestati et mihi notario, presentibus dictis testibus, se ivisse ad contrata strate et junte nove Sc̄te Clare, infra muros novos et veteres, et ibi invenisse unam domum factam et constructam de fondamento et parietibus et tecto et solario, pro Mele predicto et unam domum coniunctam ipsi domui, factam et edificatam et constructam pro Leo Salamonis.

Quibus ambobus a primo strata, a secundo via, a tertio dompnus Francisscus, a quarto Ciccolus Massioli Bartoli, factas, contructas et completas, secundum formam statuti Assisii, et secundum quod ipsi promiserunt facere et habere etc. et ipse Mele ibidem existens tota die // ...

29. Assisi
1309, October 10
Mele di Salomone makes a loan of 39 lire.

Archivio Notarile di Bevagna presso la Biblioteca Comunale di Bevagna, busta 14 C, fascicolo H, luglio–novembre 1309, atti di ser Giovanni di Alberto.

[– fasc. 3, , c. 12*v*] – Anno 1309 ...
c. 27*v*
Die .x. octobris in domo Andrioli Georgii ...
c. 28*r*
Die predicta, loco et presentibus Putio Bovaroni et Massolo D.ne Gentilis testibus. Magister Latinus Valerii Porte Sc̄te Clare, per se et suos heredes, promisit reddere et restituere dicto Mele, stipulanti pro se et omnibus supradictis; et pro quolibet eorum in solidum, ad eorum vel alterius eorum terminum et petitionem, triginta novem libra bonorum denariorum cortonensium.

Quos denarios fuit confessus et contemptus se ab eo mutuo habuisse etc. Et hec promisit adtendere et dampna et expensas reficere et non contra facere sub pena dupli etc.

30. ASSISI
1309, October 30
Mele di maestro Salomone grants a loan of 200 lire.

Archivio Notarile di Bevagna presso la Biblioteca Comunale di Bevagna, busta 14 C, fascicolo H, luglio–novembre 1309, atti di ser Giovanni di Alberto.

– fasc. E, c. 12v – Anno 1309 ...
– c. 35v
Die penultima octubris, in domo Andrioli Georgii, presentibus [...] Jolo Lolli testibus. Magister Jordanus Benvenuti de Porte Sēte Clare [...] promisit et convenit reddere et restituere Mele predicto magistri Salamonis [pro se et sotiis] supradictis et pro quolibet ipsorum in solidum ad eorum vel alte[rius eorum petitionem et terminum] ducentas libras bonorum denariorum cortonensium. Quod denarios fuit confessus et contem[ptus se ab eo] mutuo habuisse etc. Et hec promisit adtendere et dampna et expensas [reficere] et non contrafacere sub pena dupli etc.

31. ASSISI
1318, July 10
Sabbato di maestro Dattalo makes a loan of 42 lire.

Archivio Notarile di Bevagna presso la Biblioteca Comunale di Bevagna, busta 14 C, fascicolo L, A 1318, atti di ser Giovanni di Alberto.

c. 1r
die .x. julii ...
c. 1v
die predicta in domo filiorum Ciriaci presentibus Ciccolo Gilioli et Venturelle Andrioli testibus rogatis.
Sabbatus magistri Datoli per se et suos heredes fecit finem et refutationem magistro Gentili Salvoni stipulanti pro se et Ciccolo Bartolutii de .xLii. libras denariorum cortonensium.
Quos sibi dare tenebatur causa mutui et patet manu Jacobi Loli notarii. quod instrumentum fecit cassare etc. promictens etc. et hec fecit pro .xiiii. libris denariorum cortonensium. Et hec promisit adtendere et non contrafecere sub pena dupli etc.

32. ASSISI
1331
Vitale di Mele, citizen of Assisi, is denounced to the criminal judge.

Archivio Comunale di Assisi presso la Biblioteca Comunale, sezione « N » Dative, registro 2, fascicolo 2.

c. 4r
Nutarelli Egidii
Infrascripta sunt processa reperta in libris et actis Curie generalis ducatus Spoleti. In primis in quodam libro mallefitiorum scripto manu magistri Jacobi de Assisio notarii sub anno Domini Millesimo .CCC.xxx. indictione .xiii.
......
c. 4v
Item in quodam libro mallefitiorum scripto manu dicti magistri Jacobi de Assisio notarii sub anno Domini Millesimo .iii^c.xxxj. indictione .xiiij.
In primis ...
c. 5r
......
Vitale Mellis judeus et civis civitatis Assisii inquisitus ad denumptiam Venture domini Francisci de Assisio super eo quod furtive et malo modo tenet et tractat quendam librum decretalium contra voluntatem dicti Venture.
Excusavit se et dedit fidejussorem.
Receptis solidis .Lxxxx.vij.

33. ASSISI, 1332, 1334
Daniele, Salamonetto and Elia di Mele are denounced to the criminal judge. Vitale (di Mele) is denounced to the criminal judge.

Archivio Comunale di Assisi presso la Biblioteca Comunale, sezione « N » Dative, registro 2, fascicolo 2.

c. 16r
Infrascripta sunt processa reperta in libris magistri Hermannini de Fulgineo sub anno Domini Millesimo .CCC; xxxij.
In primis processus factus contra
Daniellem, Salamonectum et Eliam filios condam Mellis judei habitatores Assisii inquisitos ad denumptiam procuratoris Lelli Piciacti de dicta civitate de turbatione tenute et possessionis cuiusdam vinee dicti Lelli.
Videntur esse exbanniti.   solidi .xvi

c. 18v *ibid.*
Millesimo .iii^c.xxxiiij.
Vitale judeus habitator in domo domini Lelli domini Guillielmi de Assisio inquisitus ed denumptiam Lutii Vagnoli de dicto loco super eo quod tenet et contractat quoddam suum « Codicum » contra suam voluntatem.
Pendet in ultimo libro.

34. ASSISI
1333, May 31
1333, June 8
Messer Andrea di messer Maffeo appeals to the criminal judge of
the Podestà of Assisi against the sentence pronounced by the
criminal judge of the Capitano del Popolo, in favour of Bonagiunta di Mele, procurator of Salamonetto di Manuele.

Archivio del Sacro Convento di S. Francesco, presso la Biblioteca Comunale, sezione « Instrumenta », vol. 7º, AA. 1332-1343, pergamena 11.

In nomine Domini Amen.
Coram vobis sapienti viro D.no Feo judice d.ni Capitanei civitatis Assisii, d.nus
Andreas d.ni Maffei proponit et exponit, dicens quod, salva reverentia vestra,
indebite et iniuste perperam inique et ex abrupto inter cetera, sententiastis vel
pronumptiastis, diffinitive seu interlocutorie, ad petitionem Bonajunte Melis,
asserens se procuratoris Salamonecti Manuellis judei, videlicet dictos Salamonectum et Bonajontam asserentem se eius procuratorem, a petitione porrecta per
ipsum d.num Andream contra predictum Salamonectum, pro ut apparet manu
ser Francisci ser Niccole notarii, quia non probavit contempta in dicta petitione,
et condempnando dictum d.num Andream in expensis, secundum formam statutorum dicti Comunis, sic vel aliter, plus vel minus, pro ut in dicta sententia
et pronumptiatione, sic dici potest, plenius dicitur contineri, scripta manu ser
Francisci Andrioli notarii.
Quam sententiam seu pronumptiationem dictus d.nus Andreas dicit nullam
et de jure substinere nullo modo posse, sed si in aliquo debet de jure tenere,
diceretur quod negat, non recedendo a benefitio nullitatis, sed ei potissime
inherendo, cum omnia et singula facta per vos, dicat ipso jure nulla et nullius
valoris, sentiens se gravatus et posse in posterum adgravari.
Ideo ab ipso gravamine et ab ipsa sententia seu pronumptiatione et ab omnibus
aliis gravaminibus, per vos sibi illatis in dicta causa, et quod posset inferi in
hiis scriptis, appellat, provocat, recurrit et contradicit ad D.num Nicolaum
judicem mallefitiorum Domini Potestatis et dicti Comunis et omnem alium
judicem competentem, quem sibi dicerunt eligendum et appostolans instanter
iterum et iterum sum alia instantia petitiit sibi dari, supponens se et dictam
comunionem sub protectione dicti D.ni Niccolai judicis mallefitiorum et cuiuslibet
alterius judicis competentis protestans quod, dicta appellatione pendente, per
vos in predictis vel circa predicta, nichil debeat innovari.
Et licet cause gravaminum et nullitatum non sint necesse exprimere, ad cautelam
tamen has dixit inferius adsignandas.
In primis quia dicta sententia seu pronumptiatio facta fuit contra jus et justitiam
et nullo ordine juris servato, et in prejuditium dicti D.ni Andree.
Item quia processistis ad predictam sententiam seu pronumptiationem contra
ipsum D.num Andream non citatum, non convictum, non conclusum, in causa
principali non discussis juribus dictarum partium, et spetialiter ipsius D.ni
Andree.

Item quia processistis ad predictam pronumptiationem, pendentibus protestatione et petitione Consilii sapientis, dicti d.ni Andree suis expensis, qualis sententiam fuisse ferenda per vos, secundum formam statutorum Comunis Assisii, ut apparet manu ser Francisci Andrioli notarii, quia denegavistis cogere dictum Salamonectum cum libris rationum, propterque non valet dicta sententia seu pronumptiatio.
Item quia dictus Bonajunta procurator ut asseruit dicti Salamonecti, ea die vel sequenti dicta sententia seu pronumptiatio fuit lata per vos, non solvit salarium massario dicti Comunis scilicet quatuor denarios pro libra, secundum formam statutorum et ordinamentorum dicti Comunis, qua de causa dicta pronumptiatio non valet.
Item repetit et adsignat, pro causis gravaminum et nullitatis, omnes suas exceptiones, protestationes et petitiones competentes et competiruras ad impedendum dictam pronumptiationem, quas omnes et singulas vult pro specificatis habeantur. Quas causas gravaminum et nullitatis, alternative et successive, proponit et allegat, salvis sibi omnibus aliis causis gravaminum et nullitatis, suo loco et tempore proponendis et adsignandis.
Exibita et interposita fuit supradicta appellatio per dictum D.num Andream die ultima mensis madii, coram dicto D.no Feo judice supradicto d.ni Capitanei populi civitatis Assisii, ad bancum juris sedente pro tribunali, ad jura reddenda, presentibus Andreutio Johannoli de bailia Costani et magistro Jonta Conossiuti notario de Assisio testibus ad hec vocatis et rogatis.
Qui judex ipsam appellationem admisit in quantum debebat de jure.
Sub millesimo .ccc.xxxiii⁰. indictione prima. tempore D.ni Johannis pape .xxij.
(ST) Et ego Angelus olim Putii de Assisio imperiali auctoritate notarius et judex ordinarius supradicte exhibitioni dicte appellationis, presens fui et ea rogatus scribere, scripsi fideliter et publicavi, et in publicam formam redegi et meum singnum apposui consuetum.
.....
In nomine Domini Amen Anno Domini millesimo .ccc⁰.xxxiii⁰. indictione prima tempore D.ni Johannis pape .xxij. die martis octava mensis junii. Sapiens et discretus vir Angelus de Fulgineo judex nobilis et potentis militis D.ni Francisci de Montemelinis de Perusio, honorabilis Capitanei populi civitatis Assisi pro tribunali sedens ad bancum juris in palatio populi ad jura reddenda, precepit et mandavit Bonajunte judeo procuratori Salamonecti judei quod non recedat de palatio populi quoniam comparueratur coram judice mallefitiorum Comunis Assisii D.ni Potestatis, super appellatione interposita per D.num Andream d.ni Maffei pena viginti soldorum denariorum.
Qui Bonajunta nomine quo supra, sentiens se gravatum a dicto precepto petiit se exgravari, consilio sapientis non suspecti, suis expensis, secundum formam statuti. Et incontrarium dictus judex, remotis suspectis, dictam questionem consulendam commisit, de voluntate partium, in sapientem virum D.num Franciscum Ciccoli judicem, cum salario decem soldorum denariorum. Et mandavit partibus quod cras appareant cum inductis eorum. Et hec ad petitionem d.ni Andree presentis et petentis. Actum Assisii in palatio populi, presentibus ser Jacobo Petrioli et massarello ser Latini testibus ad hec vocatis et rogatis.
[ST] Ego Franciscus Andrioli imperiali auctoritate notarius hiis omnibus interfui et ea rogatus de mandato dicti judicis scripsi et publicavi.

35. ASSISI
1340, April 5

The Priori assign one of their procurators to seek money on loan in Perugia and elsewhere. Subsequently they promise to grant indemnity for the « massario » of the Commune who had contracted a loan for 200 florins with the Jews of Perugia.

Archivio Comunale di Assisi presso la Biblioteca Comunale; sezione « P », bollettarii, registro 1, fascicolo 2.

c. 1r
... fecerunt et constituerunt ... Benevenutum Masscii de Roccha ... comitatus Assisii, absentem tamquam presentem, eorum et dicti Comunis verum et legiptimum sindicum et procuratorem actorem factorem et numptium spetialem, ad acquirendum nomine dicti Comunis et se habuisse et recepisse confitendum, ex causa mutui, ab illa persona vel illis personis de civitate Perusii vel aliunde; a qua vel a quibus dicto sindico videbatur convenire, illam quantitatem florenorum que ipso sindico videbitur et placebit, dummodo summam millequingentorum florenorum non excedat, et ad promictendum et conveniendum illi vel illis a quo vel a quibus dictos florenos vel partem ipsorum acquisiverit, reddere et restituere ipsos florenos quos habuerit, integre et cum effectu cum integra refectione dampnorum et interesse et expensarum litis et extra; in eo loco vel locis et in illo et ad illum terminum de quo idem sindicus concordabit et conveniet cum illo a quos dictos florenos vel partem ipsorum habuerit et propterea obligandum dictum Comunem Assisii et omnia bona ipsius Comunis presentia et futura.

c. 2r
Die .v. aprilis in palatio Priorum ... et coram .iiij. prioribus Luchas [sindicus] predicus promisit Petro Janni de Senis massario Comunis ipsum conservare indempnem de promissione factam per eum cum Judeis de .ii^c. florenis et de obligatione bona Comunis. Si opus est expecificentur judei nominati et quantum mutuaverunt.

36. ASSISI
1341, July 25

The Priori contract a loan with various Jews of Assisi.

Archivio Comunale di Assisi presso la Biblioteca Comunale, sezione « P » bollettarii, registro 1, fascicolo 2.

c. 22r
Anno Domini M.CCC.xLj. indictione .viiij. tempore Domini Benedicti pape .X. die .xxv. mensis julii in palatio habitationis Dominorum Priorum civitatis Assisii

coram ser Andrea magistri Jacopi de Assisio et ser Ceccho Ghiberti de Tollentino testibus.

Magister Petrus Thomasselli sindicus Comunis Assisii de cuius sindicatu patet manu mei notarii fuit confessus habuisse ex causa mutui a Museto Boneventure judeo de Assisio, dante nomine suo et nomine Mataxie Musecti .xiij. florenos et medium, et a Salamonecto Vitalis procuratore Vitalis, Mellis et Sabbatutii Salamonis Sabbatutii .Lxxv. florenos, ita quod quicumque possit recipere, et uni tamen facta solutione, ab aliis sit prosolutus, et ab Elia Gay nomine suo et Danielis Allevutii .v. florenos et medium, et ab Adactolo Musecti .xxxiij. florenos et a Manuello Mellis .xxiiij. florenos et a Manuello Abrahe .xxiiij. florenos. Quos promisit reddere ad eorum terminum et petitionem etc. Renumptians etc. cum juramentum et guarentigiam etc.

37. Assisi
1342, January 3
Terms for loan made by various Jews of Assisi.

Assisi, Archivio della Cattedrale di S. Rufino, vol. 91, atti varii di ser Giovanni di Cecce notaio di Assisi, bastardello A. 1342.

c. 1r
In nomine Domini Amen. Hic est liber sive quaternus rogationum seu prothocollorum et aliarum diversarum scripturarum, factus, scriptus, editus et compositus per me Johannem Cecce de Assisio notarium, sub anno Domini millesimo trecentesimo quadragesimo secundo, indictione decima, tempore domini Benedicti pape duodecimi diebus et mensibus infrascriptis.
Die. iiiº, mensis januarii.
Actum Assisii in domo Vangnutii Guidelli presentibus Vanne et Tano magistri Jacobi de Baylia Gualdi Casamanze notarii et Cecce Nini testibus. Crisscius Vite de Baylia Podii Morici, Putius Massoli habitator Ville Casa Gastaldi comitatus Perusii, et Elemosina Michelli de dicto loco, Tinus Petrutii habitator Podii Morici comitatus Assisii et Christofanus Thome de Baylia Podii predicti et Angelellus Ghielli de Baylia Podii Morici in solidum promiserunt restituere Symilglolo Manuellis Melis ad eius petitionem et terminum, centum sexaginta .viii. libras denariorum causa mutui. De quibus fererunt eiden refutationem et cetera. Renumptiantes et cetera. Promiserunt facere confessionem et cetera. Juraverunt et cetera ad penam dupli et cetera.
Die predicta, loco et testibus.
Crisscius Vite et Putius Massoli et Elemosina Michelli predicti in solidum promiserunt conservare indempnes et exobligare a dicta promissione predictos Tinum Petrutii, Christofanum Thome et Angelellum Ghielli et // c. 1v
[hoc fece]runt quia confessi fuerunt fecisse eorum precibus et mandato, et dictam quantitatem pecunie pervenisse ad manus predictorum Putii, Crisscii et Elemosine pro eorum utilitatibus et non ad manus predictorum Tini, Petrutii et Christofani Thome et Angelelli Ghielli et in eorum utilitate. Renumptiantes

benefitio de fidejussione et cetera promiserunt facere confessionem et guarentigiam et cetera ad penam dupli supradicte quantitatis et cetera. Juraverunt et cetera.
Die predicta. Actum Assisii in domo Grossi Gilioli presentibus Andrutio Albevegnatis, Ciccolo Petri et Symoncello Scagnoli Baylie Clasine testibus rogatis. Andrutius Putii Clare et domina Nesse eius uxor, presente volente et consentiente dicto eius viro, Cola Giorgicchi et Corradus Cole et Masscius Ciccoli Accomandelli Porte S. Jacobi, in solidum promiserunt restituere Salamonecto Vitalis recipienti pro se et suis heredibus, centum quinquaginta libras denariorum causa mutui. De quibus fecerunt eidem refutationem et cetera. Renumptiantes et cetera. Juraverunt et cetera ad penam dupli et cetera.
Die predicta loco et testibus.
Andrutius predictus et domina Gnese eius uxor, presente volente et consentiente dicto Andrutio eius viro, in solidum promiserunt conservare indempnes dictos Colam, Corradum, Masscium ad eorum petitionem et terminum a dicta promissione et cetera.
Renumptiantes et cetera promiserunt facere confessionem et guarentigiam et cetera ad penam dupli et cetera.
Cc. 2r
Die predicta et loco presentibus Andrutio Putii predicti et Masscio Piccoli Accomandelli de Assisio et Porta S. Jacobi testibus ad hec vocatis et rogatis.
Cecce Nini Bonsegnoris de Porta Sancti Francisci promisit reddere et restituere cum effectu Salamonecto Vitalis judeo habitatori civitatis Assisii in Porta Sancti Francisci presenti stipulanti et recipienti pro se et suis heredibus aut cui jus suum concesserit quatuor libras bonorum denariorum Perusinorum, de quibus fecit eidem refutationem et cetera renumptians exceptioni et cetera et statutis in contrarium loquentibus et cetera et promiserunt facere confessionem et guarentigiam et cetera ad penam dupli et cetera juraverunt et cetera.
Die predicta loco et testibus.
Guillermutius Vitalis de Assisio et Porta Sancti Jacobi per se et suos heredes titulo venditionis ante solutionem supra factam, dedit, cessit et concessit, transtulit et mandavi Cecce Nini Bonsegnoris presenti stipulanti et recipienti pro se et suis heredibus aut cui jus suum concesserit omne jus omneque actionem realem et personalem, utilem et directam tacitam et expressam, et omnia alia que habet et habere posset, contra et adversus Masscium Gore et eius heredes et bona, et in eius vice, vigore cuiusdam instrumenti concessionis, scripti ut vidi manu Francisci ser Petri notarii, quod dedit eidem Cecce in presentia mei notarii et testium predictorum. Constituens eumdem et cetera. Et hoc pro tribus libris denariorum et cetera de quibus fecit eidem refutationem et cetera. Renumptians et cetera promictens et cetera ad penam dupli supradicte quantitatis pecunie et cetera.

38. ASSISI
1342, April 26
Guglielmuccio di Vitale takes out lease on part of a house.

Assisi, Archivio della Cattedrale di S. Rufino, vol. 91, atti di ser Giovanni di Cecce notaio di Assisi, bastardello A. 1342.

c. 60r
Die. xxvi mensis aprilis.
Actum Assisii ante cameram filiorum Joli Soldani presentibus magistro Blaxio Vannis, Marcutio Vannis et Marcutio Salvutii testibus rogatis. Clarinus Puccioli notarius de Assisio ut procurator magistri Angeli Bazutii ut de procuratione dixit apparere manu Johannis Masscioli notarii de Assisio procuratorio nomine ipsius et pro eo locavit ad pensionem Guillelmutio Vitalis judeo habitatori civitatis Assisii pro se et suis heredibus stipulanti et recepienti, duo solaria unius domus ipsius magistri Angeli posite in Porta Sancti Francisci, cui ab uno et secundo via, a tertio ipse magister Angelus vel alia latera hinc ad unum annum venturum et finitum.
Que promiserit eidem hinc ad dictum tempus non reauferre sed sibi legitime defendere ab omni persona, salvo si vellet ipsam domum vendere in quo casu non teneatur.
Et hoc quia promisit dictus conductor eidem locatori recipere pro dicto magistro Angelo et eius heredibus, datis pro pensione duos florenos auri ad justum pondus Comunis Assisii et quatuor soldos denariorum scilicet medietatem in medio temporis et aliam in fine.
Renumptiantes ad invicem et cetera. Promiserunt facere de predictis ad invicem confessionem et cetera. Et predicta promiserunt ad invicem actendere ad penam .xxv. librorum denariorum et cetera.

39. ASSISI
1342, November 29
1342, December 2, 8, 23
Various contracts of loan signed by Jews of Assisi. A Jew acquires some must.

Archivio Confraternita di S. Stefano e del suo Ospedale, in Archivio Cattedrale di S. Rufino in Assisi, vol. 38, atti di ser Giovanni di Cecce notaio di Assisi, A. 1342.

c. 2r
... sub anno millesimo trecentesimo quadragesimo secundo ...
die .xxviiii. mensis novembris ...
c. 3v
Die predicta. Actum Assisii in platea Comunis ante cameram Massarii Comunis presentibus Baldutio Leni bayuolo et Cecce Andrutii de Porta Parlaxii testibus rogatis.

Angelutius Panciani mercator promisit restituere causa depositi Manuello Abraami judeo presenti stipulanti et recipienti pro se et suis heredibus ad eius petitionem et terminum duodecim florenos boni et puri auri sine malitia, de quibus fecit eidem refutationem et cetera.
Renumptians exceptioni et cetera, promisit facere confessionem et cetera. Et predicta promisit et juravit adtendere ad penam dupli et cetera non obstantibus feriis et statutis factis contra judeos et cetera.
c. 7r
die secunda mensis decembris ...
c. 8v
Die predicta. Actum Assisii in platea Comunis ante cameram Massarii Comunis presentibus Cecce Vannis Convectoli, Corrado Vannis et Francisco Cole Bonsegnoris testibus rogatis.
Andrutius Putii Clare fecit refutationem Salamonecto Vitalis judeo presenti stipulanti et recipienti pro se et suis heredibus de omni eo et toto quod eidem petere posset occasione .xxiii. salmarum musti venditarum per eum eidem, manu ut dixerunt *** notarii et generaliter et cetera.
Et hoc fecit quia confessus fuit sibi fore ab eo integre satisfactum et cetera. quia sic bene placuit. Renumptians et cetera promictens et cetera ad penam .xxv. librarum et cetera.
c. 11r
die septima mensis decembris ...
c. 11v
Die predicta. Actum Assisii in domo Comunis quam tenet ad pensionem Guillelmutii Vitalis presentibus Andrutio Nardi Andrioli Porte Sancti Francisci et Cecce Vangnoli Porte Sancti Jacobi testibus rogatis.
Guillelmutius predictus per se et suos heredes fecit refutationem de ulterius aliquid non petendo Jolo Vangnoli Porte Sancti Jacobi et Jolo Pucciarelli de Baylia Pretate presentibus et recipientibus pro eis et Mucciolo Lelli de Baylia Pretate, de tribus florenis auri quos eidem restituere tenebantur causa mutui pro ut dixerunt apparere publico instromento scripto manu Masciarelli m/Thome notarii. Quod instrumentum reddiderunt cancellatum in presentia mei notarii et testium predictorum.
Et hoc fecit pro uno floreno, **reliquos eidem nomine quo supra per pactum remisit** et cetera.
Renumptiantes et cetera promictens et cetera et predicta promisit actendere ad penam dupli et cetera facere promisit confessionem et cetera.
c. 16v
Die 23 mensis decembris. Actum Assisii in Porta Sancti Francisci presentibus Dominico Andrioli de Baylia Sterpeti et Putio Petroni de Baylia Sancti Savini testibus rogatis.
Vangnarellus et Vangnutius Mactioli in solidum promiserunt restituere causa mutui Salamonecto Vitalis ad eius petitionem et terminum, recipienti pro se et Sabbatutio Salamonis Sabbati et eorum heredibus, sex florenos auri. de quibus fecerunt eidem refutationem et cetera. Solvendo unus ipsorum ab alio liberaretur. Renumptiantes et cetera de ipsis promiserunt facere confessionem et cetera ad penam dupli et cetera.

40. ASSISI
1343, August 23
1343, October 14
Bonaventura and Manuele di Mele proclaimed to be rebels by the Commune of Assisi, are subsequently pardoned.

Archivio Comunale di Assisi presso la Biblioteca Comunale, sezione « N » Dative, registro n° 1.

c. 33v
In nomine Domini Amen. Anno eiusdem nativitatis Millesimo .CC.xLiij°. indictione .xi^a. tempore Sanctissimi Patris et D.ni Clementis pape .vi^{ti}. die .xxiii. mensis augusti.
D.nus Potestas et D.nus Capitaneus et D.ni Priores populi civitatis Assisii omnes in concordia existentes in palatio habitationis D.norum Priorum populi civitatis predicte declaraverunt,
§ Bonaventuram et
§ Manuelem Melis judeos habitatores civitatis Assisiiet utrumque ipsorum esse et fuisse rebelles et inobedientes Comuni Assisii et offitialibus ipsius Comunis et pro inobedientibus et rebellibus civitatis Assisii sint et habeantur secundum formam statutorum dicte civitatis.
(Signum Tabellionatus) Ego Nardus condam Nardi de Monte Alcino imperiali auctoritate judex ordinarius et notarius et nunc notarius et offitialis reformationum et cancellarie Comunis Assisii predictis omnibus et singulis interfui et ea omnia rogatus et de mandato dictorum D.norum Priorum scripsi et publicavi.

ibid.
Anno Domini M.CCC.xLiij. indictione .ix^a. tempore D.ni Clementis pape .vi^{ti}. die .xiiij. mensis octubris. Cassi sunt predicti Bonaventura et Manuel per Nardum cancellarium Comunis Assisii [quia paru]erunt ad mandata Comunis Assisii [et D.norum Potes]tatis et Capitanei et Priorum dicte [civitatis Assisii] et omnia fecerunt que [requiruntur] fieri secundum formam statutorum ut patet manu mei Nardi notarii antedicti.

41. ASSISI, 1353, 1356, 1363, 1386, 1395
Fragments of the Assisi contributors' list for the « dativa fumi », arranged by districts, and lists of debtors.

Archivio Comunale di Assisi presso la Biblioteca Comunale, sezione « N » Dative, registro 3.

Fascicolo 1° – M° .CCC°Lvi –
Liber dative fumi mensis januarii februarii martii et aprilis.

c. 1r
In nomine Domini Amen. Anno Domini M⁰CCC⁰Lvi. indictione nona tempore D.ni Innocentii pape .vi^ti. Hic est liber sive quaternus continens in se omnes et singulos homines et personas debentes solvere eorum dativam fumi mensibus januarii, februarii, martii, aprilis cum duplo.
In primis Porte Sēti Ruphini ...
c 2r
Musectus Boneventure judeus   lb .x.
c. 26r
M⁰CCC⁰ .Liii.
Porte Sēti Francisci
.....
Bonajunta judeus   lb .x.
fascicolo 2⁰
c. 4r
Judei habitantes in civitate Assisii et burgis et subburgis, excepto Sabbatutio et Mactasia eius filio   lb .M.V^c.
c. 5r
Museptus Boneventure judeus pro prima   lb .x.
fascicolo 3⁰
De Porta Parlaxii de civitate
Sabbatutius Salomonis Sabbati   lb .xii. soldi .x.
[a margine sinistro]
Johannes executor.
c. 10r
In nomine Domini Amen. Infrascripti sunt homines et persone de civitate et comitatu Assisii non solventes eorum dativam fumi impositam per Comune Assisii sub anno D.ni M.CCC.Lxiii. ... pro mensibus aprilis maij et junii
c. 10v
De Porta Sēti Ruphini de civitate
Musectus Boneventure judeus   lb .x.
c. 11v
de Porta Parlaxii de civitate
.....
c. 12r
Sabbatutius Salamonis Sabbati judeus   lb .xii.
Johannes executor
c. 19v
Sabbatutius Salamonis   lb .xii. s .x.
Johannes executor
fascicolo 4⁰
Dative forensium pro .viii. mensibus, inceptis die 1. a mensis julii in M.CCC.Lxxxvi.
.....
c. 9r
Extractus malpagorum dative fumi pro sex mensibus inceptis die 1. a mensis januarii in M.CCC.Lxxxxv.
.....
Similglorus Manuellis judeus   lb .x. s .xviii.

Fascicolo 5º
c. 36r
de Porta filiorum Crisci.
Daniel magistri Sabbatutii judeus .iii. R/ [rubbii?] farine grani

42. Assisi, 1366, 1368
Lists of Assisi taxpayers, arranged in alphabetical order, for the collection of various tributes.

Archivio Comunale di Assisi presso la Biblioteca Comunale, sezione « N », dative, registro 4.

1º fascicolo « 13 N4 »
quinternus 13
« De porta Sēti Jacobi de civitate »
c. 6v
.....
magister Sabbatutiis magistri Manuellis libre .xxxvi. soldi .x.
.....
c. 33r
« De Porta Parlaxii de comitatu »
.....
Bailìa Podii Morici.
.....
Vitale Crisci Vite libre .Lvii.
pagò soldi .xLiii.
5º fascicolo
« De Porta S. Francisci de civitate »
c. 6v
.....
Deodatus Bengnamini libre .Cxxv.
.....
c. 16v
.....
Similglorus Manuellis Melis judeus libre .x.
Niccolaus D. Francisci Porte S. Francisci fidejussit.
6º fascicolo
« De Porta S. Francisci de civitate »
c. 14v
.....
Manuellus magistri Benamati judeus libre .x.
pro quo fidejussit Jacob Ciccoli Mellis.
c. 20v
.....
Similglorus Manuellis Mellis judeus pro quo fidejussit Niccolaus D. Francisci
de Assisio libre .xx.

8º *fascicolo*
c. 6v
In nomine Domini. Hic est quaternus continens in se homines non solventes eorum collectam impositam in Mº.CCC.Lxvj. die prima mensis juliii ...
De Porta Sēti Ruphini de civitate
c. 7r ...
.....
Musectus Beneventure judeus pro prima   lb .x.
.....
c. 15r
In nomine Domini Amen. Hic est liber sive quaternus continens in se omnes et singulos homines et personas de civitate et comitatu Assisii videlicet omnium portarum dicte civitatis debentes solvere prestantiam impositam in dicta civitate ad rationem .xii. denariorum pro qualibet libra et minus solvens .x. soldos et quolibet casarenghus .x. soldos, et quelibet casarengha .v. soldos denariorum, sub anno D.ni Millesimo .iiiᶜ.Lxviii. die .xviii. mensis setembris .. c. 15v
De Porta Sēti Ruphini
c. 16r
.....
Judei habitantes in civitate Assisii, in burgis et subburgis, exceptis Sabbatutio Salamonis et Mactasia eius filio.   Vᵐ .Vᶜ libre
c. 16v
Musectus Beneventure judeus pro prima   lb .x.
c. 21v
De Porta Sēti Francisci de civitate

.....
c. 22v

.....
Manuellus magistri Beneamati Lazzari judeus pro domo quo fidejusset Jacobus Ciccoli Mellis   lb .x.
.....
c. 24v
de Porta Sēte Clare de civitate
c. 25r
Sabbatutius Salamonis judei habitator in civitate Perusii et in civitate Assisii et Mactasia eius filius   lb. .Vᶜ. .xviiii. et sold .xvi.
.....
c. 26r
Malpaghi dativa trium denariorum per libram imposite die .xvii. mensis julii Mº.iiiᶜ.Lxvi, in hunc modum videlicet quilibet allibratus a.xx. libris vel abinde infra solvat .x. pro *** et quilibet allibratus a .xx. supra solvat predictas libras .xx. sicut est dictum et a dictis lb .xx. supra solvat tres denarios pro qualibet libra sui catastri.
c. 26v
De Porta Sēti Ruphini de civitate
Judei habitatores in civitate Assisii et burgis ecepto Sabbatutio Salamonis et Mactasia eius filio   M .Vᶜ libras
c. 26v
Musectus Boneventure judeus   lb .x.

— 133 —

43. ASSISI
1365, July 6

The Priori concede to the Assisan Guelphs licence to carry defensive arms. Two Jews appear in the list of names.

Archivio Comunale di Assisi presso la Biblioteca Comunale, sezione « P » bollettarii, registro 3.

c. 41r
die .vi.^{ta} mensis julii.
Existentes supradicti D.ni Priores populi civitatis Assisii in camera audientie palatii eorum habitationis congregati ac nobiles et prudentes viri
D.nus Pare Parum, Nofrius Nutarelle et Milglorutius Angelutii, Capitanei Partis Guelfe dicte civitatis una cum dictis D.nis Prioribus, et prefati D.ni Priores una cum dicti Capitaneis, omnes in concordia facto et misso partito ad lupinos albos et nigros, et obtento inter eos, ed aprobatis pro veris Guelfis, secundum formam statuti dicti Comunis; posita in tertia parte, de licentia concedenda Guelfis portandi arma, in capitulo .Lvi. in statuto existente in palatio dictorum D.norum Priorum, adprobati fuerunt super licentia concedenda eis de armis defendibilibus deferendis, fidejubendo per eos et quemlibet ipsorum, secundum formam dictorum statutorum civitatis Assisii.
Quorum nomina et prenomina sunt hec.
De Porta Sēti Ruphini [21 names]
De Porta Parlaxii [21 names]
De porta Sēti Jacobi [27 names and among them Sabbatutius Magistri Manuellis]
De Porta Sēti Francisci [33 names and among them Vitalutius Salamonecti]
De Porta Sēte Clare [13 names]

44. ASSISI
1365, June 30
1365, July 2
1365, August 2

The Priori open loans with various Assisi Jews and subsequently repay them.

Archivio Comunale di Assisi presso la Biblioteca Comunale, sezione « H » riformanze, registro 4.

c. 1r
In nomine Domini Amen. Hic est liber sive quaternus Comunis civitatis Assisii continens in se deliberationes, propositas, dicta consultorum, reformationes, provisiones et ordinamenta et multas alias scripturas Comunis predicti. Scriptus per me Nardum condam Nardi de Monti Alcini notarium et nunc notarium reformationum et cancellarie dicti Comunis, sub anno Domini a nativitate .M⁰.

.iii^c.Lxv. indictione .iii^a. tempore D.ni Urbani pape V^{ti} diebus et mensibus infrascriptis.

.....

c. 7v
- Die ultima mensis Junii.

.....

eodem die. In palatio habitationis D.norum Priorum civitatis Assisii coram Petrutio D.ni Mutii et Thoma Petrutii et Crispolito Moncelli de Assisio testibus presentibus et rogatis.
Ser Nicola magistri Angeli de Gualdo fuit confessus habuisse causa mutui a Gayo filio Deodati Begnamini mutuante nomine dicti Deodati et magistri Melis magistri Bonajunte et Sabbati Manuelis, et de ipsorum pecunie .CL. florenos boni et puri auri ad pondus Comunis Assisii. quos promisit restituere ad ipsius et ipsorum terminum et petitionem etc. obligando etc. renumptians etc. cum juramento et guarentigia et.
- Die .ii^a. mensis julii in dicto loco coram Silvestro Cecce, ser Angelo D.ni Nuti et ser Andrea Vangnoli de Assisio testibus rogatis.
Dictus ser Nicola fuit confessus habuisse causa depositi a Sabatutio et Vitalutio condam Salamonutii .x. florenos auri.
Item a Salamone Sabatutii .x. florenos quos promisit ad ipsorum terminum et petitionem reddere etc. renuptians etc obligando etc. cum juramento etc.

ibid. a margine sinistro
- die .iiii. augusti in palatio habitationis D.norum Priorum, in pede schalarum coram ser Johanne Pellis et ser Mactheo notario Camere testibus rogatis. Vitalutius predictus dedit licentiam cassandi dictum rogitum quia fuit confessus sibi satisfactum esse a dicto ser Nicolao ibid. presente etc.

ibid. c. 8r
- die ultima mensis junii.
D.ni Priores populi civitatis Assisii ... videntes et scientes prestantiam fuisse impositam die .xii. huius mensis; ad rationem .vi. denariorum pro libra, et mihi solvens .x. soldos et quilibet casalingus .v. soldos, sicut patet in reformatione dicti Comunis, pro solutione et satisfactione gentium armigerarum, que sunt ad custodiam civitatis Assisii, habentes etiam auctoritatem acquirendi pecuniam opportunam, nunc pro solutione et satisfactione predicta, ad illam provisionem quam eis videtur, vigore auctoritatis predicte ... providerunt et ordinaverunt q u o d a Deodato Bengnamini, magistro Mele magistri Bonajunte et Sabato Manuelis acquirantur mutuo .CL. florenos auri, pro quorum restitutione deputaverunt et ex nunc deputatam esse voluerunt, pecuniam colligendam de dicta prestantia; providentes et ordinantes q u o d massarius Comunis ad penam .CC. [florenorum] non possit convertere aliquem denarium dicte prestantie quam colligitur per eum, nisi primo fuerint restituti .CC. florenos pridie acquisitis a .xx. hominibus de Assisio, et deinde dicti .CL. florenos, ad penam predictam pro quolibet vice si aliquem denarium dicte prestantie in aliquem alienum usum vel modum convertet vel solven, nisi primo fuerit facta satisfactio dictorum .ii^c. et dictorum .CL. florenorum.

45. Assisi
1365, August 4

The Priori settle a debt contracted by the Commune of Assisi with some Jews to cover urgent expenses for the defence of the city.

Archivio Comunale di Assisi presso la Biblioteca Comunale; sezione « P », registro 3, bollettarii.

c. 1r
In nomine Domini Amen. Hicest liber sive quaternus in se continens ... apodissas, relationes, ordinamenta ... et quamplures alias varias et diversas scripturas factas ... mandato providorum D.norum Priorum populi civitatis Assisii, scriptum de mandato dictorum Priorum per me Andream Vangnoli Morici de Assisio publicum imperiali auctoritate notarium et nunc notarium et officialem D.norum Priorum, sub anno Domini Millesimo trecentesimo sexagesimo quinto. indictione tertia. tempore Domini Urbani pape quinti.
Diebus et mensibus infrascriptis.
.....
c. 5r
die .xxiii. mensis Junii.
Nos Priores populi civitatis Assisii mandamus tibi ser Nichole massario Comunis dicte civitatis Assisii, quatenus de pecunie et avere dicti Comunis des et solvas ...
c. 29r
Die quarta augusti
Deodato, magistro Meli et Sabbato judeis.
Item des et solvas Deodato Bengnamini, magistro Meli magistro Bonajunte et Sabato Manuellis judeis de Assisio, pro restitutione .CL. florenorum auri quos mutuaverunt Comuni Assisii die ultimo mensis junii proxime preteriti, pro solutione stipendii famulorum missorum ad custodiam dicte civitatis Assisii, vigore et secundum formam reformationum et ordinamentorum dicti Comunis in summa
.CL. florenorum auri
Item des et solvas predictis Deodato, magistro Meli et Sabbato pro provisione et merito dictorum centum quinquaginta florenorum auri mutuatorum per eos pro dicto uno mense, ad rationem trium soldorum denariorum pro quolibet floreno, vigore ordinamenti conditi super dicta materia, in summa

viginti duas libras et
decem soldos denariorum.

Vitalutii Salamonecti.
Item des et solvas Vitalutio magistri Salamonecti judeo pro restitutione decem florenorum auri quos mutuavit Comuni Assisii, die secunda mensis julii proxime preteriti, pro solutione stipendii famulorum missorum ad custodiam civitatis Assisii, vigore et secundum formam reformationum dicti Comunis in summa
decem florenos auri.
Item des et solvas dicto Vitalutio pro provisione et merito dictorum decem

florenorum mutuatorum per eum dicto uno mense, ad rationem trium solidorum pro quolibet floreno, vigore ordinamenti conditi super dicta materia in summa
triginta soldos.

c. 29v
Salamoni Sabbatutii /
Item des et solvas Salamoni Sabbatutii judeo pro restitutione decem florenorum auri quos mutuavit Comuni Assisii, die secunda mensis julii proxime preteriti, pro solutione stipendii famulorum missorum ad custodiam civitatis Assisii, *vigore* et secundum formam reformationum dicti Comunis Assisii in summa
decem florenos auri

Item des et solvas dicto Salamoni pro provisione et merito dictorum decem florenorum auri mutuatorum per eum pro dicto uno mense ad rationem tres soldorum denariorum pro quolibet floreno, vigore ordinamenti predicti in summa
triginta soldos.

46. Assisi
1381, February 20
Matassia di Sabbatuccio da Perugia and Dattilo di Abramo da Norcia, considered citizens of Assisi, are authorised to keep a loan–bank.

Archivio Comunale di Assisi presso la Biblioteca Comunale, sezione « H », riformanze, registro 6.

fascicolo 3º – bastardello reformationum AA. 1380 et 1381.
  c. 14v – A. 1381 de mensee januarii
  .....
  c. 31r
die .xx. mensis februarii.
Exixtentes in camera audientie palatii residentie D.norum Priorum populi civitatis Assisii, Prior d.norum populi dicte civitatis vicarius d.ni Gonfalonerii populi dicte civitatis, et dicti D.ni Priores et infrascripti sapientes et boni cives de dicta civitate,
[*9 names*]
quos dicti Prior d.norum Priorum vicarius antedictus, et Priores ad hec elegerunt et habere voluerunt, vigore remissionis facte et auctoritatis concesse per formam reformationis generalis Arenghe et adunantie hominum civitatis Assisii, providerunt et ordinaverunt ac decreverunt,
q u o d Matassias Sabbatutii judeus habitator in civitate Perusii et Dactalus Abrahami de terra Nursie, etiam judeus conseguineus ipsius Matassie, et eorum sotii et factores judei, qui vel aliquis ipsorum, pro ipsis Matassia et Dactalo et ipsorum nomine, morabuntur continue in civitatis Assisii et cameram mutui sive fenoris tenebunt et excercebunt in domo ipsius Matassie, posita in dicta civitate Assisii, in Porta Sēte Clare, in contrata macelli, cui a primo secundo et tertio vie et a quarto ser Niccolaus Vagnutii Morici sive in alia domo dicte civi-

tatis, tractentur et tractari debeant in civilibus et in criminalibus et in quibuscumque aliis actibus et negotiis ut cives et tamquam veri cives de civitate Assisii. Item q u o d dicti judei et eorum sotii et factores et quilibet ipsorum qui in dicta civitate morabuntur, et in dicta domo vel in alia domo ipsius civitatis dictam artem presti sive fenoris exercebunt, ut dictum est, mutuare possint et eis liceat, ad illud fenus (et illam usuram) et meritum, de quo concordes erunt cum persona, et personis que ab ipsis judeis vel aliquo ipsorum pecuniam mutuari valent,

Item providerunt, ordinaverunt et decreverunt q u o d si aliquid pignus super quo dicti judei vel aliquis ipsorum, deinceps mutuaverit, non relevetur sive recolligetur, infra duos annos, computandos a die facti mutui, vendi possit ipsum pingnus, dicto transacto biennio, per ipsos judeos et ab inde in antea ipsi judei vel aliquis eorum ad restitutionem talis pingnoris nullatenus teneantur.
C. 31v

Item providerunt, ordinaverunt et decreverunt q u o d si qua res furtive ablata esset, et dicti judei vel alicui eorum subpignoraretur sive subpignorabitur, et dominus ipsius rei eam apud ipsos judeos vel aliquem ipsorum esse invenerit, et vendicare volet, non posset nec debeat ipsa res, occasione dicti furti, auferri dictis judeis, nec eis vel ipsorum alicui pro (dicto furto) receptione ipsius rei furtive, aliqua fieri molestia vel gravamen. Teneantur tamen et debeant ipsj Judei dictam rem, sine perceptione alicuius usure sive meriti, restituere illi persone cuius ipsa res fuerit, et ab ipsa persona recipere debeant solummodo illam quantitatem que super ipsa re fuerit mutuata.

47. Assisi
1382, June 12
1382, August 29

The Priori designate certain revenues of the Commune of Assisi for the settlement of some debts contracted with the moneylenders Dattilo da Norcia and Matassia da Perugia.

Archivio Comunale di Assisi presso la Biblioteca Comunale, sezione « H », riformanze, registro 3.

fascicolo 2, « xxxi » A., 1382.
c. 5v
– Quidam proventus missi ad introitum Comunis et deputati pro restitutione quarundam prestantiarum.
die .xii. mensis junii.
D.ni Priores populi civitatis Assisii fecerunt in dicta Camera micti ad introitum Comunis Assisii proventos et gabellas ipsius Comunis, in et pro restitutione fienda infrascriptis personis, que mutuaverunt infrascriptas quantitates florenorum.
......
c. 6v

— 138 —

.....
Et ser Lippus Cecce emptor pedagii Comunis et gabelle forensium, det infrascriptis personis infrascriptam quantitatem quam mutuaverunt videlicet Dactalo Abrahami judeo habitatori civitate Assisii recipient pro se et Matassia judeo cive assisinate   quinquaginta florinos auri.
c. 33r
die 29 mensis augusti
existentes in camera audientie palatii residentie d.norum Priorum populi dicti D.ni Priores ... deliberaverunt ...
c. 35v
Dactalo judeo nunc habitatori civitate Assisii debenti recipere a Comuni Assisii, quod mutuavit dicti Comuni de presenti mense augusti
                                    quadragintaquinque florenos auri
solutos defensoribus et barigello civitatis Assisii pro parte salariorum ipsorum. Ex nunc deputata sit et esse intelligatur, omnia pecunia que primo recipietur de gabella recollectionis grani, bladorum et aliorum fructuum estatis anni proximi futuri, per Johanellum ser Thome generalem collectorem dicte gabelle videlicet usque ad concurrentiam et quantitatem et satisfactionem dictorum .xLv. florenorum.

48. Assisi
1385, March 16
The Priori agree to take out a loan of 1200 florins to be negotiated with Dattilo da Norcia or with maestro Sabbatuccio or with whoever was willing to lend to the Commune, with provision of 20 florins for every 100, on the security of pledges made available to the Commune by the friars of St. Francesco and the Chapter of St. Rufino.

Archivio Comunale di Assisi presso la Biblioteca Comunale, sezione « H » riformanze, registro 4.

fascicolo 5º – A. 1385.
c. 40r
die 16 mensis martii.
Cohadunati fuerunt in camera audientie palatii residentie D.norum Priorum populi civitatis Assisii, Prior D.norum Priorum populi dicte civitatis Assisii vicarius D.ni Gonfalonerii populi dicte civitatis, et dicti D.ni Priores omnes numero quinque, dicto Priore D.norum Priorum vicario antedicto in ipso numero computato, et una cum eis, infrascripti sapientes et boni cives dicte civitatis quod dicti Prior d.norum Priorum vicarius antedictus et Priores ad hec elegerunt et habere voluerunt videlicet ad providendum auctoritate reformations generalis Arenghe unde et qualiter in Comuni Assisii veniat et habeantur M^{e}iiii^c. floreni opportuni pro quibusdam arduis negotiis et pro bono statu dicte civitatis Assisii.

Quorum quidem sapientium et bonorum civium nomina sunt hec videlicet.
– Amatutius magistri Angeli – magister Mactheus Sanctori – Niccolaus ser Andree – Andreas d.ni Johannis – Andreas Cecce Benvenuti – Scolaius Joli – Cellus Mascii – Angelinus Clarini – Angelinus Taccoli – Jacobus Berti – Franciscus Cecce Benvenuti – Lippus Marchi – Vangnutius Lelli Bellagote – Petrus Putii magistri Petri.
Super quibus omnibus et singulis et cetera.
Scolaius Joli dixit quod fratres ecclesie Sti Francisci et Canonici et presbiteri ecclesie Sti Ruffini commodent Comuni Assisii aliqua pignora causa acquirendi super eis mutuo M^{e}cc. floreni. Et habitis ipsis pignoribus requiratur Dactalus Iudeus et alii in Assisio et alibi, quod mutuent statim supra dictis pignoribus dictam quantitatem et nicchilo minus, si opus fuerit obligent se dictis mutuantibus omnes de presenti consilio et detur modus et provideatur de pecunia habenda pro restitutione dicte prestantie.
Magister Mactheus Sanctori dixit quod Daptolus Judeus qui debet recipere a Comuni Assisii .ii^c. florenos requiratur quod mutuet Comuni Assisii Mille florenos offerendo sibi dicta pignora valentia usque //

c. 40v

in dictam quantitatem .M^{e}ii^c florenorum. Et etiam requiratur Sabbatutius iudeus quod mutuet super pignoribus que sibi dabuntur.
Item quecumque persone volent sponte mutuare habeat pro sua provisione .xx. florenos pro quolibet centonario florenorum, hoc modo videlicet quod ad ipsam requisitionem solvantur per massarium Comunis et ponantur ad exitum apodixe ascendentes summam dicte talis provisionis. Et quod ipsis mutuantibus fiat cautelatio et obligatio.
Vagnutius Bellagote dixit quod per presens consilium eligantur alique persone que sint habiles ad mutuandum et omnes etiam de presenti consilio mutuent. Et videantur quantum ab eis haberi potest mutuo, et omnibus qui mutuabunt obligentur omnes proventus et gabelle Comunis et detur modus de restitutione fienda mutuantibus. Et etiam omnes quantitates solvende de presenti mense de quibuscumque proventibus et gabellis Comunis deputatis et non deputatis, habeantur et convertantur pro supradicta opportunitate, et de hoc rogentur emptores dictorum proventium et gabellarum quod subito solvant et si videbitur fiat eis aliqua provisio.
Qui Prior d.norum Priorum vicarius antedictus et Priores ac Sapientes et boni cives suprascripti, vigore et auctoritate supradicte reformationis generalis Arenghe, et omni via jure forma et modo quibus melius et efficacius potuerunt, non revocando alios syndicos et procuratores dicti Comunis ad alia constitutos, sed eos potius confirmando, fecerunt constituerunt et ordinaverunt verum et legiptimum syndicum et procuratorem actorem factorem et numptium spetialem ipsorum constituentium et Comunis dicte civitatis Assisii spetialiter ad infrascripta, providum virum Contutium Lutii de dicta civitate Assisii presentem et acceptantem et hoc mandatum in se sponte suscipientem, videlicet ad confitendum syndico vel procuratori conventus et loci ecclesie Sti Francisci de dicta civitate habuisse et recepisse pro dicto Comuni Assisii, pro arduis opportunitatibus et vehementissimus necessitatibus et pro bono statu dicte civitatis Assisii, a fratribus et conventu dicte ecclesie Sti Francisci de dicta civitate Assisii, et de ipsorum fratrum spontanea liberalitate et gratitudine, res infrascriptas //

c. 41r

ipsius ecclesie et conventus ipsius ecclesie, videlicet.

In primis unam ymaginem argenteam. Beate Virginis Marie. que ymago est ponderis ... decem librarum.

Item unum turibulum magnum de argento ponderis ... septem librarum et decem unciarum.

Item quatuor candelabra sive candeleria de argento ponderis ... xiii. librarum.

Item unum turibulum parvum de argento et unus pes sive unum stampedemcrucis ponderis ... decem librarum et trium unciarum.

Item unam ymaginem parvam Virginis Marie argenteam ponderis ... quinque librarum et quatuor unciarum.

Item unum calicem de auro cum pernis et lapidibus pretiosis ponderis ... trium librarum et decem unciarum.

Item tres calices de argento magnos ponderis ... decem librarum et unius uncie.

Item tres calices de argento ponderis quinque librarum et decem unciarum.

Item unum fregium integrum altaris Virginis Marie quod fregium est de pernis – Item unam pianetam de velluto rubeo cum fregio pernarum in modum crucis ante et retro – Item unum pioviale sollempne cum fregio de pernis quod fuit pape Niccole – Item unum dossale rubeum cum listis de auro – Item unum aliud dossale groceum sive giallum cum grifone de auro.

Et ad promictendum pro dicto Comuni Assisii et eius vice et nomine dicto syndico vel procuratori predictorum conventus, loci et fratrum dicte ecclesie Sti Francisci quod eisdem fratribus et conventui reddentur et restituentur per dictum Comune Assisii sive per dictum Contutium syndicum antedictum aut per alium sive alios nomine dicti Comunis omnes et singule suprascripte res integre et cum effectu hinc ad duos menses proxime secuturos. Et pro predictis obligandum dicto syndico vel procuratori dictorum conventus et fratrum predicte ecclesie recipienti et stipulanti pro eis, predictum Comune Assisi et omnes et singulos homines et personas ipsius Comunis et eorum et cuiuslibet ipsorum bona et res omnia et singula presentia et futura. Et ad faciendum de predictis fieri et confici publicum instrumentum cum omnibus et singulis confessionibus promissionibus stipulationibus et obligationibus, capitulis et clausulis in et pro dictis opportunis et que in similibus requiruntur tam de consuetudine quam de jure, et generaliter ad omnia et singula faciendum gerendum et exercendum que in predictis et quolibet predictorum videbuntur et erunt necessaria et opportuna et que dicto syndico videbuntur. Dantes et concedentes dicto Contutio syndico in predictis et quolibet ipsorum et circa ea, plenum liberum et generale ac spetiale mandatum cum plena libera et generali ac spetiali administratione. Gratumque ac ratum et firmum habere et tenere pro //

c. 41v

mictentes totum et quidquid per dictum syndicum in predictis factum fuerit sub obligatione predicta.

Actum in dicta civitate in supradicta camera audientie palatii residentie d.norum Priorum populi dicte civitatis Assisii presentibus ser Uguiccione ser Pucciaptis Agustino Bardelle et Rolando Nicolutii omnibus de dicta civitate Assisii testibu, ad predicta vocatis habitis et rogatis.

49. Assisi
1385, March 19
1385, March 22

Forced loans, imposed by the Commune of Assisi on citizens some of whom are Jews.

Archivio Comunale di Assisi presso la Biblioteca Comunale, sezione « H », riformanze, registro 3.
fascicolo 5º – A. 1385 –
c. 42*r*
Die 19 mensis martii.
Existentes ... Dni Priores populi civitatis Assisii ... et una cum eis infrascripti sapientes ... qui ordinaverunt et decreverunt,
q u o d infrascripti homines civitatis Assisii ... teneatur et debeant mutuare Comuni Assisii illas quantitates que taxabantur per predictos D.nos Priores et sapientes presenti Consilii.
Quorum hominum sic electorum et mutuare debentium, nomina sunt hec videlicet. [*35 names and among them*]
filius Sabbatutii judei.
c. 49*v*
Die 22 mensis martii.
Existentes ... D.ni Priores ... et una cum eis suprascripti sapientes et boni cives dicte civitatis Assisii ... qui providerunt et decreverunt, q u o d infrascripte persone teneantur et debeant mutuare et mutuent statim per totum diem crastinum dicti Comuni pro eius arduis opportunitatibus quantitates infrascriptas.
.....

Dactalus judeus	.xxx. fl.
Sabbatutius judeus	.xv. fl.
Melle judeus	.v. fl.
Abraham judeus	.iii. fl.

.....

50. Assisi
1389, July 26

The Commune's debt to maestro Sabbatuccio is settled with the revenue from the oil tax.

Archivio Comunale di Assisi presso la Biblioteca Comunale, sezione « H », riformanze, registro 3.

Fascicolo 6 – A. 1389 –
c. 5*r*
die 26 mensis julii.
Existentes D.ni Priores populi civitatis Assisii in camera audientie palatii eorum residentie ... concorditer ... ordinaverunt q u o d magistro Sabbatutio magistri

Manuellis judeo de Assisio, qui, precibus D.norum Priorum, mutuavit, de dicto mense julii, dicti Comuni quinquaginta florenos, ad rationem 4 librarum et 12 soldorum et medium pro quolibet floreno, pro conservatione bladorum, ne comburantur ab emulis, et pro provisione deliberate solvi, pro grano et farina et bladis forensibus deferendis ad vendendum pro habundantia dicte civitatis Assisii, ex nunc pro indempnitate magistri Sabbatutii et restitutione sibi fienda dictorum .L. florenorum et pro solutione .L. librarum pro sua provisione, quia multum differet rehabere dictos florenos, deputate et obligate sint, salvis deputationibus factis, paghe gabelle olei, que fieri debebunt de mensibus novembris et decembris proximis venturi. Et si dicte paghe non sufficerent, etiam deputata sit eidem magistro Sabbatutio alia paga dicte gabelle videlicet mensis januarii proxime sequituri videlicet, usque ad concurrentiam et satisfactionem ipsius magistri Sabbatutii de predictis. Et etiam providerunt quod emptor dicte gabelle solvat in terminis dicto magistro Sabbatutio ad suam requisitionem ad penam dupli dictarum pagarum, auferendam defacto pro dicto Comuni per D. Potestatem vel Capitaneum dicte civitatis, qui ad requisitionem dicti Sabbatutii, cogat realiter et personaliter dictum emptorem ad solvendum in terminis dictarum pagarum dicto magistro Sabbatutio usque ad integram satisfactionem ipsius; et ad eandem penam dicti Potestatis vel Capitanei si recusabit vel cessabit cogere emptorem predictum ut supra continetur.

51. ASSISI
1389, October 11
The Commune contracts a debt with Maestro Sabbatuccio to pay the Podestà's salary.

Archivio Storico del Comune di Assisi presso la Biblioteca Comunale, sezione « H » riformanze, registro 3.

fascicolo 6 – A. 1389 –
c. 42r
Dicta die 11 octobris.
D.ni Priores populi civitatis Assisii omnes numero sex existentes in Camera audientie palatii eorum solite residentie, habentes, per formam reformationis Consilii Generalis et populi civitatis Assisii, super integra satisfactione fienda salarii Jacobi Lelli alias Disutilis, Potestatis proxime preteriti dicte civitatis Assisi remissionem et auctoritatem ac potestatem acquirendi mutuo, cum provisioni vel· sine, pecuniam opportunam, acquisiverunt mutuo pro dicta satisfactione ut asseruerunt, a magistro Sabbatutio magistri Manuellis judeo de Assisio, xlv. florenos auri pro uno mense, cum provisione duorum florenorum pro ipso mense. Et quia dictus magister Sabbatutius voluit sibi fieri restitutionem dicte quantitatis mutuate per eum et solutionem dicte provisionis ac promissionem de predictis per Gentilem Vici mercatorem de Assisio, Et dicta promissio, precibus dictorum D.norum Priorum, per ipsum Gentilem dicto magistro Sabbatutio facta fuerit cum hoc pacto, q u o d ipse Gentilis pro dicta promissione habere debeat pro sua provisione duos florenos auri. Quam promissionem ipsi D.ni

Priores sibi concesserunt et nichilominus quia de predictis ipse Gentilis debeat idonee cautelari.

Ideo dicti D.ni Priores, vigore dictarum remissionis et auctoritatis, providerunt et ordinaverunt concorditer q u o d dictus Gentilis predictam quantitatem .xLv. florenorum, de quibus dictam promissionem fecit, et duos florenos predictos pro dicta sua provisione habeat et habere debeat de dativa fumi, quam nunc colligit et etiam de pecunia que percipietur de condempnationibus.

Et quod de dicta quantitate mutuata et etiam de dictis provisionibus .iiii^{or}. florenorum fieri possint apodissas per ipsos D.nos Priores etc.

52. Assisi
1383, July 15

The Priori fix the salary of maestro Sabbatuccio di maestro Manuello, surgeon of the Commune.

Archivio Comunale di Assisi presso la Biblioteca Comunale, sezione « H », riformanze, registro 6.

fascicolo 2º – A. 1383 – Apodisse –
c. 13*r*
die .XV. mensis julii.
Nos Priores populi civitatis Assisii mandamus tibi Angelo Ceccoli Mellis massario dicti Comunis Assisii quatenus de pecunia et avere dicti Comunis des et solvas ...
c. 13*v*
die predicto.
Item des et solvas magistro Sabbatutio magistri Manuellis judeo medico cirusicho pro salario sibi concesso secundum formam statutorum et ordinamentorum Comunis Assisii, ad rationem .xii. florenorum auri in anno, sicut tangit pro rata duobus mensibus videlicet julii et augusti in Mº.iiiº.Lxxxiii.
in summa   duos florenos auri

53. Assisi
1391, January 24

Promise of payment for medical services provided by Sabbatuccio di Manuele.

Biblioteca comunale di Assisi - Archivio notarile, vol. C 1, Acta ser Gerardi Iohannis, aa. 1390-1392.

c. 61*r* – McccLxxxxi
c. 64*r*
Conservatio Francisci ser Rufini et Petrutii Latini.
Eodem millesimo et die predicto (c. 63*r* – Eodem millesimo et die .xxiiii. mensis ianuarii ...); actum Assisii, in platea Comunis, ante cameram quam tenet ad

— 144 —

pensionem a Comuni Assisii Franciscus ser Rufini merciarius de Assisio, presentibus Francischo Pauli, porte Sancti Rufini et Macteo Victorini, porte Sancti Francisci, testibus vocatis et rogatis. Cum Francischus ser Rufini, porte Sancti Iacobi, et Petrutius Latini de Assisio, porte Sancti Francisci, sint obligati magistro Sabbatutio magistri Manuellis, iudeo de Assisio, manu ser Valentini, notarii de Assisio, pro Vico Latini de Assisio, porte Sancti Fransisci, ochaxione medicharie facte per ipsum magistrum Sabbatutium dicto Vicho, in quantitate .xxv. florenorum auri. Qui Vicus predictus personaliter existens coram me notario et testibus, omni excetioni et conditioni remotis, obligando se et omnia sua bona presentia et futura per se et suos heredes promixit, convenit dictis Francischo et Petrutio presentibus et recipientibus pro eis et eorum heredibus de predictis promixionibus et obligationibus per ipsos factis omni tempore indempnis et indempnis conservare etc., promictentes etc., pena .cc. florenorum etc., iuraverunt etc.

54. Assisi
1401, August 7, 8, 9, 11

Abramo di Musetto da Camerino, a Jew resident in Assisi, presents the Priori with letters addressed to them by Andreino degli Ubertini, lieutenant, and Rolando da Summo, commissioner to the Duke of Milan. The ducal officers invite the Priori to confer upon Salomone di Matassia da Perugia and upon Abramo da Camerino all the privileges and dispensations previously granted to Matassia da Perugia, of whom Salomone and Abramo are descendents.

Archivio Comunale di Assisi presso la Biblioteca Comunale, sezione « H » riformanze, registro 8.

fascicolo 1º – Reformationes tempore Domini Ducis Mediolani –
c. 29r

In nomine Domini Amen. Anno Domini millesimo quatringentesimo primo indictione nona tempore D.ni Bonifacii pape noni septima mensis augusti.
Abrahamus Musecti ebreus habitator in civitate Assisii, presentavit magnificis viris Bartolutio Vannis Ghirardi de Porta Sēti Ruffini,
    magistro Mactheo Santori de Porta Parlaxii,
    Benedicto Becti de Porta Sēti Jacobi,
    Cammellino Novarelli de Porta Sēti Francisci, et
    Johanne Taccoli de Porta Sēte Clare,
pioribus populi dicte civitatis Assisii, in palatio eorum residentie, in presentia mei Antonii de Sēto Miniato cancellarii Comunis Assisii quandam litteram magnificorum dominorum Andreini de Ubertinis locumtenentis et d.ni Rolandi de Summo commissarii illustrissimi et excellentissimi domini d.ni* Ducis Mediolani domini civitatis et comitatus Assisii et quandam suplicationem dicte littere alligatam.

- Quarum littere et suplicationis tenores inferius continentur videlicet, tenor supradicte littere est iste videlicet.
Magnifici amici carissimi, suplicationem nobis exibitam pro parte Salamonis Matasie et Abrahami Musecti vobis mictimus presentibus alligatam, de cuius continentiam pridie aliquid rescripsistis, volentes quod, evocato vestro et Remissionis Consilio, deliberetis et provideatis super inde, pro ut vobis convenire videbitur, et de provisione et deliberatione vestra nobis rescribatis. Tunc enim super inde vobis rescribimus pro ut fuerit opportunum.
Datum Perusii .vi. augusti. Andreinus de Ubertinis locumtenens et.
                         Rollandus de Summo commissarius etc.
Suprascripte dicte littere est hec videlicet.
Magnificis viris amicis carissimis ... Prioribus populi civitatis Assisii.
- Tenor supradicte suplicationis de qua supra fit mentio est iste videlicet. Vestre Magnificentie, suplicatur humiliter et cum omni debita reverentia, pro parte Salamonis Mattasie Sabbatutii de Perusio et Abrahami Musecti habitatoris in civitate Assisii, ebreorum Vestre Magnificentie minorum ac fidelissimorum servitorum, quod cum per offitiales et regimina dicte civitatis Assisii fuerint facta quedam ordinamenta et concessa certa privilegia et immunitates dicto Mathasie, nec fuerit habita mentio de filiis nec descendentibus dicti Mathasie, pro ut de predictis ordinamentis, privilegiis et gratiis ac inmunitatibus late patet manu ser Antonii condam Michaelis de Sēto Miniato tunc cohaiutoris cancellarii dicti Comunis Assisii.
Que omnia hic habentur pro sufficienter expressis.
Quatenus dingnemini, de spetiali gratia, dicta ordinamenta, privilegia et inmunitates ac gratias, de novo concedere dicto Salamoni filio dicti Mathasie et dicto Abrahamo, et eorum descendentibus masculis ac etiam eorum sotiis et factoribus ebreis, qui pro dicto Salamone et Abrahamo et descendentibus eorum in dicta civitate Assisii morabuntur, et cameram sive fundicum vel apotecam fenoris seu mutui retinebunt.
Ita quod dicti Salamon et Abrahamus et eorum descendentes masculi deinceps possint uti omnibus dictis privilegiis, juribus, ordinamentis, decretis, provisionibus, statutis, inmutatibus et exemptionibus, realibus et personalibus, quibus uti et gaudere permictuntur seu permicterentur per formam dictarum exemptionum, inmunitatum et dictorum privilegiorum, jurium et provisionum et ordinamentorum.
Que omnia dingnetur Magnificentia Vestra eisdem Salamoni et Abrahamo et descendentibus eorum masculis et etiam factoribus et sotiis eorum, ex certa scientia confirmare et de novo concedere.
Et mandare omnibus offitialibus dicte civitatis Assisii presentibus quam futuris quatenus eosdem Salamonem et Abrahamum et dictos eorum descendentes ac etiam sotios et factores ac familias eorum in eorum juribus conservent et seu conserverent, et ipsos habeant recommissos.
Et dicta statuta, ordinamenta, decreta, gratias, exemptiones et inmunitates observent et observari faciant in civilibus et in criminalibus et in quibuscumque aliis occurrentibus, cum ab eisdem Salamone et Abraham et eorum sotiis et factoribus vel eorum familia vel pro eorum parte, fuerint requisiti, aliquo non obstante.
Et predicta suplicant de Vestra Benignitate solita et gratia spetiali.

In supradictis Millesimo quatringentesimo primo, indictione nona, tempore D.ni Bonifatii pape noni, die vero octava supradicti mensis augusti.
D.ni Priores populi civitatis Assisii ... et una cum eis infrascripti cives Consilii Remissionis dicte civitatis ... existentes in camera audientie palatii residentie dictorum D.norum Priorum, auditis et diligenter intellectis ... suprascripta littera ... et suprascripta suplicatione et commissione facta per dictas litteras dictis D.nis Prioribus et dicto Consilio Remissionis deliberandi et providendi ... concorditer ... providerunt et ordinaverunt ... q u o d in quantum dictis dominis locumtenenti et commissario placuit, habita consideratione quod dicte gratia et inmunitates alias concesse sint satis juste et convenientes, et, actentis virtutibus et bonitate supradicti Abrahami, diu et nuper incole dicte civitatis Assisii, et plurimis servitiis dicto Comuni Assisii per ipsum Abrahamum et suis impensiis, et considerato quantum est ipse Abrahamus comunitati Assisii utilissimus et ab ipsa dilectus, sint et esse intelligantur ipse Abrahamus et supradictus Salamon suplicantes predicti, de omnibus et singulis contentis in dicta ipsorum suplicatione, plenarie ac liberaliter exauditi.
Et quod ex nunc ... predicta omnia et singula per ipsos Salamonem et Abrahamum suplicata, sint et esse intelligantur eisdem suplicantibus confirmata et de novo concessa, secundum ipsius suplicationis seriem et effectum, et continue pro quolibet futuro tempore debeant effectualiter observari, aliquo non obstante.

Die .viiii. supradicti mensis augusti.
Supradicti D.ni Priores ... rescripserunt supradictis dominis locumtenenti et commissario, quibus notificaverunt per eorum litteras omnia suprascripta que ... deliberata, provisa et ordinata sunt supra suplicatione dictorum judeorum, et quam littera portavit prefatus Abrahamus D.nis supradictis.

Die .xj. supradicti mensis augusti.
Supradictus Abrahamus presentavit supradictis D.nis Prioribus populi civitatis Assisii litteras infrascriptas supradictorum D.norum Andreini locumtenentis et D.ni Rollandi commissarii supradicti illustrissimi d.ni D.ni Ducis confirmatorias supradicte deliberationis et provisionis facte ... Quarum litterarum tenor talis est.
– Magnifici amici carissimi, vidimus litteras vestras responsales datas nono presenti, per quas in effectu scribitis, Vos cum vestro Consilio Remissionis deliberasse concorditer q u o d in quantum nobis placeat suplicantes ebrei nominati in suplicatione alia porrecta quam vobis remictimus presentibus alligatam, certis respectis in litteris vestris expressis de contentis et suplicatis in dicta eorum suplicatione, sint et esse intelligantur plenarie ac liberaliter exauditis, quodque per Vos et ipsum vestrum Consilium, predicta per ipsos judeos suplicata, sint eisdem et aliis ipsorum in dicta suplicatione comprehensis, confirmata et de novo concessa, secundum ipsius suplicationis seriem et effectum.
Quibus respondentes, dicimus quod, actentis hiis que scribitis, placet nobis suprascripta deliberatione vestra, et contentamur quod sic fiat et opportune executioni mandetur ut scribitis.
Andreinus de Ubertinis Ducalis locumtenens et Rollandus de Summo commissarius etc.
Perusii, ;x augusti, MºCCCC; primo.
Suprascripta suprascriptarum litterarum est hec videlicet.
Magnificis amicis carissimis Prioribus populi civitatis Assisii.

Ego Antonius condam Michaelis de Sc̄to Miniato imperiali auctoritate notarius et judex ordinarius et nunc cancellarius Comunis Assisii supradictis presentationibus factis per supradictum Abrahamum de suprascriptis litteris et suprascriptis omnibus et singulis ... dum agebantur interfui et ea rogatus scribere fideliter scripsi et publicavi et signum meum apposui consuetum.

Tenor vero ordinamentorum alias conditorum et gratiarum et inmunitatum ac privilegiorum alias concessorum predicto Mathasie Sabbatutii judeo et aliis de quibus in suprascripta suplicatione fit mentio est pro ut inferius continetur videlicet:

In nomine Domini Amen. Anno Domini 1381 indictione quarta, tempore D.ni Urbani pape sexti.

Existentes in camera audientie palatii residentie D.noruam Priorum populi civitatis Assisii, Prior d.norum Priorum populi civitatis Assisii vicarius D.ni Gonfalonerii populi dicte civitatis et dicti D.ni Priores ac infrascripti sapientes et boni cives de dicta civitate videlicet

magister Mactheus Sanctori, ser Angelus Lutii Guadangnoli, Nofrius Fantis, ser Uguiccionus ser Puciapti, Bassus Petri, Butius Sanctori, Vannes Joli Martini, ser Niccolaus Vagnutii et Petrus Pucciarelli,

quos dicti D.ni Prior dominorum Priorum vicarius antedictus et Priores ad hec elegerunt et habere voluerunt, vigore remissionis facte et auctoritatis concesse per formam reformationis generalis Arenghe et adunantie hominum civitatis et comitatus Assisii, de qua reformatione patet publice manu mei Antonii notarii infrascripti, providerunt, ordinaverunt et decreverunt, q u o d Matassias Sabbatutii judeus habitator in civitate Perusii et Dactalus Abrahami de terra Nursie etiam judeus, consanguineus ispius Matassie, et eorum sotii et factores judei qui vel aliquis ipsorum, pro ipsis Matassie et Dactalo et ipsorum nomine, morabantur continue in civitatis Assisii, et cameram mutui sive fenoris tenebunt et exercebunt, in domo ipsius Matassie posta in dicta civitate Assisii in Porta Sc̄te Clare, in contrata macelli, cui a primo, secundo et tertio vie et a quarto ser Nicolaos Vangnutii Morici, sive in alia domo dicte civitatis, tractentur et tractari debeant, in civilibus et criminalibus, et in quibusculque aliis actibus et negotiis, ut cives et tamquam veri et legiptimi cives dicte civitatis Assisii.

Item quod dicti judei et eorum sotii et factores et quilibet ipsorum qui in dicta civitate morabuntur, et in dicta domo vel alia domo ipsius civitatis, dictam artem presti sive fenoris, exercebunt ut dictum est, mutuare possint et eis liceat ad illud meritum et fenus de quo concordes erunt cum persona et personis que ab ipsis judeis vel aliqui ipsorum pecuniam mutuari volent.

Item previderunt ordinaverunt et decreverunt quod si aliquid pingnus super quo dicti judei, vel aliquis ipsorum, deinceps mutuaverunt, non relevetur sive recolligetur infra duos annos, computandos a die facti mutui, vendi possit ipsum pingnus, dicto transacto biennio, per ipsos judeos, et ab inde in antea ipsi judei, vel aliquis ipsorum, ad restitutionem talis pingnoris nullatenus teneantur.

Item providerunt, ordinaverunt et decreverunt quod si qua res furtive ablata esset et dictis judeis vel alicui ipsorum subpignoraretur sive subpignorabitur, et dominus ipsius rei eam apud ipsos judeos, vel aliquem ipsorum, esse invenerit, et vendicare volet, non possit nec debeat ipsa res, occasione dicti furti, auferri dictis judeis, nec eis, vel alicui ipsorum, pro receptione ipsius rei furtive, aliqua fieri molestia vel gravamen.

Teneatur tamen et debeant ipsi judei dictam rem, sine perceptione alicuius usure sive meriti, restituere illi persone, cuius ipsa res fuerit, et ab ipsa persona recipere debeant solummodo illam quantitatem; que super re fuerit mutuata.
Que quidem omnia ordinamenta suprascripta ... obtempta et firmata fuerunt per omnes supradictos D.nos Priorem vicarium antedictum et Priores ac sapientes et bonos cives ...

55. Assisi
1439, April 10
The Commune of Assisi takes out a loan of 100 florins from Guglielmo di Angelo and Manuele di Abramo to make a gift to Francesco Sforza.

Archivio Storico del Comune di Assisi presso la Biblioteca Comunale, sezione « D », registro n° 7.

c. 82*v*
M°.iiii°.xxxviiii°. indictione secunda et die .x^a. mensis aprilis.
Actum Assisii in palatio solite residentie Magnificorum D.norum Priorum posito in civitate Assisii cui a primo platea magna dicte civitatis, a secundo et a tertio via publica dicti Comunis et a quarto macellum dicti Comunis et alia latera veriora presentibus Marino Petitti, Sancte Johannis Milgliarini de Assisio et Porta Sēti Ruffini, Pellegrino Johannis Franchi de Assisio Porte Parlaxii, Francisco Petri fornarii de Assisio, et Porta Sēti Francisci testibus ad hec habitis vocatis et rogatis.
Constituti personaliter in dicto loco coram Magnificis D.nis Prioribus ... nec non coram magnifico et spectabili viro Batista de Cimis de Firmo honorabili Potestati civitatis Assisii ...
Angelinus Victorini funarius, Appollonius Doni, Franciscus Confesse de Assisio et Porta Sēti Francisci,
Johannes Bezzantis, Jacobus Ciavarini, Cristoforus Franci de Assisio et Porta Sēti Jacobi,
Bartolomeus Constantini, Menecutius Petri, Bartolomeus Petri de Assisio et Porta Parlaxii,
Arcangelus ser Mathei, Johannis Mactioli presbiteri, Paulus Pacis de Assisio et Porta S. Rufini,
Barnabeus Francisci Mazinchi, laurentius Cicchi Pelagalli, Nicolaus Isolani de Assisio et Porta S. Clare,
qui sponte et eorum propria voluntate ... obligaverunt, promiserunt et convenerunt dare solvere et reddere et restituere centum florenos auri, ad rationem .xL. bolonenorum pro quolibet floreno, in moneta papali, per totum mensem maij proxime venturi, et abinde in antea ad petitionem et terminum infrascripti Guilielmi et Manuellis, mutuatos et ex causa mutui comprestitos et traditos pro munere et guiderdone largiendo illustrissimo comite Francisco Fortie etc. per infrascriptos Guillielmum et Manuellem, in presentia dictorum testium et

mei notarii infrascripti, ser Thome ser Angeli de Assisio sindico et procuratore dicti Comunis ibidem presente et recipiente pro dicto Comuni etc., Guilielmo magistri Angeli hebreo de Perusio et Manuelle magistri Abrahami judeo de Assisio ibid. presentibus stipulantibus et recipientibus pro se et eorum heredibus etc.

Renumptiantes etc. promiserunt etc. sub obligatione etc. sub pena dupli etc. et facere confessionem solutionem et guarentigiam etc. et dederunt mihi licentiam scribendi hunc contractum in presenti libro justitie cancellarie Comunis Assisii. Rogantes me ad plenum jus etc.

Et ego Jacobus Mathioli de Assisio publicus notarius rogatus scripsi et publicavi.

56. Assisi
1449, December 7
The Priori of Assisi propose the institution of an official loan-bank in the city, to be managed by a Jew.

Archivio Storico del Comune di Assisi presso la Biblioteca Comunale, sezione « H » riformanze, registro n° 10.

Fascicolo 4° A. 1449
c. 11*r*
A. 1449 die septimo decembris.
Proponenda in colloquio electo per Magnificos Dominos Priores populi magnifice civitatis Assisii, vigore auctoritatis et bailie sibi concesse per Reverendissimum in Christo patrem et d.num D.num Bartholomeum miseratione divina Sēte Romane Ecclesie archiepiscopum et civitatis Perusie, Assisii etc. gubernatorem dignissimum, secundum quod patet in relatione ambassiate eidem R.mi D.no Gubernatori per M.i D. Priores transmisse, die secundo mensis presentis, pro bono, comodo utilitate et honore huiusmodi magnifice civitatis et civium ac pauperum personarum et totius comunitatis.

Primo. Cum sit quod ipsi M.D.P. continue vigiles et soliciti circa bonum, utilem et comodum atque honorem civitatis Assisii predicta, considerantes et animadvertentes quod in hac civitate tempore destructionis et novitatis ipsius civitatis pro derobbatione et alia infortunia atque depauperationes exinde sequta, et etiam hodie vigentes, sit maxima necessitas pecuniarum et aliarum rerum, pro subventione eorundem pauperarum personarum. Et ad providendum eisdem opporteat ipsos cives et pauperes personas pro illorum necessitatibus, secundum occurrentiam casuum, ire extra hanc civitatem, et ad partes remotas, cum eorum pingnoribus et bonis, et ibidem pignorare sub usuris, amictendo tempus et faciendo expensas que non facerent si in hac civitate esset unus bancus judei qui mutuaret pecunias ad usuras sicut in aliis civitatibus, terris et castris huic civitati circumstantibus observatur.

Et propterea habentes ipsi D.ni Priores, pro manibus, unum judeum quem libenter huc veniret ad mutuandum et necessatatibus personarum debite succurrendum, cum contionibus et pactis ut porrexit per capitula. Et propterea vide-

retur ipsis D.nis Prioribus quatenus pro causis antedictis deberet providere, presens Colloquium, ad hoc ut ovietur indemnitatibus et personarum incommoditatibus, et hec civitas commodius restauretur ab indigentibus.
Secundo ...

57. ASSISI
1453, January 15
The General Council of Assisi agrees to annul decrees formulated for granting requests made by fra Cherubino of Spoleto, with exception made for the decree against blasphemers and Jews.

Archivio Storico del Comune di Assisi presso la Biblioteca Comunale, sezione « H » riformanze, registro 11, AA. 1450-1455.

fascicolo 1º, c. 115v
A. 1453.
Die .xv. mensis januarii ... publico et generali Colloquio Comunis de hominibus dicte civitatis ... congregato ... super quo Colloquio ... fuerunt facte infrascripte proposite videlicet.
Proposita super reformationes novas corrigendas et cassandas.
Primo, quid videtur et placet ipso Colloquio ... providere ac reformare cum pridie per Consilium Generale fuerit facta remissio in dictis Prioribus et Potestati et Colloquio, qui habent corrigere et cassare reformationes per hanc communitatem noviter factas ...
c. 116r
Quibus quidem propositis ... factis ... deliberaverunt ac reformaverunt quod dicte reformationes et ordinamenta ut supra facte, ex nunc pro casse habeantur, dentis tamen reformationibus factis contra blasfematores ... contra luxores, contra non custodientes festivites et contra judeos non portantes singnum, que omnes mandaverunt in sua firmitate durature, alia vero cassaverunt totaliter.

58. ASSISI
1453, August 5
The General Council obliges Jews keeping loan–banks, periodically to air and shake out the clothes being held in pledge.

Archivio Storico del Comune di Assisi, presso la Biblioteca Comunale, sezione « H » riformanze, registro nº 11, AA. 1450/1455.
fascicolo 1º – A. 1453 –
c. 130r
Die .v. mensis augusti.
Publico et generali Colloquio congregato ... in quo per unum ex dictis Prioribus fuerunt facte infrascripte proposite, videlicet.

c. 130*v*

Reformatio quod judei teneantur sgurlare pannos.

Deinde ... vero in ipso colloquio ... fuit querrelanter expositum et narratum quod, culpa et defectu ebreorum qui mutuant in dicta civitate Assisii, quia multi panni eidem judeo in pignore datis et pingnoratis, et hoc propter negligentiam ipsos sventulandi et sgurlandi quod iustum esset et honestum providere ne pingnorantes tale dampnum patiantur et substineant. Cum de facili evitari possit ... et fuit obtentum et reformatum quod omnes et singuli ebrei ad presens conducti et in futurum conducendi ad mutuandum in dicta civitate Assisii teneantur et debeant, tempore estive, semel in mense, tempore hiemali semel infra duobus mensibus, sgurlare seu sgurlari facere omnes et singulos pannos eidem vel eisdem pihnoratos cum presentia cancellarii vel notarii D. Priorum saltem requisitorum aliter ad dampnum et interesse teneantur dampnum patiendis etc.

59. Assisi
1456, May 2
1456, June 2

The General Council decides to call one or two Jews to Assisi to open a lending bank and decrees that all Jews should carry the distinctive badge on their clothing.

Archivio Comunale di Assisi presso la Biblioteca Comunale, sezione H, riformanze, libro n° 14 (LN-96, prima mai 1456 usque ad augusto 1458, reform. 1400/1500).

c. 1*r*

Hic est liber sive quaternus continens in se omnes et singulas reformationes, propositas et consilia reddita, electiones officialium, ipsorum deputationem et juramentum, colloquia, registrationem gratiarum et bullettarum expensarum, bannimenta et stabilitionem gabellarum et camerarum et omnium proventuum, et omnes et singulas scripturas spectantes et pertinentes ad offitium cancellarie Comunis Assisii. Scriptus, editus et compositus per me Nicolaum Antonii de Monte Falconis publicum imperiali auctoritate notarium et judicem ordinarium, et nunc cancellarium et notarium reformationum dicte civitatis. Inceptus sub annis D.ni Nostri Jesus Christi .MCCCC.Lvi. et die primo mensis maii et ut sequitur finitus, tempore Sanctissimi in Christo patris et d.ni nostri d.ni Calisti divina providentia pape tertii.

(ST) Signium mei Nicolai Cancellarii predicti.

c. 11*v*

Consilium Generale /

Die secunda mensis maij Assisii super palatio residentie M.D. Priorum ... publico et generali Consilio Comunis et hominum dicte civitatis more solito ... congregato et cohadunato ... In quo quidem Consilio interfuerunt, primo D.nus Potestas una cum M.D. Prioribus predictis, una cum quinquaginta consiliariis ...

In quo quidem Consilio sic cohadunato et congregato fuerunt per M. Priorem Laurentium Johannis de consensu sociorum et D.ni Potestatis, facte proposite infrascripte.
Proposita de imponendis custodibus portis /
– Et primo, quid videtur ...
Proposita pro torcis emendis pro festo D.ni N.ri Jesus Christi /
– Secundo, quid videtur ...
Proposita de revocatione iniuste concessionis communitatis /
– Tertio, quid videtur et placet statuere et reformare super eo quod quicumque haberet aliquid communitatis sibi iniuste per Priores et Colloquium concessum quod ex nunc in posterum sit nullum et inane.

.....
Super quibus omnibus et singulis ... petitum fuit sanum et utile consilium exhiberi.
Dictum consultorum /
Ser Nicolaus Antolini unus ex dictis consultoribus ... surgens ...
Ser Baptista alter ...
D.nus Thomas alter ...
c. 12r
D.nus Nicolaus ser Antonii alter ex consiliariis predictis ... surgens ...
c. 12v
Item prosequendo eius dictum, dixit, consuluit et arrenghavit quod deberet fieri provisio per M. D. Prioribus de uno vel duobus ebreis mutuantibus in civitate Assisii, et quod generaliter omnes ebrei debeant portare et genere singnium in pectore, coloris gialli, taliter quod palam possit ab omnibus videri. Sub pena decem librarum pro qualibet vice et quolibet contrafaciente. Cuius pene quarta pars sit officialis et alia pars sit accusatoris.
.....
Acceptatio dictorum /
Reformatio super ...
c. 13r

Reformatio super proposita generali de provisione ebreorum /
Item simili modo et forma ... facto ... et misso partito ... dictum consilium redditum per supradictum d.num Nicolaum ... quod provideatur ... de uno vel duobus ebreis ... fuit plenum victum et reformatum per quadraginta septem consiliarios dicti Consilii non obstante tribus in contrario repertis.
.....
c. 18r
Die .ii^a. junii.
Contra hebreos /
Jacob et Angelus tubicine Comunis Assisii retulerunt mihi cancellario se, de commissione d.ni Potestatis et M.D. Priorum dicte civitatis Assisii, bandivisse quod quilibet judeus cuiuscumque status et conditionis existat, debeat portare signium subtus barbam in pectore coloris gialli taliter quod videri possit, sub pena decem librarum denariorum. Cuius pene quarta pars sit accusatoris et quarta pars officialis qui executionem fecerit et reliqua Comunis Assisii.

60. ASSISI
1456, July 16

« Condotta » granted by the Priori of Assisi to the banker Angelo da Ferrara.

Archivio Storico del Comune di Assisi presso la Biblioteca Comunale, sezione « H », riformanze, libro n° 14, AA. 1456-1458.

c. 32v
Die .xvi.ª julii.
Congregato publico et generali colloquio ... in quo quidem colloquio magnifici d.ni Priores una cum maiori parte hominum dicti colloquii, costituentes et representantes verum et integrum colloquium cum sint et essent plus quam due partes dicti colloquii ... et in ipso colloquio sic congregato fuit per unum ex dictis M. D. P. facte proposite infrascripte ...

c. 33v
Capitula concessa Angelo ebreo.
In Christi nomine Amen.
Infrascritti sonno li capitoli, conventione et pacti facti et obtenuti tra la comunità della magnifica ciptà de Assise et Angelo judero da Ferrara, el quale è conducto per epsa comunità, pro anne quindence proxime da venire ad tenere uno banco in la prefata ciptade et prestare sopra pigni pro subventione et commodo del populo della dicta cittade et suo contado forza et districto.

[1°]
Et primo che 'l dicto Angnolo da Ferrara iudero promette et solennemente se obliga per se et per suoi herede et compagni, de fare overo tenere uno banco de imprestando in la città de Assisi, in luoco commodo et honesto per ciascuna persona et tenerlo in ordine et fornito de denare secondo la possibilità sua et secondo la conditione della ciptà, et de famegli. Si che onne hora congrua et honesta, le persone che hanno besogno de denare, per loro subventione et necessità, possano essere forniti et actesi senza intervallo de tempo et [senza] sinistro de quelle tale persone, per tutto el tempo deli sopradicti .xv. anni, comenzando el dì [che] haverà posto in ordine el dicto banco, et comenzare ad prestare, et da fenire come sequitano.

[2°]
Item che 'l dicto Agnolo, sue fratelli, compagni, fameglie et factori, durante el dicto tempo delli dicti quindeci anni, non possano esser molestati né sforzati ad fare veruno exercitio reale et personale, excepte le gabelle, senza altre exceptione et non obstante alcuna cosa che disponesse in contrario.

[3°]
Item che ipsi et ciascheduno de ipsi, quanto obviar possa la dicta comunità, non sieno soctoposti ad alcuna persona secolare o ecclesiastica, cioè cum alcuno predicatore, inquisitore et spirituale; et ancho che non sieno instigati, molestati et astrecti andare et stare ad predicatione veruna.

[4°]
Item che durante el sopradicto tempo de quindici anni per la dicta comunità non se possa renovare, o per privilegio o per reformanza, alcuna cosa che fosse contra de loro.

[5º]
Item che la dicta comunità sia tenuta et obligata, quanto li [è] possibile, che veruno segnore, o altro officiale ecclesiastico, overo seculare, per alcuno modo non li rompa over faccia rompere li dicti capitoli, in tucto o in parte, durante et supra el tempo de ipsis capitoli.

Né anchora possano essere astrecti per alcuno offitiale della ciptà de Assisi, o per alcuna altra persona, li juderi forestieri che venessero in Assisi [a] portar segno, per tre dì, computati dal dì che venessero in ipsa città, non ostante statuti et reformatione in contrario disponente. Et generalmente onne altro judero, da dudici anni in su, siano tenuti de portare el signo de uno .O. de colore giallo nel pecto del vestito de sopra, alla pena de cinque libre de denare per ciascheduno in contrario facente et ciascheduna volta, da essere applicata alla camera del Comune.

c. 34r

[6º]
Item che non possano essere astrecti ad prestare ad alcuno offitiale o ad altre persone preheminente, alcuna quantità de denare, né lecti, né alcuna altra massaria, contra volontà de ipso Angnolo suoi fratelli, factori et fameglie.

[7º]
Item che al dicto Angnolo, fratelli, compagni et factori et sue fameglie et factori, sia licito comparare et vendere, secundo li altre mercatanti della dicta città de Assise, senza prejudicio delle terze persone, onne rascione [de] mercantia che alloro piacesse et paresse, non ostante statuti o reformatione che contra quisto facessero.

[8º]
Item che al dicto Angnolo, fratelli, compagni et sue fameglie et factori nel dì de Venerdì sancto, per qualunche persona de qualunche età o conditione se sia, le sia facto bactaglia per alcuno modo, né alloro né alloro habitatione, staiendo chiusi in casa con osti et fenestre, secondo la forma de la rascione, né alcuna altra molestia, socto la pena de dece libre de denare, per ciaschuna persona che contrafacesse et de refetione de danni et de interessi. Et li officiali della dicta ciptà de Assise siano tenute ad farne o farne expresse executione et de facto.

[9º]
Item che tucti li officiali della dicta ciptà de Assisi siano tenuti et deggano observare et fare observare li presenti capitoli, conventioni et pacti, senza exceptione. Et così ancora li magnifici signori Priori del populo della dicta ciptà et scindici del Comune, durante il tempo de li dicti quindeci anni.

[10º]
Item che se advenisse alcuna mutatione de governo della dicta ciptà de Assise, li magnifici signori Priori che seronno pro tempo insieme colla comunità sieno tenuti ad tucta loro possanza et ad tucte loro spese siano tenuti et deggano fare confirmare et approbare li dicti presenti capitoli.

[11º]
Item che quando alli dicti juderi non fossero observati quisti presenti capituli sia alloro licito partirse con tucte loro robbe et persone, alloro beneplacito, notificando et provando la casione, et notificando per uno mese inanti che se partino, che onne uno deggia et possa ricoglere et rescotere le loro pegnore.

[12º]
Item che el dicto Angnolo, fratelli, compagni o factori o governatori del dicto suo banco, siano tenuti ad prestare li denare [che] gle seronno recheste per li ciptadini et contadini della dicta ciptà de Assise, sopra li pigni [che] gle presentaronno, domente che quilli tali pegni siano boni et sufficiente et vagliano el doppio de quelle quantità de denare [che] li serà rechiesta ad imprestendo. Salvo se volessero compiacere ad alcuno, li sia licito tor pegni de minor pretio, ad onne loro piacemento.

[13º]
Item che li dicti Angnolo, suoi fratelli, compagni, compagni, factori o governatori del dicto suo banco // c. 34v // possano et deggano torre per onne prestanza che faranno sopra le pegnore ad ciptadini et contadine et habitanti dela dicta città de Assisi, uno bolognino per fiorino ad 40 bolognini per fiorino, da uno fiorino in su, et da uno fiorino in giù, uno denario per bolognino et non più, per onne mese et a raxon de mese.
Reservato che alli forestieri che venessero ad impegnare in quista città li possano torre quillo che convenesseno con loro et secundo che piacesse ad ipsi juderi, senza alcuna pena overo banno o altri statuti o reformatione over legge che facessoro in opposito.

[14º]
Item che 'l dicto Angnolo suoi fratelli, compagni, factori o governatori del dicto suo banco, siano tenuti et obligati ad tenere et salvare onne pigno [che] li serà impignato per li dicte cittadini, contadini et habitante dela dicta citade o contado, con onne diligentia, costodia et bona cura per spatio de sedici misi intiegri, computando dal dì che serà impegnato, et finiendo come sequita; et finiti li dicti sedici misi, sia licito alli dicti juderi vendere et alienare il dicti pegni et fare come de loro cosa propria.

[15º]
Item se caso advenesse che perdesse alcuno pegno, sia tenuto el dicto Angnolo ad emendare el dicto pegno cioè ad altrotanto quanto fosse quillo [che] havesse prestato allo patrone de ipso pegno.

[16º]
Item se per caso fosse che li dicti pegni alloro impegnati se tignassero, overo fossero rosi da sorci o da donnole o da altre animali, non siano tenuti ad alcuna emendatione.

[17º]
Item che sia creso et data fede alli loro libri et altre scripture come ad cose publiche et autentiche, come fossero de mano de publico notaro, senza veruna exceptione, cioè quanto alli pegni, et delli beni mobili, del tempo, della quantità delli denari prestati et del prode.

[18º]
Item che se alloro fosse impegnata alcuna cosa furata, non possano essere astrecti ad renderle, se prima non siano satisfacti debitamente del loro capitale et dello prode, come dello pigno, senza veruna exceptione.

[19º]
Item che se advenesse per errore o per altro manchamento, che 'l dicto Angnolo suoi fratelli, compagni, factori o administratori del dicto suo banco, toglesse più che 'l debito prode, ad alcuna persona per la prestanza, come dichiarato de

sopra, siano tenuti et deggiano restituire quillo [che] havessoro tolto de più che 'l dovere, senza // c. 35r // veruna altra pena et bando, et quisto se intenda podendolo provare.

[20º]
Item se accadesse per alcuno modo o per alcuna via che fratelli, compagni o factori o garzone del dicto Angnolo commettessero alcuno delicto contra la forma dela ragione et delli statuti della dicta città, per la qual cosa el dicto delinquente venesse ad essere punito, et non se trovando del suo proprio, che 'l dicto Angnolo risponda con camera et robba per fine alla summa de dece fiorini et non per più; eo salvo che selli furassero alcuno pegno de spetial persona de casa del dicto Angnolo, overo suo banco, ch'l dicto Angnolo sia tenuto alla emenda del pegno predicto furato come è specificato de sopra nel capitolo delli pegni che se perdessoro.

[21º]
Item chello dicto Angnolo, suoi fratelli, compagni, factori o administratori del dicto suo banco non siano tenuti né possano essere astrecti apprestare sopra alcuna generazione de arme, se non quanto alloro piacere et volontà.

[22º]
Item che possano al dicto tempo delli quindeci anni, lo dicto Angnolo, suoi fratelli, compagni, facturi et fameglia, hagiano termene [de] sei misi ad arescoterne tucte le credenze che havessero in quista ciptà, et suo contado, non reconfirmando per questo li dicti capitoli. Et da quel tempo illà, se possano partire et levarse con tucte le sue robbe senza alcuna pena e banno.

[23º]
Item che onne loro denare et robbe mobile et stabile che se trovasse havere li dicti juderi nella dicta ciptà de Assisi overo suo contado et disstricto, siano liberi et exempti de onne represalia, et non possano essere retenuti per alcuno caso che advenesse, ma siano tractati in tal caso come proprii et veri ciptadini della prefata ciptà de Assise etc.

c. 35r.
Inceptio .xv. annorum quibus debere fenerari Angnolus /
Die decima octava julii .Mº.CCCC.Lvj. comparuit supradictus Angelus ebreus coram M. D. Prioribus Assisii et asseruit erexisse bancum et cepisse fenerari, petens ut principium supradictorum .xv. annorum in hoc presenti instromento specificetur et declaretur.
Qui quidem M. D. Priores visa postulatione dicti Angeli quod iam mutuare ceperat, declaraverunt et voluerunt ut principium dictorum .xv. annorum, hodie, qui est die decimoctava julii M.CCCC.Lvj. incipiatur, et ita omnibus pateat et manifestum sit omni meliori modo etc.

61. Assisi
1457, July 1
The Priori of Assisi approve the « condotta » with the banker Bonaiuto da Tivoli.

Archivio Storico del Comune di Assisi presso la Biblioteca Comunale, sezione H, riformanze, libro nº 14, AA. 1456-1458.

c. 111r
Juramentum M. D. Priorum/
Die primo mensis Julii .Millesimo.CCCC.Lvij. Assisii super palatio Comunis solite residentie M. D. Priorum civitatis prefate videlicet in sala magna dicti palatii in presentia mei cancellarii et quamplurium, civium dicte civitatis ibidem astantium, M.D.Priores novi dicte civitatis, constituti coram M. D. Prioribus eorum antecessoribus et D.no Amideo vicepretori et me cancellario infrascripto ... juraverunt ad sancta Dei evangelia manu tactis corporaliter scripturis ... super statutis Comunis perpetuo fideles esse, constantes et devotos erga statum sacrosancte Romane ecclesie ... fuerunt tandem ipsis M. D. Prioribus lecta et intimata ac notificata nonnulla capitula et reformationes ...

c. 111v
Capitula magistri Bonaiuti et comunitatis
Infrascripti sonno li capituli, conventione et pacti facti et obtenuti tra la comunità dela magnifica ciptà de Assisi et mastro Bonaiuto *** judeio, el quale è conducto per epsa comunità per anni cinque et più, ad beneplacito delle parti, proxime da venire, ad tenere uno bancho nella prefata ciptàde et prestare sopra pegni, pro subventione et commodo del populo della dicta ciptade et suo contado et districto.
[1º]
Et primo ch'l dicto mastro Bonaiuto judeio promette et sollennemente se obliga per se et per li soi compagni, de fare overo tenere uno bancho de imprestando in la dicta ciptà de Assisi, in luoco commodo et honesto per ciascuna persona; et tenerlo in ordene et fornito de denare, secondo la possibilità sua et secondo la conditione della ciptà et etiam [fornito] de facturi et famegli, almancho per fine nella quantità de secento fiorine et più quanto allui fosse possibile. Si che onne hora congrua et honesta le persone che hanno besogno de denare per loro subventione et necessità possino essere forniti et attesi senza intervallo de tempo et [senza] sinistro de quelle tale persone, per tucto el dicto tempo. Comenzando el dì [che] haverà posto in ordene el dicto bancho et comenzarà ad prestare, et questo ubique et per onne tempo.
[2º]
Item che'l dicto mastro Bonaiuto durante el dicto tempo non possa essere stato molestato né sforzato ad fare veruno exercitio reale o personale, excepte le gabelle; mallefitii et danni dati, senza altre exceptione et non obstante alcuna cosa che disponesse in contrario.
[3º]
Item che ipso mastro Bonaiuto [per] quanto obviare possa la dicta comunità, non sia sottoposto ad alcuna persona seculare o ecclesiastica, cioè con alcuno predicatore, inquisitore o spirituale, et ancho che non sia molestato et strecto andare et stare ad predicatione veruna.
[4º]
Item che durante el sopradicto tempo per la dicta comunità non se possa revocare o per privilegio o per reformanza, alcuna cosa che facesse contra de loro. Et non possa venire altri nella ciptà de Assisi ad prestare, senza volontà del dicto mastro Bonaiuto, alla pena de chi el contrario facesse, de cento ducate, da applicarse alla camera del Comune per ciaschuna fiata, et sia licito ad ciaschuna

persona de accusarlo, et habbia la quarta parte della dicta pena, et la quarta sia dell'ufficiale [che] ne facesse executione, et etiamdio possa novamente venire ad habitare in Assisi, senza la volontà del Comune et dellu dicto mastro Bonaiuto.
[5º]
Item che la dicta comunità sia tenuta et obligata quanto li è possibile, che veruno segnore o altro officiale ecclesiastico overo seculare per alcum modo non li rompa o faccia rompere li dicti capitoli, in tucto o in parte, durante ut supra el tempo de ipsi capitoli. Né anchora possa essere astrecto per alcuno officiale della ciptà de Assisi ad portare segno, qualunche judeio nella dicta ciptà venesse per tre dì, computati dal dì che venessero, non obstante statuto o reformanze in contrario disponenti. Et generalmente onni altro judeio de dudici anni in su, siano tenuti de portare el segno de uno .O. de colore giallo, nel pecto del vestito de sopra, alla pena de cinque libre de denare per ciaschuno in contrario facente, et ciascheduna volta, da essere applicata alla camera del Comuno.
[6º]
Item che non possano essere astrecti nel prestare, ad alcuno offitiale o ad altra persona preheminente, alcuna quantità de denare, né lecti, né alcuna altra massaria, contra volontà de ipso mastro Bonaiuto.
[7º]
Item che al dicto mastro Bonaiuto sia licito comparare et vendere secondo [che fanno] li altri mercatanti della dicta ciptà de Assisi, sensa prejuditio della terza persona, come // c. 112r // rasione [de] mercantia, che allui piacesse o paresse, non obstante statuti o reformatione che contra quisto facessero.
[8º]
Item che al dicto mastro Bonaiuto, compagni et sua fameglia et facturi nel dì de Venardì sancto per qualunche persona de qualunche età o conditione se sie, lo sie facto bactaglia per alcuno modo, né alloro né alloro habitatione, staendo chiusi in casa con usci et fenestre, secundo la forma della rasione, né alcuna altra molestia, sotto la pena de dece libre de denare, per ciascheduna persona che contrafacesse, et de refectione de danni et de interesse. Et li offitiali della dicta ciptà de Assisi sieno tenuti ad farne et farne fare expressa executione et de facto.
[9º]
Item che tutti gli offitiali della dicta ciptà de Assisi siano tenuti et deggano observare li presenti capituli, conventione et pacti senza exceptione. Et chusì anchora li M. S. Priori del populo della dicta ciptà et scindici del Comune durante el tempo predicto.
[10º]
Item che se advenesse alcuna mutatione de governo della dicta ciptà de Assisi li M. S. Priori che seranno per el tempo, insieme colla comunità, siano tenuti ad tucta loro possanza e a tutte loro spese siano tenute et deggano fare confirmare et approbare li dicti presenti capitoli.
[11º]
Item che quando al dicto mastro Bonaiuto non fussero observati gli presenti capitoli, sia ad lui licito partirse con tucte sue robbe et persone ad suo beneplacito, et probando la casione et notificando per uno mise nanti che se parti, che onne uno deggia et possa recoglere et rescotere le loro pegnora.
[12º]
Item che'l dicto mastro Bonaiuto o compagni o facturi del suo bancho siano

tenuti ad prestare li denare [che] gli seranno rechiesti per il ciptadini et contadini della dicta ciptà de Assisi, sopra li pegni [che] li presentaranno, domente che quilli tali pegni siano boni et sufficienti et vagliano el doppio de quilla quantità de denari li serà rechiesta ad imprestando. Salvo se volessero compiacere ad alcuno, lo sia licito torre pegno de minor prezo ad onne loro piacemento.
[13º]
Item che'l dicto mastro Bonaiuto, suoi compagni et facturi del dicto bancho possano et deggano torre per onne prestanza che faranno sopra le pegnora ad ciptadini et contadini et habitante della dicta ciptà de Assisi, uno bolognino per fiorino ad quaranta bolognini per fiorino da uno fiorino in su, et da uno fiorino in giù uno denaro per bolognino et non più, per onne mese et a rasione de mese. Reservato che alli forestieri che venessero ad impegnare in questa ciptà li possa torre quillo che convenisse con loro, et secundo che piacesse ad ipsi judei, sensa alcuna pena overo banno, o altri statuti o reformanze o legge che facessero in opposito.
[14º]
Item che'l dicto mastro Bonaiuto, suoi facturi et compagni del dicto suo banco, siano tenuti et obligati ad tenere et salvare onne pegno le serà impegnato per li dicti ciptadini e contadini et habitanti della dicta ciptà o conta[do], con onni diligentia, custodia et bona cura per spatio de deceopto misi integri, computando dal dì che serà impegnato et finendo come sequita.
Et finiti li dicti .xviii. misi sia licito alli dicti judei vendere et alienare li dicti pegni, et farne come de loro cosa propria.
c. 112v
[15º]
Item che se caso advenesse che perdesse alcuno pegno cioè ad altratanto quanto fosse quillo [che] havesse prestato allo patrone de ipso pegno, salvo che per lo patrone del pegno se provasse fosse de minore valuta.
[16º]
Item che se per caso fosse che li decti pegni allui impegnati se tignassero, non sie tenuto ad alchuna emenda.
[17º]
Item che sia criso et dato fede alli loro libri et altre scripture come ad cose publiche et autentice come fussero de mano de autentico notaro, senza veruna exceptione, cioè quanto alli pegni et delli mobili et beni, del tempo, della quantità delli denare prestati et del prode et siagle facta ragione summaria, senza cavillatione alcuna.
[18º]
Item che se allui fosse impegnata alcuna cosa furata, non possa essere astrecto ad renderla se prima non sia satisfacto debitamente del suo capitale et prode, come dellu pegno, senza veruna exceptione, excepte cose evidentemente ecclesiastiche, quale non debbia recevere per alcuno modo.
[19º]
Item che se evenesse per errore o per altro manchamento, el dicto mastro Bonaiuto, suie compagni, facturi et administraturi del dicto suo bancho, non siano tenuti né possano essere astrecti ad prestare sopra alcuna generatione de arme, se non quanto è suo piacere et volontà, et anchora sopra case et possessione più che allui piacesse et paresse.

[20º]
Item che possa [possa = dopo] el dicto tempo, el dicto mastro Bonaiuto, suoi compagni, facturi et famigli, hagiano termene sei mesi ad arrescotere tucte le loro credenze che havissero in quista ciptà et suo contado, non refirmando per quisto li dicti capitoli, et da quil tempo illà, se possano partire et levarse con tucte le sue robbe, senza alcuna pena et banno.

[21º]
Item onne suo denaro et robbe mobele et stabele che se trovasse havere el dicto mastro Bonaiuto nella dicta ciptà de Assisio overo suo contado et destricto, sia libero et exempte da onne represaglie, et non possa essere retenuto per alcuno caso che advenesse, ma sia tratto in tal caso, come proprio et vero ciptadino della prefata ciptà de Assisi.

[22º]
Item che per tucti li officiali della ciptà de Assisi che al presente sonno et per l'avenire seranno, lo dicto mastro Bonaiuto, sue facturi et compagni siano in tucte le cose allui accascassero, tractati in civile et criminale, come li altri ciptadini della dicta ciptà de Assisi et cusì siano reputati.

[23º]
Item che possano et alloro sia licito fare et congregare la loro sinagoga dove alloro piacerà et parerà. Et anchora non sie per niuno offitiale de Assisio prohibito ad niuno macellaro [che] lassino peiare la carne alloro modo et non li vendano.

[24º]
Item che caso advenesse che li remanesse niuna cosa impegnata, overo panni de lana et de lino in pezza o canozo o vestiti o altra robba, possa farle vennere, come alloro piacerà et parerà nella cipta de Assisi. Et ancho se non li trovasse ad vendere nella ciptà de Assisi, mandarli advendere dove allui defora della ciptà et come piacesse et paresse. Et per che lu dicto mastro Bonaiuto è medico et in nella ciptà de Assisi, intende la dicta arte exercetare, senza niuno salario de Comuno, domanda et vole poter medicare da chi lui serà rechesto, et da quillo pagarne, secondo merita overo seranno de accordo, sensa essere molestato da niuna persona.

[25º]
Item che Salamone patre del dicto mastro Bonaiuto, possa et allui liberamente sia licito et senza impedimento veruno venire alla dicta ciptà de Assisi et etiam la sua donna et stare li et habitare senza impedimento reale et personale alcuno, et debba partirse libero et securo, assecurandoli et liberandoli l'uno et l'altro et l'altro et l'uno da onne ricolta, da onne impromessa, da onne debito et da onne altra cosa per qualunche modo havessero facto de venticinque anni in su, et quisto lo sia salvo et libero salvoconducto.

[26º]
Item ch'l dicto mastro Bonaiuto et Guilielmo de mastro Angelo da Peroscia suo compagno, durante el dicto tempo, non siano tenuti a portare segno.

[27º]
Item che durante el supradicto tempo per la dicta comunità non se possa renovare o per privilegio o per reformanza, alcuna cosa che fosse contra de loro.

[28º]
Item che li sopradicti capitoli sieno facti confirmare per lu superiore della dicta ciptà.

[29º]
Item che nomina el dicto mastro Bonaiuto per suo compagno el dicto Ghuiglelmo, el quale possa, li facturi et famegli et compagni, scrivere, fare scrivere et cassare ad sua posta nel suo libro. Et quilli tali se troveranno descripti nel dicto suo libro, se intendano esse compagni et facturi del dicto mastro Bonaiuto.
./././././.

62. Assisi
1462, September 13
Anna da Tivoli, after the death of her brother Bonaiuto, hands over the bank to Giacobbe di Francia.

Biblioteca comunale di Assisi - Archivio notarile, vol. V 7 - fasc. 3º, a. 1462 - Acta ser Nicolai ser Laurentii, AA. 1460-1464.

Venditio bonorum magistri Bonaiuti.
Die 13 setembris: actum in civtate Assisii, in palatio magnificorum dominorum priorum civitatis Assisii, posito in dicta civitate, iuxta plateam Comunis Assisii, res dicti Comunis et alia latera, presentibus Francisco Angeli Menecutii et Vanne Regis de Assisio, testibus ad hec habitis, vocatis et rogatis.
Existens personaliter constitutus coram magnificeis dominis prioribus civitatis Assisii, videlicet Antonio priore Smedutio Puccepti, Sancte Francisci de Assisio et Petro Iosep de Plebe, pro tribunali sedentibus ad bancum tribunalis in dicto loco positum, quem locum pro eorum iuridico eligerunt in absentia potestatis a civitate Assisii, domina Nanna magistri Salamonis de Tibure ebrea, asserens non habere consanguineciam prope civitatem Assisii per 30 miliarum qui huic contractui consensum prestare valeant, per se et suos heredes venit ad infrascripta pacta et conventionem cum Iacob magistri Elie de Francia, habitatore Perusii, presenti, stipulanti et recipienti pro se et suis heredibus etc.
In primis dedit et consignavit eidem bancum fenerationis olim magistri Bonaiuti et librum «pigniora et debitores» et posuit ipsum in loco suum et promixit dictus Iacob exigere secundum usum capitulorum et formam et dare promixit dictus hebreus dicte domine Anne, finito tempore quatuor annorum proxime futurorum, suum capitale et de pignoribus ad presens exigendis duodecim florenos pro centinario, et etiam dicta domina Anna concessit eidem suum capitale per tempus quatuor annorum et dictus Iacob promisit durante dicto tempore quatuor annorum solvere dicte Anne capitale quod in libris continetur et quolibet anno pro usura eidem solvere .xii. florenos pro quolibet centinario.

ibidem. – c. 103r
Loco domine Perne uxoris magistri Bonaiuti de centum florenis. Dictis anno, die, loco et testitubus; supradicta domina Nanna existens personaliter constituta in dicto loco, coram dictis testitubus et me notario et in presentia supradictorum magnificorum dominorum sedentium pro tribunali ...

63. ASSISI
1465, February 28
Abramo da Bevagna is associated with the bank of Giacobbe di Francia.

Archivio Storico del Comune di Assisi, presso la Biblioteca Comunale, sezione « H » riformanze ed atti generali, registro n° 9.

fascicolo 3°
Acta generalia A. 1464 die .xxv. novembris ad totum mensem martii A. 1467.
c. 8r
Colloquium /
Die .xxviii. februarii, super palatio Comunis solite residentie M. D. Priorum populi eiusdem civitatis, in presentia mei cancellarii, Colloquio de Remissione, more solito, congregato ... et in ipso colloquio suc congregato fuit per unum ex Dominis Prioribus facta infrascripta proposita, primo inter eos deliberata, ut moris est videlicet.
Cum eis expositum fuerit a Jacobo magistri Elie de Francia, ebreo et nunc feneratore in civitate Assisii, per se ipsum non posse supplere pecuniis suis hominibus civitatis predicte, si cum aliquo potentiori non fecerit societatem, diceretque, ut melius Comuni Assisii inserviret, se contraxisse societatem cum Habraam magistri Musetti de Perusio et nunc Mevanie habitatore, petatque capitula inita et firmata heredibus magistri Bonaiuti, et confirmata in persona ipsius Jacob quod etiam dicta capitula habeant locum in persona dicti Habrae, durante tempore dictorum capitulorum.
Qua quidem proposita sic facta, habitaque inter eos super eam matura deliberatione, tandem fuit conclusum, victum et obtentum nemine ipsorum discrepante.
Quod, attenta petitione dicti Jacob, capitula concessa heredibus magistri Bonaiuti et confirmata ut supra in persona dicti Jacob, occasione dicte societatis, eadem capitula confirmentur et habeant locum in persona dicti Habrae eiusque heredum et successorum et factorum, durante tempore ipsorum capitulorum, eisque uti et frui posse, omni meliori modo.
c. 9v.
Priores populi civitatis Assisii ...
Cum, in presentiarum, ab Jacob magistri Elie de Francia, ebreo, nunc in civitate Assisii feneratore, expositum sit pecuniis suius supplere et inservire universitati et hominibus civitatis predicte, in eorum necessitatibus, per se ipsum non posse, cumque ut ab eo illis magis idoneo inservire posse, societatem cum Habraam Jsac magistri Musetti de Perusio, et nunc Mevanie habitatore, in eorum exercitio contraxisse asseratur, ut patere manu publici notarii dixit, vel ciuscumque alterius scripture manu hebreorum, inter eos scripte, requisiti, ut eidem Habrae capitula et pacta que filiis et heredibus magistri Bonaiuti hebrei inita et firmata fuerunt inter dictam comunitatem Assisii et heredes predictos, et simul eorum confirmatio in persona ipsius Jacob eiusque factores, facta sit, tenore presentium, ex nostri prioratus officii auctoritate, de consensu et voluntate hominum de colloquio, capitula locum habere volumus, in persona dicti Habrae eiusque

filiorum et successorum et factorum, dicte societatis causa, et ea sic confirmamus et approbamus, pro ut continetur et scripta sunt in omnibus et per omnia, quibus dictorum capitulorum temporibus durantibus, prefatus Habraamus eiusque heredes et successores et factores, uti frui et gaudere possint, omni meliori modo etc.

In quorum omnium et singulorum fidem et testimonium, hec fieri fecimus per nostrum infrascriptum cancellarium nostrique maioris sigilli imprexione roborari.

Datum Assiii in palatio nostre solite residentie, die 28 februarii 1465.

64. Assisi
1467, October 30

Giacobbe di Francia loans a certain sum to the Commune, for honours paid to the Cardinal Bishop of Bologna, Filippo Calandrini.

Biblioteca Comunale di Assisi, Archivio storico del Comune di Assisi, Fondo « N » (Dative), registro 10/3, fascicolo 21 *bis*.

c. 1*r*

In nomine Domini amen. Liber iste est introitus et exitus Camere Apostolice civitatis Assisii, tempore thesaurariatus Rev. in Christo patris et d.ni D.ni Johannis Rose S.mi D.ni N.ri Pauli divina providentia pape secundi accoliti, editus et compositus per me Nicolaum ser Antonii de Assisio ... camerarius Camere Apostolice predicte ... inceptus sub annis D.ni 1466 die nona mensis aprilis ...
.....

c. 109 r.
Exitus .CC.orum florenorum
.....

c. 111*r*

– Comune civitatis Assisii videlicet Jacobus ser Mariani et eius sotii habuerunt die penultima octobris 1467 a me Nicolao notario pro dicte Camere Apostolice, solvente pro ipsa Camera, de summa ducentorum florenorum annuatim debitorum a prefate Camere dicto Comuni.

florenos 4 monete marchisane ad 40 bolonenos pro floreno, expositos pro honore facto Rev.mo Cardinali Bononiensi in suo adventu ad dicta civitatem vigore bullecte date sub die penultima octobris 1467 ...

– predictum Comune videlicet supradicti Priores et ex alia manu et pro dicta causa, et pro eius ... Jacob ebreo feneratori in civitate Assisii die 20 octobris 1467 a me Nicolao Notario ... pro ipsa Camera solvente,

florenos 5 monete marchisane ad 40 bol. pro flo. quos dictus Jacob mutuavit dicto Comuni pro honore et ensenio facto R.mo D.no Cardinali Bononiensi in suo adventu ad dictam civitatem causa visitandi ecclesiam S.ti Francisci.

– Joannes Santis alias mantellus emptor gabelle cinciorum ... habuit die .xj. octobris 1467 a me Nicolò predicto solvente ut supra de summa .CC. orum florenorum,

soldos sexaginta denariorum monete marchisane, pro panectis oleatis et combustis in asumptione R.mi Cardinalis in Christo patris generalis Ordinis S.ti Francisci ...
[Card. Francesco della Rovere from Savona, the Pope Sixtus IV]

65. Assisi
1468, May 26 and 27
The Secret Council of Assisi selects eight citizens for the task of formulating a plan of action for establishing in the city a « Monte di Pietà ».

Archivio Storico del Comune di Assisi, presso la Biblioteca Comunale, sezione « H » riformanze e atti generali, registro n° 17, AA. 1468-1469.

c. 46v
die .xxxi[a]. mensis maij M.CCCC.Lxviii.
Consilium secretum /
Consilio secreto Comunis et populi civitatis Assisii ... congregato et cohadunato ... in quo quidem Consiglio M. D. Priores fecerunt prepositas infra scriptas ...
Preposita super Monte Pietatis constituendo /
Et primo quid videtur et placet ipsi consilio ... statuere, providere, ordinare et reformare super Monte Pietatis, nam predicatur et dicitur quod optimum esset rei publice constituere et deliberare quod in civitate Assisii statuatur et fiat Mons Pietatis pro subventione pauperum et incolarum civitatis Assisii. Quid igitur faciendum sit placeat presenti Consilio providere.
Secundo, cum dicatur ...
Quibus quidem prepositis sic ut supra factis ... quoad primam propositam victum, conclusum et obtemptum fuit quod M. D. Priores populi civitatis Assisii habeant arbitrium eligendi octo cives pro ut eisdem melius visum fuerit expedire super Monte Pietatis constituendo in dicta civitate Assisii, qui cives sic electi una cum M. D. Prioribus, auctoritate presentis Consilii, habeant plenum arbitrium et omnimodam facultatem faciendi capitula super dicto Monte et alia ordinanda faciendi ad utilitatem et augmentum Montis predicti, pro ut et sicut melius visum fuerit eis fore necessarium et expendiens et quicquid circha predicta et qualibet predictarum per eos facta fuerint, valere pleno jure non secus, quam si fieret per totam hanc nostram comunitatem Assisii juxta dictum spectabilis viri Francisci Soldani uni ex consiliariis antedictis ...
c. 47r
.....
Die 27 mensi maij 1468.
Electio civium super Monte Pietatis /
Supradicti M. D. Priores populi civitatis Assisii ... collegialiter congregati ... volentes executioni mandare commissione eis datam a Consilio Secreto super Monte Pietatis et procedere ad electionem dictorum octo civium super Monte ...

eligerunt nominaverunt et deputaverunt infrascriptos cives quorum nomina infra secuntur et sunt hec videlicet.
D.nus Senensis de Bonauistis legum doctor
Magister Marioctus de Mannis
Nicolaus Johannis de Nepis
Ranaldus Sbaraglini
Franciscu Soldani et
ser Salvus Francisci.
c. 47*v*
dicto die. Supradicti M. D. Priores populi civitatis Assisii et cives positi et deputati super Monte Pietatis collegialiter congregati ... statuerunt reformaverunt et deliberaverunt quod fiat Mons Pietatis in civitate Assisii pro subventione totius populi Assisinatis et ad levandum peccatum mortale etc.
c. 52*r*.

66. Assisi
1468, June 22
The Priori pass a resolution to annul the pacts and conventions made with Jews exercising lending activities in Assisi.

Archivio Storico del Comune di Assisi, presso la Biblioteca Comunale, sezione « H » riformanze e atti generali, registro n° 17, AA. 1468-1469.

die .xxii. mensis junii M.CCCC.Lxviii.
Supradicti Priores et cives positi super Monte Pietatis collegialiter congregati, in sacristia Sancti Ruffini de Assisio statuerunt ...
c. 52*v*
.....
Revocatio capitulorum ebreorum /
Item statuerunt et reformaverunt ... quod ex nunc capitula ebreorum alias concessa eis de prestando mutuo revocata sint et annullata et sic pro revocatis et annullatis esse intelligantur in quantum esse peccatum aut excommunicatio et potissime de usuris.

67. Assisi
1468, July 4
The Jews of Assisi are obliged to wear the distinctive badge on their clothes.

Archivio Storico del Comune di Assisi, presso la Biblioteca Comunale, sezione « H », riformanze e atti generali, registro n° 17, AA. 1468-1469.

c. 133*r*
Die .iiii.ª julii M.CCCC.Lxviii.
Angelus tubicina retulit dicto die mihi cancellario infrascripto se bandivisse ...

c. 133*v*
Item retulit bannivisse una cum eius socio ex commissione M. D. Priorum et D.ni Potestatis quod pro cetero nullus judeus habitans in civitate Assisii aut veniens in dicta civitate, possit ire per dictam civitatem, sine .O. et quicumque judeus fuerit repertus ire sine .O. incidat in penam ipso facto .xxv. librarum denariorum pro quolibet contrafaciente et qualibet vice. Cuius pene quarta pars sit accusatoris, quarta offitialis executionem facientis et residuum Comunis Assisii, et quilibet possit accusare et eius nomen tenebitur in secreto.

68. Assisi
1468, September 27
The Secret Council passes a resolution to reinstate the validity of the pacts made with the Jewish bankers.

Archivio Storico del Comune di Assisi, presso la Biblioteca Comunale, sezione « H », riformanze e atti generali, registro n° 17, AA. 1468-1469.

c. 74*r*
... die .xxvii. mensi sebtembris M.CCCC.Lxviii
c. 74*v*
Consilio secreto Comunis et populi civitatis Assisii ... in audientia palatii solite residentie M. D. P. ... congregato et cohadunato, more solito ... in quo quidem Consilio facte fuerunt infrascripte conclusiones. Reformatio de revocatione reformationis
contra capitula judeorum. /
Et primo, egregio juriperito viro d.no Nicolao ser Antonii, uno ex consiliaris in dicto consilio existentibus, consulente, conclusum fuit QUOD cum asseratur fuisse factum quoddam preceptum sive decretum et reformatio contra judeos et ipsorum capitula alias obtenta de prestando ad fenus, pro ut de dicto precepto et reformatione dicitur patere manu ser Nicolai presentis cancellarii, tam potius de facto quam de jure propterque cives et comitatenses multa patiantur incommoda et multe usque ad presens fuerunt exposite querele de predictis, QUOD dictum preceptum tamquam de facto factum, sive decretum et reformario, auctoritate presentis consilii sint et esse intelligantur ex nunc revocata et nulla et nullius roboris, efficacie vel momenti, et pro revocatis et nullis haberi et teneri, omni meliori modo etc. Et sic fuit victum, obtentum et reformatum tribus consiliarii contrariis non obstantibus.

69. Assisi
1469, July 16
The Bishop of Feltre and the Bishop of Tarragona, commissaries of the Roman Curia, invite the Commune of Assisi to respect the pacts made with the Jews until they expire.

Archivio Storico del Comune di Assisi presso la Biblioteca Comunale, sezione « H », riformanze ed atti generali registro n⁰ 17, AA. 1469-1469.

c. 113r
Copia litterarum Rev. D.norum Episcopi Feltrensis et Episcopi Tirasonensis Die .vj. mensis septembris .M.CCCC.Lxviiii.
Supradicti M. D. Priores populi civitatis Assisii ... preceperunt mihi cancellario infrascripto ut litteras junctas registrari debere. Quarum litterarum tenor sequitur et est talis.
(A tergo): Magnificis viris D.nis Prioribus et Comunitati civitatis Assisii, amicis nostris carissimis.
(Intus vero):
Magnifici viri amici nostri carissimi, predicantibus quibusdam religiosis viris, immo ut dicitur, publice et palam hebreos insectantibus videtur quod comunitas Assisii nolit capitula et constitutiones ipsis hebreis illis habitantibus observare. Que res, si ita se habet, non est benefacta neque Sanctissimo Domino Nostro placet. Eam ob rem rogamus atque hortamur Vestras Magnificentias ut imponant ordinem ne aliquid hebreis innovetur, usque ad prefinitum tempus suorum capitulorum. Predicatores admonete ut peccata redarguant et exterminent. Judeos autem permittant, suo more, vivere, qui etiam secundum leges nostras tollerantur inter Christianos. Bene valete.
Rome, die .xvi. julii .M.CCCC.Lxviiii.
Angelus episcopus Feltrensis
Petrus episcopus Tirasonensis

70. Assisi
1475, January 17 and 25
1475, February 12 and 13
The Commune of Assisi makes numerous gifts to a certain Leone, a Jew, who is converted to Christianity.

Archivio storico del Comune di Assisi presso la Biblioteca Comunale, sezione « H » riformanze e atti generali, registro n⁰ 18, AA. 1469-1479.

c. 337v
die 17 januarii 1475.
Consilio secreto populi ... convocato in audientia palatii solite residentie M. D. Priorum dicte civitatis Assisii fuit propositum per prefatos M. D. P. quid donandum sit Leono hebreo qui vult effici christianus, et num videatur propterea Consilium Generale congregandum etc.
.....
Super que proposite de donando Leono hebreo etc. fuit consultum, deliberatum et decretum solemniter ... quod dicto Leono darentur in pecunia, die dominice proxime, octo florenos monete ad rationem .L.ta baiocchorum pro quolibet floreno, et die veneris proxime ab hoc die sequanti, congregetur ... Consilium

Generale in quo debeat fieri proposite super beneficiis et elemosinis dandis et concedendis pro dicto Leono et quomodo tractari debeat a comunitate pro honore Dei et magnificentie dicte civitatis et bono exemplo aliis hebreis dando etc.
die 20 januarii 1475.
Consilio generali populi et Comunis magnifice civitatis Assisii ... cohadunato ... in quo consilio fuit facta proposita ... de aliquid elemosinaliter donando pro parte Comunis Leono hebreo qui vult effici christianus et ut cedat ad Dei laudem et augumentum fidei christiane et spem aliorum hebreorum.
c. 338r
Super proposite quod Leone hebreo qui vult effici christianus ut aliquid donetur fuit consultus solemniter et mature et pie deliberatum, sancitum et decretum ... quod ex nunc dictus Leonus ... recipiatur in originarium civem ... cum perpetua exemptione ... et quando recipiet sanctum baptisma suscipiatur in filium comunitatis et perpetuo comunitas de eo curam gerat ... et per M. D. P. dentur ei curatore duo ... et die dominice dentur sibi ex pecunie comunitatis octo florenos, et amodo donentur et donati intelligantur sibi viginti modioli terreni Comunis exbannitorum ... et prefati M. D. Priores cum Consilio secreto ... possunt ei donare unum casalenum vel unam domum emendum pecunie Comunis vel permutandum cum terreno vel alia re Comunis ... possintque ei omnia bona omnesque favores facere ... et omnia sint ex nunc rate ...
Quos modioles terreni et quod casalenum sive domum donandos ... dictum Consilium voluit et decrevit dicto Leono moriente sine filis, non ultra ... vel nolente habitare in dicta civitate revolvi et reverit debere ad dictam comunitatem et quod possit non illos et illam prodigaliter alienare.
die 21 januarii 1475.
M. D. P. ... congregati ... eligerunt in curatores Leoni hebrei qui cras debet effici Christianus et in depositarium rerum elemosinaliter eidem donandarum infrascriptos cives. [*their names*]
c. 338v

die 25 januarii 1475
Hoc est inventarium rerum mobilium donatarum elemosinaliter Michaeli Francisco olim Leono nuper effecto christiano ... que res fuerunt consignate et date ... depositario dicti Michaelis Francisci in eodem loco constituto ... cum presentia et auctoritate curatorum ...
et primo
– unum brachium cum dimidio panni nigri,
– unum tobalectum cum tribus listis de bordis pro quolibet capite,
– unum tobalectum parvum cum uno filecto nigro pro quolibet capite,
– una tobaleola nova cum capitibus de bordie,
– una altera tobaleola simils sed non nova,
– octo pezzette pro tergendis manibus partim nove et partim non,
– unum sciuccaiolum parvulum consuetum cum uno filo nigro pro quolibet capite,
– unum tobaleolum novum cum tribus listis de bordie pro quolibet capite intermediatis listis albis,
– septem brachie panni lini in .xiii. petiis,
– tresdecim muccichini subtiles,

- due pezzette et duo muccichini,
- florenos viginti septem monete marchiane ad rationem 40 bolonenorum pro quolibet floreno sive 50 baioccorum, computatis duobus anulis parvulis extimatis bol. sexdecim per dictos curatores ...
c. 339v
die 12 febrarii 1475
Consilio Secreto ... convocato et cohadunato ... cui fuerunt facte infrascripte proposite videlicet.
De Casaleno Comunis juxta domum Amatutii et domum Mathei ser Mathei ... in pede platee magne ... num sit concedendum et donandum Michaeli Francisco olim Leono hebreo ...
Super Casaleno Comunis in pede platee magne ... fuit consultum ... et deliberatum ... dictum casalenum confinatum et lateratum ut supra concedatur et ex nunc concessum datum et donatum in perpetuo intelligatur Michaeli Francisco olim hebreo. Quod tamen revolvatur ad Comune in eventum ut in dicti Consilii generalis decreto planius apparet et ipsum casalenum ex nunc sibi consignatum intelligatur ...
die 13 februarii 1475
Actum in territorio Assisii in campo infrascripto ...
Consignatio viginti modiolorum terreni Comunis novo christiano.
M. D. Priores populi ... vigore deliberationis Consilii Generalis et juxta formam decreti eiusdem sub die 20 januarii proxime preteriti per manus Petri Fieravantis Diarte publici mesuratoris consignaverunt Michaeli Francisco ibid. novo christiano et olim Leono hebreo, viginti modioles terreni Comunis mesurati per predictum cum presenti auctoritate et decreto ... curatorum predicti Michaeli Francisci.
Quod terrenum partim est aratorium partim buscatum ad presene et est positum in terreno Assisiensi bailiìe Castri Novi et vocabulo strate nove a primo latere versus Spellum juxta stratam novam ab alio versus Assisium juxta bona Petri Ceccolini et res heredum Nannis Thome de Castro Novo et res Petri Farine et res Bartolomei Stacconi ab alio versus Perusium juxta viam quandam que dirigitur a dicto terreno versus paludem et ab alio latere versus paludem predictam juxta alia bona Comunis predicti, que bona Comunis et dictum terrenum fuerunt confixi tres termini lapidei et parvi etc. et dicta consignatio fuit facta ut supra per predictos M. D. Priores inducendo eumdem Michaelem Franciscum in dicto terreno et ipsum investendum secundum formam et tenorem deliberationis facte in Consilio Generali et non aliter ...

71. ASSISI
1480, March 10
The Secret Council of Assisi passes a resolution to send to the Podestà, a Jew accused of having violated the terms of a loan.

Archivio Storico del Comune di Assisi presso la Biblioteca Comunale, sezione « H », riformanze e atti generali, registro n° 20, AA. 1479-1481.

c. 51v
Consilio Secreto Comunis et populi civitatis Assisii collegialiter congregato ... in quo quidem Consilio fuit victum et reformatum q u o d mittatur ebreus ad Potestatem et examinetur quod dicta veritatem in presentia M. D. Priorum et Camerariorum super negotio usure quam accepit ex denariis guastatorum per eum mutuatis ... et quod non discedat donec verum dicerit.
Victum per 19, non obstante unu*m* contrariu*m*.

72. ASSISI
1482, March 26
The banker Bonaventura di Abramo lends the sum of 100 golden ducats to Fr. Bartolomeo di Tommaso, minister of the province of S. Francesco.

Biblioteca Comunale di Assisi, Fondo Notarile Assisano, protocollo S/n°24 *bis*, bastardello di ser Ludovico di Giovanni di Angelo.

c. 57v
A. 1482
Eodem anno et die 26 martii. Actum Assisii in conventu S.ti Francisci et in loco dicto la camera de mastro And[rea], cui undique res dicti conventus et alia latera presentibus fratre Angelo Gasparis et fratre Gerollamo Caffaranti testibus et cetera.
Constitutus personaliter in dicto loco in presentis supradictorum testium et mei notarii infrascripti Reverendus pater magister Bartolomeus Thome de Perusio minister provincie S.ti Francisci fuit confessus et contentus habuisse et recepisse a Bonaventura Habrae feneratore in civitate Assisii mutuo et nomine mutui ad usum hebreorum et feneratorum, ducatos largos centum boni et justi ponderis ad pondus Comunis Assisii.
Pro qua quidem conventione Jherollimus Bartolomei sciens se ad hoc non teneri, sed teneri velle, promisit dicto Bonaventure presenti etc. habere et tenere in depositum ad instantiam dicti Boneventure, libras viginti duas argenti boni et puri argenti undecim ligamentium [?] quod sit in virga, et dicto Bonaventure Habrae dare et consignare hinc ad menses decem et octo et abinde in posterum ad terminum et petitionem dicti Boneventure.
Promictentes etc. Renumpiantes etc. Juraverunt etc. obligaverunt etc. pena dupli etc. que pena etc.

73. ASSISI
1484, October 27
The Secret Council orders the pledging to a Jew of the silver cups of the priors' table in order to finish payment of expenses undertaken by the Commune to honour the Papal Legate.

Biblioteca Comunale di Assisi, Archivio Storico del Comune di Assisi, Sezione « H », riformanze e verbali, registro n° 9, secondo fascicolo, AA. 1494-1488.

c. 1r – 2.o fascicolo.
In nomine Domini amen. Hic est liber reformationum Comunis et populi civitatis Assisii ... scriptus et compositus per me Blasium Melchiorris de Civitate Castelli cancellario Assisii et inceptus sub annis ... 1484 et die 17 septembris ... diebus et mensibus infrascriptis.
Acta generalia.
c. 4r
die 27 octobris.
Consilium secretum.
Licentia pingnorandi tatias Comunis pro honorando R.mo Ligato.
Consilio secreto more solito congregatio in numero suficienti, prefati Magn. D.ni Priores una cum hominibus de consilio ordinaverunt et Francesco Smerli licentiam dederunt pro honorando R.mo Ligato pingnorandi tatias hebreo ultra illos denarios quos habet ser Polidorus pro residuo usque ad satisfactionem solutionis expensarum factarum pro ligato, nemine discrepante.

74. Assisi
1485, August 14
The Jews and the Commune of Assisi discuss the pledges which the Jewish bankers wish to remove. The Commune will only hand over the bank books – which have already been sequestered – to the Jews upon down payment of a suitable security.

Archivio Storico del Comune di Assisi, presso la Biblioteca Comunale, sezione « H », riformanze e atti generali, registro n° 9, AA. 1484-1488.

Fascicolo 4°
c. 31v
die 14 augusti 1485.
Convocato et cohadunato ... Consilio Generali ... in sala magna palatii M. D. Priorum ... per quos M. D. Priores fuerunt facte infrascripte proposite videlicet.
Quid fiendum sit pro augmentatione Montis Pietatis.
Secunda super remotione hebreorum.
.....
c. 32r
Contra hebreos /
Simili modo fuit reformatum quod capitula hebreorum ex nunc intelligantur vana, cassa, irrita et inania, et pro nullis habeantur. Et quod dicti hebrei teneantur ferre in pectore publice .O. giallum. Et fiat inventarium rerum hebreorum et precipiatur quod non extrahant quoquomodo de civitate. Et si quis invenerit sic portantes liceat omnibus accipere bona sic extracta inpune et pro se retinere

absque banno et pena. Et absignantes dare fidejussores de non extrahenda bona aliqua sine licentia comunitatis et sic fuit victum et reformatum in forma etc. ...
c. 33v
die 29 augusti. Congregato Consilio secreto ... fuit sollemniter conclusum quod libri hebreorum restituantur eis data prius idonea cautione quod non possint extrahere bona aliqua de civitate pena perditionis rerum et mille ducatorum, sine expressa licentia D.norum Priorum et Consilii Secreti. Et predicta banniantur et ita factum fuit.

75. GUBBIO
1487, October 7
Bernardino da Feltre, in a letter to the Priori of Assisi, reminds them of his anti–Jewish preaching in the city in 1485 and asks for the definitive expulsion of the Jews.

CRISTOFANI, *Le Storie di Assisi*, pp. 457-458.

Magnifici domini in Christo dilectissimi. Prima che io me delonga più da vui, vogliove lassare questo memoriale. Or so da XXVI mesi che passando io qua da Eugubio feci doi predichi contra le usure de' iudei et in favore del monte della pietà, e per la gratia de Dio ho trovato venuto qui al presente che furno de tanta efficacia che in tutto fune levato el iudeo da prestare in perpetuo, né gli valse sue malitiose arti perché tutto lo consiglio et populo universalmente se accordaro al bene intanto che etiam le signorie ciò vedendo, commosse a favore del monte, diedero etiam del suo peculio decine de ducati. Similmente tale cittadino fu che impresto sponte et liberalmente 206 ducati et fu dato ordine de fare accrescere 2000 ducati. Se doi sole prediche a questi foro bastanti, oimé assisani mei quante più avetene avute vui, *amore boni Jesu*, per salute delle anime vostre de' corpi et delle robe che stabilite non labilmente non voler più né usure né iudei né altri, ma *cordialiter et efficaciter cum populo* faciate opera sì che io poverello vostro abbia da vui questo contento et allegrezza e non sia meno contento degli miei assisani che degli estranei. Credo signori miei che quello m'avete promesso farete e così ne goda lo n. s. Jesu Cristo la cui gratia sia sempre con vui, amen. Ex loco S. Jemini apud Eugubium die 7 octobr. 1487.
                                                         Fr. Bernardinus de Feltre.

76. ASSISI
1400, March 30
A division of land is transferred to Daniele di Sabbatuccio, in payment for medical treatment provided by him.

Biblioteca Comunale di Assisi, Archivio notarile, vol. C 16, Acta ser Francisci ser Benvenuti Stephani, A. 1400.

c. 11r
Emptio Daniellis.
Die .xxx. mensis martii; actum Assisii, in camera catastorum Comunis Assisii, presentibus Antonio Cicholi olim de Bictonio, Thomasso Vannutii alias Mammolone, porte Parlaxii, et Baldutio Nicolai, porte Sancti Rufini de Assisio, testibus rogatis.
Maxius et Macthiolus Bartoli de Assisio et porta Parlaxii, per se et eorum heredes, iure proprio et in perpetuum, dederunt, vendiderunt, tradiderunt et concesserunt Daniello magistri Sabbatutii, iudeo de Assisio et porta Sancti Iacobi, presenti, stipulanti, recipienti et ementi pro se et suis heredibus, unam petiam terre aratorie, positam in comitatu Assisii, in bailia Satriani et vocabulo Fosse, cui a primo via, a secundo Antonius Laurentii Bartoli, a tertio res dictorum venditorum, a quarto silva predictorum venditorum, ad habendum, tenendum et possidendum, vendendum et alienandum et quidquid dicto emptori et suis herdibus deinceps placuerit perpetuo faciendum etc.; et hoc fecerunt pro pretio et nomine pretii decem florenorum auri, quod pretium dicti venditores fuerunt confessi et contenti se a dicto emptore habuisse et recepisse hoc modo, videlicet pro cura prestita per dictum Daniellum in personam domine Luciole, matris dictorum venditorum in infirmitate sua, et de dicto pretio ipsi venditores fecerunt dicto emptori, presenti et ut supra stipulandi, finem, refutationem, quietationem et pactum de ulterius aliquid non petendo; et promiserunt dicti venditores dicto emptori presenti et stipulanti legitimam defensionem dicte rei vendite etc.
Renumptiantes etc., promictentes etc., iuraverunt etc., sub pena dupli dicti pretii.

77. Assisi
1413, May 21
Promise of payment to Abramo di Sabbatuccio for medical treatment.

Biblioteca Comunale di Assisi, Archivio notarile, vol. C 20, Acta ser Francisci ser Benevenuti Stephani, AA. 1412-1415.

c. 84v
Promissio Abrami magistri Sabbatutii.
Die .xxi. mensis maii; actum Assisii, in camera catastorum Comunis Assisii, presentibus Antonio Bartoli Gilioli, porte Sancti Rufini, Martinello Martini de dicta porta et Antonio Georgii Cicchi porte Sancti Ruffini de Assisio, testibus rogatis.
Iohannes Ruffini Bartoli Puccioli de Assisio et porta Sancti Ruffini, ut principalis et privata persona se obligando per se et suos heredes promisit et convenit ac pactum fecit Abramo, filio condam magistri Sabatutii, medico cirusico de Assisio, presenti et stipulanti dare et solvere cum effectu pro cura quam prestabit ad ipsius Iohannis instantiam in personam Iohannis Petri Pauli Vanni de Assisio, nepotis carnalis dicti Iohannis Ruffini, qui cecidit et quodhabet craneum fractum,

quatuor florenos auri ad ipsius Abrami petitionem et terminum postquem a dicta infirmitate et percuxione capitis fuerit totaliter liberatus si ipsum per eius curam, medicamen et labores seu industriam reddiderit liberatum quem Iohannem Petri, dictus Abramus pro homine mortuo suscepit in dicta cura, ita quod quicquid inde pervenerit vel eius culpa imputari debent; et hoc fecit idem Iohannes Ruffini pro eo quia sibi bene placuit et per pactum specialem habitum inter eos, si vero non evaderet dictus Abramus nil pro suo labore habere debeat nisi unum florenum auri quem hodie dare et solvere promisit dicto Abramo dictus Iohannes Ruffini pro parte sui laboris ultra dictos quatuor florenos cum conditione predicta promissos.

Renuntians etc., promisit etc., iuravit etc., pena dupli dicte quantitatis et obligatione bonorum eius et de predictis facere confessionem etc.

.Mccccxiii., indictione sexta, tempore domini Iohannis pape vigesimi tertii, die .xviii. iulii; actum Assisii, in camera catastorum Comunis Assisii, presentibus Angelo Christofani Lelli, porte Sancte Clare et Francisco Angelini ser Pauli, porte Sancti Iacobi civitatis Assisii, testibus rogatis.

Abramus magistri Sabatutii, in hoc proxime contractu nominatus, dedit licentiam mihi Francisco notario inde rogato cassandi, cancellandi dictum contractum promissionis quatuor florenorum auri, eo quia fuit confessus sibi fuisse a Iohanne Ruffini integre et plenarie de dicta quantitate satisfactum, presente et acceptante dicto Iohanne Ruffini etc.

Ego Franciscum condam ser Benvenuti Stephani de Assisio notarius predictis intterfui et de mandato dicti creditoris rogatus scripsi et cassavi.

78. ASSISI
1413, May 29
Medical opinion expressed by the physicians Abramo di Sabbatuccio and Giovanni di Antonio to the Podestà of Assisi.

Biblioteca Comunale di Assisi, Archivio notarile, vol. C 7 - fasc. I°, Acta ser Gerardi Iohannis, AA. 1413-1414.

c. 97r
Relatio facta potestati quod vulnus Caterine Sanfiordi
de Assisio non dubium mortis.

Die .xxviiii. dicti mensis madii; actum Assisii, in palatio domini potestatis civitatis Assisii, in sala superiori dicti palatii, cui a primo platea publica comunis Assisii, a secundo heredes Ciccoli Mellis et alia latera veriora, presentibus ser Vanne Angelutii, Iacobo Celli et Antonio Petrutii de Assisio, testibus ad hec habitis et vocatis.

Existentes personaliter in dicto loco, coram egregio legum doctore domino Anthonino de Castrovalde de Urbino, honorabili potestate civitatis Assisii, magister Iohannes magistri Anthonii et Habram magistri Sabbatutii de Assisio medici, delato eis et cuilibet ipsorum primo corporali iuramento, tactis scripturis per dictum dominum potestatem de veritate dicenda retulerunt dicto domino pote-

stati quod propter percussionem factam per Antonium Nuccioli Caterine Sanfiordi de Assisio non est dubio periculi mortis et quod propter ipsam percussionem non debet mori.
Rogantes me notarium infrascriptum ut de predictis publicum conficiam instrumentum etc.

79. ASSISI
1413, September 19
The physician Abramo di Sabbatuccio undertakes treatment of a wounded woman.

Biblioteca Comunale di Assisi, Archivio notarile, vol. C 7 - fasc. I°. Acta ser Gerardi Iohannis, AA. 1413-1414.

c. 148v
Die .xviiii. dicti mensis septembris; actum ...
c. 149v
Promixio Habrami magistri Sabbatutii iudei.
Eodem die et loco [c. 149r – Actum Assisii, in porta Parlaxii, in domo Iohannis Andree Feravecchie], presentibus Alexandro Antolini, Stefano Minnici, Nicolao Angeli Lete et Francisci Batiste de Assisio testibus vocatis et rogatis.
Existens personaliter in dicto loco Habram magistri Sabbatutii de Assisio, porta Sancti Francisci, per se et suos heredes promixit, convenit et pactum fecit Paulo, Cece Scagni et Francischo eius filio de Assisio, porta Sancti Iacobi, presentibus stipulantibus et recipientibus pro eis eorum heredibus habere curam et solecitudinem de Gostantina, uxore dicti Francisci, vulnerata per Matheum Pauli eius congniatum et ipsam medicare solicite iusta suum posse et pro salario et mercede dicti Habrami dicti Paulus et Francischus, filius dicti Pauli, cum presentia, consensu, licentia et auctoritate dicti Pauli, sui patris, uterque ipsorum principaliter et in sollidum per eos eorum heredes dare solvere quinque ducatos auri cum dimidio in casu quo dicta Gostantina esset liberata a dictis percussionibus, et in casu quo dicta Gostantina decederet ex dictis vulneribus promiserunt dare dicto Habrahamo duos florenos auri non ultra, cum hoc pacto inter ipsas partes facto, quod dicti Paulus et Francischus teneantur dare dicto Habrae dictot duos florenos hoc modo, videlicet: unum ad petitionem dicti Habrahami et aliud hinc ad octo dies proxime venturos et cum hoc quod dictus Hrabram[considerans] vulnera que dicta Gostantina habet esse periculosa non recepit ipsam nisi pro corpore mortuo.
Renumptiantes exceptioni etc., promiserunt predicta observare, pena .c. librarum denariorum, de quibus omnibus promiserunt facere confessionem, solutionem, et guarentigiam etc.
.Miiiixiii., .vi. indictione, .vi. [anno] tempore supradicti pontificatus, die tertia decembris. [Actum] Assisii, in platea Comunis antedicta, tum supra confinata, presentibus Antonio Andree et Francisco Iacobi magistri Angeli de Assisio, testibus.

Dictus Habram, per se suoaque heredes, fecit refutationem dicto Paulo recipienti pro se fenore de dictis quinque ducatis, quia confessus fuit [et esse] integre satisfactum et dedit mihi Gerardo, notario infrascripto, licentiam cassandi presentem contractum; promisit eidem Habrahamo facere etc., iuravit etc., pena dupli etc.

80. Assisi
1419, May 10
Provision of « kasher » wine to the physician Gaio di Sabbatuccio in payment for medical treatment.

Biblioteca Comunale di Assisi, Archivio notarile, vol. B 18. Acta ser Iohannis Cicchi Bevignatis, AA. 1416-1419.

c. 428v
Promixio Gaii iudei
Die .x. maii; actum Assisii, in via publica, ante domum infrascripti Francisci, positam in porta Sancti Francisci, iuxta viam, Franciscum Vannini et murum anticuum civitatis et alia latera, presentibus Christofano Francisci Vannutii Philippi et Marino Iacobi magistri Andree de Assisio, testibus ad hec habitis, vocatis et rogatis. Franciscus Iohannis Petruccioli, de castro Podii Morici, habitans in Assisio per se et suos heredes obligavit se etc., promixit et convenit et pactum fecit Ghaio magistri Sabbatutii ebreo, medico cirusico presenti, stipulanti et recipienti pro se et suis heredibus, dare, tradere et consegnare in Assisio duas salmas vini, more iudeorum, tempore vendemiarum proxime venturarum et duos caldarellos olei boni, tempore recollecte olivarum proxime venture et deinde in antea ad eius terminum et petitionem, et hoc fecit pro medicatura quam fecit dictum Ghaius in personam ... de vulneribus factis in gula ip[sius Francisci] in gamba sinistra ipsius ...

81. Assisi
1429, June 15
Abramo di Sabbatuccio the physician undertakes treatment of a young man kicked in the head by a donkey.

Biblioteca Comunale di Assisi, Archivio notarile, vol. R 4 - fasc. I°, Acta ser Angelini Nicolutii Vannis, AA. 1429-1430.
c. 86r
Concessio de Angelo Victorini ad medicandum.
Die .xv. mensis iunii, actum in civitate Assisii, in camera catastorum Comunis Assisii, posita in turri populi dicte civitatis, cui loco undique sunt res et bona Comunis Assisii, presentibus domino Pelegrino Vitalis et Thoma Cicchi Contis, omnibus de Assisio, testibus ad hec habitis, vocatis et rogatis.

Quod existens in dicto loco, coram dictis testibus et me Angelino notario, Victorinus Petri de Assisio, pater Angeli, sui filii legitimi et naturalis dixit et exposuit quod hiis diebus quidam asinus percussit ipsum Angelum in capite ipsius Angeli cum fractura ossis capitis; propter quam percussionem timetur de morte dicti Angeli, velitque dictus Victorinus curari facere, ea propter dictus Victorinus vult ipsum Angelum in manibus Abrae magistri Sabbatutii iudei ponere ad hoc ut ipsum Angelum curet, et ipse Abraam dicat et asserat dictum vulnus dicti Angeli fuisse et esse mortale et in ipso vulnere non poneret manus nisi dictus Victorinus daret Angelum pro mortuo. Qui Victorinus dedit et consegnavit ad medicandum dicto Abrae dictum Angelum pro mortuo; et ipse Abram pro mortuo recepit, ita quod si ex dicto vulnere ipse Angelus moriretur non vult teneri ad aliquam penam mortis dicti Angeli; et promictit dicto Victorino, patri dicti Angeli, presenti, stipulanti et recipienti ipsium Angelum omni diligentia et solicitudine curare.

Rogans me Angelinum notarium infrascriptum ut de predictis publicum conficiam instrumentum.

Promissio Abrae magistri Sabatutii iudei de Assisio.

Eisdem die, loco et testibus. Supradictus Victorinus per se et suos heredes obligando se et omnia eius bona presentia et futura pro observatione omnium infrascriptorum promisit, convenit ac pactum fecit supradicto Abrae, presenti, stipulanti et recipienti ut supra, dare et solvere pro cura et medicatura dicti Angeli sui filii de supradicto vulnere illud quod Petrus Iacobi aromatarius de Assisio declarabit et sententiabit, cui Petro, presenti et acceptanti supradicti Abraham et Victorinus dederunt potestatem, arbitrium et baliam declarandi et sententiandi prout sibi videbitur et placebit, promictentes inter se vicissim dicte partes stare, parere et obedire omni declarationi et sententie ferendis per dictum Petrum inter dictas partes occasione predicta; et hoc fecit dictus Victorunus pro eo quia dictus Abraham promisit eidem ipsum Angelum de dicto vulnere curare cum solicitudine et cura et operari quantum poterit cum omni suctilitate ut a dicto vulnere evadat.

Renumptiantes etc., iuraverunt etc., sub pena .xxv. librarum denariorum et obligatione predicta etc., et de predictis omnibus et singulis etc., de pena predicta si commicteretur facere confessionem, solutionem et guarentigiam in curiis Comunis Assisii, Eugubii, Fulginei etc., sub pena et obligatione predictis.

82. Assisi
1439, September 11
Agreements with the physician Abramo di Sabbatuccio on treatment for the notary ser Evangelista di ser Francesco.

Biblioteca comunale di Assisi - Archivio notarile, vol. B 11 - fasc. 3º.
Acta ser Iohannis Cicchi Bevignatis, aa. 1427-1430.

c. 77v
Promissio magistri Abrami magistri Sabbatutii de cura
ser Evangeliste ser Francisci Menici.

Die .xi. mensis septembris; actum Assisii, in platea Comunis, ante cameram quam tenet ad pensionem a Comuni, sub palatio novo Comunis, Lodovicus Amatutii, cui camere a primo platea Comunis, ab alio res dicti Comunis, presentibus Evangelista et Iacobo Lodovici Amatutii, ser Niccolao Andrutii Moricelli et Mactheo Augustini, omnibus de Assisio, testibus ad hec habitis, vocatis et rogatis.

Cum hoc sit quod ser Evangelista filius ser Francisci Meneci Pauli de Assisio sit infirmatus et habeat quoddam nascitum in gula ipsius et cura et medela indigeat, idcirco existens in dicto loco coram dictis testibus et me notario infrascripto magister Abraam magistri Sabbatutii, medicus cirusicus, iudeus de Assisio, promisit et convenit et pactum fecit Arcangelo ser Angeli ser Iohannis ibid. presenti pro dicto ser Evangelista dictum nascitum et personam ipsius Evangeliste proposerit curare et medere usque quo veniet ad tagliaturam ipsius nasciti si veniet et pro dictis cura et medela dictus Arcangelus promisit et pactum fecit dicto magistro Abramo dare et solvere eidem pro suo salario et mercede etiam si decederet dictus ser Evangelista ante dictam tagliaturam unum florenum auri boni et puri auri, et iusti ponderis ad petitionem et terminum ipsius magistri Abrami, hoc tamen expresse declarato quod si alter medicus conduceretur seu iret ad ipsum ser Evangelistam medendum et curandum de infirmitate predicta quomodocunque et qualitercunque dictus Arcangelus teneatur et debeat dare et solvere dicto magistro Abramo demum unum florenum auri, occasione predicta et cum hoc alio pacto apposito in presenti contractu, quod si dictus nascitus veniret seu veniet quod opus sit ipsum tagliandum quod eidem magistro Abramo aliter provideatur et solvatur de sua et pro sua maiestria et cura et quod presentem promissionem dicti unius floreni auri dictus magister Abraam non teneatur tagliare nisi aliter sibi provideatur de suo salario et mercede pro tagliatura predicta fienda, ita quod dictus magister Abraam habere debeat qualitercunque factum se habeat ante dictam curam, tagliaturam etiam si decederet dictum unum florenum auri.

Renumptians etc., promixit etc., iuravit etc., sub pena dupli etc., de quibus etc.

83. ASSISI
1431, February 2
Agreements with Abramo di Sabbatuccio for medical treatment.

Biblioteca Comunale di Assisi, Archivio notarile, vol. B 12. Acta ser Iohannis Cicchi Bevignatis, AA. 1430-1431.

c. 39v
Promissio magistri Abrami magistri Sabbatutii
cure Iohannis Atinelli de Armenzano.
Die secundo mensis februarii; actum Assisii, in platea Comunis, ante cameram quam tenet ad pensionem a Comuni, sub palatio novo Comunis, Lodovicus Amatutii, cui camere a primo platea Comunis, ab aliis res dicti Comunis, presentibus Iohanne Iohannis Taccoli et ser Thomasso Stefani de Assisio, testibus ad hec habitis, vocatis et rogatis.

Cum hoc sit quod Iohannes Pascutii Atinelli de Armenzano, comitatus Assisii, habeat unum vulnus in capite ipsius Iohannis et vulnus sit dubium et periculosum et expediat quod pro cura dicti vulneris dictum vulnus medicatur, radatur et discoperiatur ita quod ossis capitis videatur ut medere possit pro ipsius sanitate. Ideo magister Abram magistri Sabbatutii iudeus de Assisio, medicus promisit et convenit et pactum fecit presenti, stipulanti et recipienti ipsum Iohannem medicare et medere de vulnere et infirmitate predicto et ipsum curare et ipsum vulnus ad sanitatem reducere cum adiutorio Dei omnibus sumptibus [expensis] unguentorum et necessariorum pro cura dicti vulneris dicti magistri Abrami [pro eo quia dictus Iohannes] per se et suos heredes obligando se et omnia sua bona presentia et futura promixit et convenit et pactum fecit eidem magistro Abramo presenti, stipulanti et recipienti pro se et suis heredibus et pro quo aut quibus ius suum concesserit ... eidem Abramo ut supra stipulanti et recipienti pro cura ... pro ipsius salario et mercede ipso Iohanne reducto ... et finita dicta cura et deinde in antea et ad ipsius Abrami petitionem et terminum quinque florenos auri, boni et puri auri, ad iustum pondus [Comunis Assisii] ... dicte partes et quelibet earum [exceptioni dictarum] ... non sic factorum rei non sic geste, contractus huius ... que omnia et singula supradicta et infrascripta ... partibus et capitulis singula et singulis referendo ... eos et eorum heredes et promictens iuraverunt ... ut dictus Iohannes super ... quantitate florenorum et obligatione omnium bonorum ... cum refutatione dampni et de predictis etc., ... pena si commictetur ... ubique locorum et fori ad petitionem partis ... et dederunt licentiam ... promissionis scribendi in libro iustitie Comunis Assisii.
.M.cccc.xxx.iiii., indictione .xii. tempore ... domini Eugenii pape quartii, die decimo mensis septembris. Actum Assisii, in platea Comunis, ante cameram [quam] tenet Franciscus Sconfesse merciarius ad pensionem a Comuni versus salinarium, iuxta plateam Comunis, res Comunis et alia latera, presentibus Francisci Vitalis Lutii, Antonio Francisci alias Breccia de Assisio, testibus ad hec habitis, vocatis et rogatis.
Existens in dicto loco, coram dictis testibus et me notario infrascripto, dictus magister Abram fuit confessus et contentus sibi fuisse et esse solutum et satisfactum a dicto Iohanne de dictis quinque florenis contentis in dicto contractu, ibidem presenti etc., et de quibus fecit eidem Iohanni presenti, stipulanti et recipienti pro se et suis heredibus finem et refutationem etc.; et dedit licentiam mihi notario infrascripto cassandi omnem contractum, et ideo ipsum cassavi etc.; rogans me etc.

84. Assisi
1431, February 8
Arbitration to determine the amount owed in payment to Abramo di Sabbatuccio for medical treatment given by him to an Assisi citizen.

Biblioteca Comunale di Assisi, Archivio notarile, vol. R 5. Acta ser Angelini Nicolutii Vannis, AA. 1431-1432.

c. 29r
Laudum inter Lodovicum Amatutii et magistrum Abraam
magistri Sabbatutii iudei de Assisio.
In Dei nomine amen. Nos Angelus magistri Macthei de Assisio et magister Vitalis iudeus arbitri et arbitratores, amici communes et amicabiles compositores comuniter positi, sumpti et electi a Lodovico Amatutii et a magistro Abraamo magistri Sabbatutii de Assisio, nominibus et occasionibus in compromisso in nos facto contentis ut de compromisso in nos facto dicitur patere manu ser Antonii Nini de Assisio, notarii publici, unde viso compromisso predicto et considerata potestate nobis actributa a dictis partibus et audita differentia dictarum partium et auditis responsionibus ipsarum partium hinc inde factis, cupientes dictas partes ad pacem et concordiam reducere et ipsorum laboribus et sumptibus finem imponere viam arbitratorum et amicabilium compositorum potius quam iuris rigorem sequi cupientes per ea que vidimus et congnovimus et nunc videmus et congnoscimus; Christi nomine invocato talem inter dictas partes sententiam, laudum et arbitramentum damus et proferimus in hiis scriptis et in hunc modum, videlicet: quia dicimus, sententiamus et laudamus quod Ludovicus predictus teneatur et debeat dare et solvere cum effectu eidem magistro Abrae, pro cura et magistero prestitis in personam Iacobi, filii dicti Ludovici libras decem denariorum. Et predicta dicimus, laudamus et sententiamus a dictis partibus inviolabiliter observari sub pena et ad penam in compromisso in nos facto contentam et omni meliori modo, via, iure, forma et causa quibus melius et validius fieri potest et debet.
Lata, data et in hiis scriptis sententialiter pronunciata et promulgata fuit supradicta sententia, laudum et arbitramentum per predictos arbitros ... in civitate Assisii, ante cameram quam tenent ad pensionem a Comuni Assisii filii Diurte, positam iuxta res Comunis Assisii, ab omnibus lateribus ipsisque pro tribunale sedentibus super quodam sedili de ligno existente in dicto loco, quem locum primo et ante omnia pro ipsorum loco iuridico et tribunali ad hanc sententiam promulgandam eligerunt et deputaverunt et scripta, lecta, publicata et vulgarizata per me Angelinum quondam Nicolutii de Assisio, notarium publicum, sub anno Domini millesimo quadringentesimoprimo, indictione nona, tempore sanctissimi in Christo Patris et domini nostri domini Martini divina providentia pape quinti, die octavo mensis februarii, presentibus Lello Palmerii, alias Lillocio, Nicolao Iacobi de Armenzano, habitatore civitatis Assisii et Marinello de Bivillo, habitatore in turri Becti Meneci Pignacte de Assisio, testibus ad hec habitis, vocatis et rogatis.
(S. T.) Ego Angelinus quondam Nicolutii Vannis Allegrecti de Assisio, publicus, imperiali auctoritate, notarius et iudex ordinarius et nunc notarius et scriba dictorum arbitrorum, promulgationi dicte sententie sive laudi interfui et ea, rogatus scribere, scripsi et publicavi, signumque meum consuetum apposui, in fidem et testimonium primissorum.

85. Assisi
1433, March 30
Agreements with Gaio di Sabbatuccio for medical treatment.

Biblioteca Comunale di Assisi, Archivio notarile, vol. R 6. Acta ser Angelini Nicolutti Vannis, A. 1433.

c. 58v
Cura magistri Gai magistri Sabbatutii de Orsella Francisci.
Die penultimo mensis martii. Actum in civitate Assisii, in porta Sancti Francisci, ante cameram Iacob magistri Sabatutii iudei, cui camere a duobus vie, a tertio res heredum Macthei Saragozze de Assisio et alia latera, presentibus Gerardo Iohannis Gentilutii, alias Bordone de Assisio, tutore, et Paschutio Menneci Scannalomi de Assisio testibus ad hec habitis, vocatis et rogatis.
Quatenus existentes in dicto loco Gabriel Francisci, Antonius Petrutii, Nicolaus Angeli Lete et Gregorius filius dicti Nicolai, fratres et actinentes Orselle filie olim Francisci predicti et uxoris olim Iohannis Bocchatii et sororis carnalis dicti Gabriellis disserunt et exposuerunt magistro Gaio magistri Sabbatutii, iudeo de Assisio, ibidem presenti et intelligenti quod cum ipsa Orsella ceciderit ab alto adeo quod vulnerata est in capite et velint et intendant quod dicta Orsella et dictum vulnus curetur per dictum magistrum Gaium. Qui magister Gaius obtulit velle facere et operari illud quod potest et scit pro salute et liberatione dicte Orselle, dixit tamen nolle se intromictere in cura predicta nisi dicta Orsella per predictos eidem concedatur pro corpore mortuo, quia dubitat vulnus esse mortale et etiam cotiam capitis ipsius Orselle dixit esse ructam nichilominus dictum vulnus et personam dicte Orselle curabit diligenter pro salute ipsius Orselle secundum facultatem et industriam suam; qui omnes consanguinei et actinentes dicte Orselle, audito dicto magistro Gaio, dictam Orsellam in manibus dicti magistri Gaii posuerunt et miserunt gubernandam, curandam et medendam prout sibi videbitur secundum facultatem sue industrie et magisterii pro salute persone dicte Orselle.
Rogantes me Angelum notarium ut de predictis publicum conficiam instrumentum.

86. ASSISI
1434, March 28
Settlement of payment due to Abramo di Sabbatuccio the physician.

Biblioteca Comunale di Assisi, Archivio notarile, vol. B 14 - fasc. 2º. Acta ser Iohannis Cicchi Bevignatis, AA. 1433-1436.

c. 13r
Refutatio Iohannoli Cecchi de Podio Prioris
habita a domino Abramo iudeo de cura etc.
Die .xxviii. mensis martii; actum Assisii, in platea Comunis, ante cameram quam tenet ad pensionem a Comuni sub palatio novo Comunis, Ludovicus Amatutii, iuxta plateam Comunis, res Comunis et alia latera, presentibus Ludovico Amatutii de Assisio, Angelino Iohannis de Podio Prioris, Meo Putii Bufalecte de Assisio, testibus ad hec habitis, vocatis et rogatis.
Existens in dicto loco, coram dictis testibus et me notario infrascripto magister

Abraham magistri Sabbatutii, iudeus de Assisio, medicus cirusicus, sponte etc., per se et suos heredes fecit finem et refutationem, quietationem, absolutionem et remissionem perpetuo valituram et pactum de ulterius aliquid non petendo vel agendo Iovangnolo Cicchi de Podio Prioris, habitatori in castro Petrognani, comitatus Assisii, presenti, stipulanti et recipienti, pro se et suis heredibus, de omni eo et toto quod petere posset ab eo usque in presentem diem, nomine et occasione cure et medicinarum facte in personam et pro persona dicti Iohannoli per ipsum magistrum Abramum et generaliter de omni eo et toto quod petere posset ab eo usque in presens, quacunque de causa quomodocunque; et hoc fecit pro eo quia sibi bene placuit et quia in presentia mei notarii et dictorum testium in dicto loco habuit et recepit a dicto Iohagnolo in pecunia numerata quinque florenos in bolonenis ad rationem quatraginta boloneorum pro quolibet floreno, et quia fuit confessus et contentus sibi fuisse et esse integre solutum et satisfactum a dicto Iohannolo.

Renumptians etc., promixit etc., iuravit super ebraicis litteris perpetuo actendere et observare etc. sub pena dupli dicte quantitatis etc. et obligatione omnium suorum bonorum presentium et futurorum etc., solempni stipulatione promixit etc., cum refectione dampni etc., qua pena etc., et de predictis omnibus et singulis in presenti contractu contentis et pena si commictentur facere confessionem, solutionem, guarentigiam Assisii, Perusii, Fulginei et ubique locorum et fori ad petitionem partis hoc petentis, sub pena et obligatione predictis etc., rogans me etc.

87. Assisi
1434, August 8
Payment for medical treatment provided by Abramo di Sabbatuccio.

Biblioteca Comunale di Assisi, Archivio notarile, vol. B 14 - fasc. 2º. Acta ser Iohannis Cicchi Bevignatis, AA. 1433-1436.

c. 79v
Promissio cure magistri Abrami pro Antonio famulo
Sebastiani Iacobi Celli.
Eodem die et loco, presentibus dictis testibus.
Cum hoc sit quod Antonius Andree de Perusio, porte Sancti Petri et de parochia Sancte Marie Oliveti, famulus Sebastiani Iacobi Celli Maxii de Assisio et porta Sancti Francisci fuerit et sit vulneratus inter alia in capite ipsius Antonii, cum fractura ossis et habeat certas alias percussiones in persona ipsius Antonii et sint dubie an sint mortales vel non; ideoque Sebastianus predictus, sponte etc. promixit et convenit et pactum fecit magistro Abramo magistri Sabbatutii, iudeo de Assisio, medico cirusico, presenti, stipulanti et recipienti pro se et suis heredibus et pro quo aut quibus ius suum concesserit dare, et solvere eidem magistro Abramo pro cura et medicatura dicti Antonii in casu quo liberatur a dictis vulneribus et percussionibus quatuor florenos ad rationem quadraginta bolonenorum pro floreno, et in quantum dictus Antonius non liberaretur ex

vulnere predicto dictus magister Abraam non teneatur habere pro cura predicta etiam si moriretur dictus Antonius nisi unum florenum auri, et hoc per specialem pactum habitum inter eos; et hoc fecit quia dictus magister Abram iudeus et medicus predictus promixit et convenit dicto Sebastiano presenti, stipulanti et recipienti pro se et suis heredibus et vice et nomine dicti Antonii vulnerati, ipsum Antonium medicare et curare de vulneribus et percussionibus ipsius Antonii bona fide et ipsum reducere ad sanitatem suo posse cum adiutorio Domini Ihesus Christi et ipse tenetur suis expensis mictere curam et facere, ponere unguenta et alia que requiruntur circha curam predictam, cum salario predicto et cum predictis hoc tamen declarato quod si opportetur habere de zendado pro cura dicti vulneris et per dictum zendadum ematur expensis dicti Sebastiani sive dicti Antonii vulnerati etc.

Renumptians etc., promisit etc., sub pena dupli dicte quantitatis florenorum etc.; et de predictis omnibus et singulis promixerunt dicte partes et quelibet earum et pena si commictentur facere confessionem, solutionem et guarentigiam Assisii, Perusii, Fulginei et ubique locorum et fori ad petitionem partis petentis etc., et dederunt licentiam mihi Iohanni notario infrascripto hunc contractum scribendi in libro iustitie Comunis Assisii etc.; rogantes me etc.

c. 80r
Pacta facta quod si Antonius decedetur ex vulnere
predicto quod magister Abram medicus non velle teneri.
Eodem die et loco, presentibus dictis testibus.
Cum hoc sit quod vulnus factum in capite dicti Antonii sit cum fractura ossis seu clanei et periculosum sit et necessit sit ipsum vulnus cum ferro videri pro cura ipsius et est dubium de morte vel de vita ideo ipse magister Abram, medicus antedictus non intendit dictum vulnus discoprire vel incidere nisi quia ipse recepit et vult habere dictum Antonium pro homine mortuo, et si ex dicto vulnere sequeretur mors ipse magister Abram non vult nullo modo teneri ad aliquam penam, cum ipse intendit et velit dictum vulnus cum ferro revidere et curare prout requiritur ad hoc ut ipsum possit ad sanitatem reducere et sic dictus Antonius vulneratus et dictus Sebastianus remanserunt contenti et dixerunt eidem magistro Abramo iudeo ut dictam curam in nomine Domini faciat, risculo et fortuna ac periculo dicti Antonii vulnerati etc.
Rogantes me etc.; et sic dictus magister Abram primo et ante omnia dictam prestationem fecit etc.; rogantes me etc.

88. Assisi
1435, March 8
Payment for medical treatment provided by Abramo di Sabbatuccio.

Biblioteca Comunale di Assisi, Archivio notarile, vol. B 14 - fasc. 2º - Acta ser Ioannis Cicchi Bevignatis, AA. 1433-1436.

c. 176r
Promissio magistri Abrami iudei de cura
Francisci Boniohannis.
Die .viii. mensis martii; actum Assisii, in via publica, ante domum Francisci

Boniohannis, positam in burgo novo Sancti Ruphini, cui domui a primo et a secundo vie, a tertio *** et alia latera, presentibus Mancino Lurci de Assisio et Petro Angeli alias Frataio de Mevania, habitante in Assisio, testibus ad hec habitis, vocatis et rogatis.

Existens in dicto loco, coram dictis testibus et me notario infrascripto Francischus Boniohannis de Assisio et porta Sancti Ruphini, sponte etc., per se et suos heredes, obligando se et omnia sua bona presentia et futura pro observatione omnium infrascriptorum promisit et convenit et pactum fecit magistro Abramo magistri Sabbatutii iudeo et medico cirusico de Assisio, presenti, stipulanti et recipienti pro se et suis heredibus et pro quo aut quibus ius suum concesserit dare et solvere eidem magistro Abramo, ut supra stipulanti et recipienti, per totum mensem octubris proxime venturi et deinde in antea ad ipsius magistri Abrami, vel ius habentis ab eo, petitionem et terminum duos florenos ad rationem quadraginta bolonenorum pro floreno pro cura et salario et mercede facta per ipsum magistratum Abramum de vulneribus factis in personam dicti Francisci sanguinolentis et fienda; et hoc fecit pro eo quia sibi bene placuit et voluit, elapso termino predicto, possit conveniri, cogi et compelli secundum librum iustitie Comunis Assisii summarie et de plano secundum scriptum et figuram iudicii etc.

Renuntians etc., promisit etc., iuravit etc., sub pena dupli etc., et de predictis omnibus et singulis et pena si commicteretur facere confessionem, solutionem et guarentigiam Assisii, Perusii, Fulginei et ubique locorum et fori ad petitionem partis hoc petentis, sub pena et obligatione predictis; et dederunt licentiam dicte partes mihi notario infrascripto hunc contractum scribendi in libro iustitie Comunis Assisii etc.; rogantes me etc.

89. Assisi
1461, October 9
Maestro Abramo di maestro Vitale of Perugia, presents the Priori of Assisi with a Papal Bull, requesting that it be registered in the Chancellory of the Commune. With this document he is authorised to extend his medical practice to Christians.

Archivio Storico del Comune di Assisi presso la Biblioteca Comunale, sezione « H » riformanze e atti generali, registro n⁰ 16, AA. 1459 usque ad augustum 1462 - L.N. 13.

c. 1r
Hic est liber cancellariatus Nicolai Antonii de Monte Falconis cancellarii Comunis Assisii.
c. 121r
Die .vii^a. octobris .M.cccc.Lxj. Assisii in camera colloquiorum palatii solite residentie M. D. Priorum populi dicte civitatis, coram D.nis Prioribus ibidem existentibus et congregatis, comparuit personaliter magister Abraam magistri Vitalis ebreus Perusinus, et exhibuit et presentavit quandam bullam apostolicam

integram, illesam, non viciatam sed omni prorsus vitio carentem, quam petiit registrari in cancelleria Comunis.
Cuius quidem bulle tenor sequitur et est talis videlicet.
Tenor bulle magistri Abrae magistri Vitalis
de auctoritate medendi /

«PIUS Episcopus servus servorum Dei, Abrae Vitalis ebreo Perusino; viam veritatis agnoscere. Et si judeos propter eorum obstinatam cecitatem, ad honorem gradus inter fidelis provehi canonica prohibeant instituta, tamen apostolica sedes interdum, cum ex eisdem judeis aliquos in bonis artibus expertos esse, fidedignis testimoniis, intelligit eos spetialis licentie favorem convenit, etiam illa spe proposita ut per conversationem fidelium, pristine cecitatis dimisse caligine, lumen veritatis intueri velint et salubriter imitari.

Exhibita siquidem nobis nuper pro parte tua petitio continebat quod tu in civitate nostra Perusina et nonnullis aliis partibus nobis et Ecclesie Romane subiectis, in arte medicine, cui ab inenunte etate operam dedisti, te diligenter exercens, in ea quampluribus Christianis infirmis, opem et auxilium prestitisti, et sicut eadem petitio subiungebat, licet tu ubilibet sine ullo impedimento aut vexatione cuiusquemodi, artem ipsam hactenus exercueris. Tamen ut illam liberiori animo exercere, et quanto quietiori mente fueris tanto te infirmis quibuslibet obsequentione impendere possis, cupis tibi medendi in civitate predicta et alibi ubicumque, in terris et locis nobis et prefate Ecclesie subiectis, per sedem eandem licentiam impartiri.

Quare pro parte tum dilecti filii nobilis viri Brachii de Ballionibus domicelli Perusini, asserentis quod tu sibi et suis in eadem arte sepenumero auxilium prestitisti, et ipsum ac suos diligenter curasti, nobis fuit humiliter supplicatum ut tuo statui super hiis oportune providere de benignitate apostolica dignaremur. NOS igitur, cui ab eodem Brachio ac aliis de tua bona conversatione fidedigna testimonia prehabita extiterunt, huiusmodi supplicationibus inclinati, tibi ut quamdiu vixeris, in prefata ac aliis quibuscumque civitatibus, terris, castris et locis, nobis et prefate Ecclesie subiectis, quibusvis personis tam Christianis, quam aliis a quibus vocatus fueris, juxta regulas et canones medicine, mederi et eas curare libere et impune, et sine cuiusquam alterius licentia possis et valeas, ita tamen quod Christianos ipsos, per tuam conversationem, contaminare aut eos a sacramentis ecclesiasticis in suis presertim infirmitatibus recipiendis retrahere, vel ut ipsi id faciant nullatenus verbo, consilio, aut nutu, impedire vel dissuadere presumas, tibi, auctoritate presentium, licentiam impartimur, non obstantibus constitutionibus et ordinationibus apostolicis ac statutis et consuetudinibus provinciarum, civitatum, castrorum et locorum, juramento, confirmatione apostolica vel quavis firmitate alie roboratis ceterisque contrariis quibuscumque.

Nulli ergo omnino hominum liceat hanc paginam nostre impertionis infringere vel ei auso temerario contraire; si quis autem hoc attentare presumpserit indignationem omnipotentis Dei et beatorum Petri et Pauli apostolorum eius se noverit incursurum.

Datus Perusii Anno Incarnationis Dominice Millesimo quatringentesimo quinquagesimo octavo, die undecimo kalendis martii, pontificatus anno primo.
    Intus plicam: Ja. Lucensis
    Extra plicam: P. de Spinosis

90. ASSISI
1474, October 2 and 26
The Secret Council grants medical practice in the Commune as both surgeon and physician to maestro Elia di Manuele, on condition that he obtains the papal dispensation.

Archivio Storico del Comune di Assisi presso la Biblioteca Comunale, sezione « H », riformanze e atti generali, registro n° 18, AA. 1469-1475.

c. 329v
die secunda mensis octobris 1474.
Consilio Secreto populi magnifice civitatis Assisii ... coadunato in audientia palatii solite residentie M. D. Priorum ... ad proposita prefatorum M. D. Priorum fuerunt facte infrascripte delberationes videlicet.
.....
c. 330r
Magistri Helie hebrei conducendi auctoritas /
electio est registrata in sequenti folio /
– Super hebreo chirurgico conducendo, juxta eius suplicationem, que est in filza mei cancellarii, fuit consultum et decretum quod conducatur.
Dummodo habeat dispensationem medicandi, et teneatur mederi in chirurgia et phisica, in civitate et comitatu Assisii, et habeat de salario quinquaginta florenos pro uno anno de moneta marchiana.
c. 330v
die 26 mensis octobris 1474.
Magistri Helie hebrei in chirurgicum electio /
« Priores populi civitatis Assisii, tibi magistro Helie Emanuelis hebreo Perusino habitatori nostre civitatis, dilecto nostro, salutem et cognitionem veritatis. Cum ex experientia superioris temporis, per multos iam menses, quibus nostre urbis medico vocavit et, ex multorum fidedignorum relatui, cognoverimus quantum solers, cautus, diligensne et doctus sis, ac in artibus peritus; quantamne soleas, in curandis egritudinis, cum in phisica tum in chirurgia curam adhibere, diligentiam, solicitudinem et accuratam operam. Ita ut multi ex nostris predicent tue opere et efficacibus remediis, a gravibus eorum egritudinibus convaluisse. Sperantes quod ex crescente etate atque experientia, in dies, doctior ex expertior evades; et quod licet hebreus sis, in dies, magis augebitur in te, amor et caritas erga nostros cives et comitatinos, ut merito sperare possimus te de bono in melius prosecuturum circa egrotantium curam ac etiam sperantes quod ex consuetudine bonorum cristianorum fortasse ad limen veritatis congnoscendum converteris, spirante tibi divino spirito, qui ubi vult spirat.
Ac insuper sperantes propter dicta et alia rationes, quod a S.mo D.no Nostro D.no Sixto divina clementia dignissimo pape quarto, dispensationem consequeris super medendo fidelibus, non obstante quocumque in contrario canone. Te antedictum magistrum Heliam in phisicum et chirurgicum civitatis et comitatus nostri, auctoritate nobis concessa a Consilio Generali et Secreto et omni nostro offitio, conducimus, eligimus ac pariter deputamus ad annum. qui ex

nunc intelligatur incepisse in kalendis presentis mensis octobris et finire ut sequitur, cum salario quinquaginta florenorum monete marchiane ad rationem quadraginta bononenorum pro quolibet floreno, tibi solvendorum de tertiarie in tertiariam, ad bulletenum M. D. Priorum pro tempore, ab exactore impositarum Comunis nostri ut consuetum est. Dummodo dispensationem obtineas a prefato S.mo D.no Nostro, quod conduci a nobis possis, et mederi fidelibus, aliter non.
Et si dispensationem non consequaris, presens electio sit pro infecta et nullius momenti, et nullum salarium petere possis pro tempore quo servisses.
Declarantes tibi expresse, quod tenearis, sub juramento tibi deferendo, accurate, bone fide et sine fraude mederi omnibus nostris civibus; comitatinis et offitialibus, utriusque sexus et cuiuscumque etatis, absque ullo pretio et sine aliqua mercede.
Et quando vocaveris in comitatum nostrum pro medicando tam in chirurgia quam in phisica, tenearis prompte accedere, et similiter, quando casus accideret quod phisicus noster cristianus nequiret aliqua urgenti causa, accedere ad egrotos comitatus predicti, providere tibi de equitature, tuis sumptibus. Expensas tamen per te, famulo sive socio tuo, et equo, petere possis, et libere habere.
De dicta vero nostra civitate, nullo aliter modo, etiam tempore pestis supervenientis, te absentare possis, durante dicto anno, absque nostre vel successorum nostrorum, pro tempore, et Consilii Secreti, licentia, petita et obtenta, sub pena juris et reformationum ac statutorum dicte nostre civitatis.
In quorum fidem presentes fieri fecimus per nostrum infrascriptum cancellarium cum impressione nostri consueti sigilli.
Datum Assisii die .ii^a. mensis octobris 1474. »

91. Assisi
1474, December 11
Maestro Elia, official physician to the Commune of Assisi, presents the papal dispensation which allows him to exercise the medical art amoung Christians.

Archivio Storico del Comune di Assisi, presso la Biblioteca Comunale, sezione « H », riformanze e atti generali, registro n° 18, AA. 1469-1475.

c. 334*v*
Die .xi. mensis decembris 1474
Consilio secreto populi magnifice civitatis Assisii ... convocato et coadunato ...
......
c. 335*r*
......
Manuel magistri Jacobi hebreus comparuit in Consilio secreto et exhibuit quoddam breve quod petit registrari et admicti.
cuius copie infra sequitur, et est talis videlicet.
Ut magister Helias hebreus possit

mederi cristianis in civitate et
comitatu Assisii. /
SIXTUS papa quartus, Helie Manuelis hebreo civitate nostre Assisii habitatori, viam veritatis agnoscere et agnitam custodire.
Nuper nobis, dilecti filii, comunitas et homines civitatis nostre Assisii, humiliter supplicarent ut tibi qui peritiam artem medicine in curandis sanandisque corporibus, febre vel aliquo morbo laborantibus, habes et in cuius experientie, prudentie et probitate, plurimum confidunt, licentiam concedere dignaremur q u o d in civitate et comitatu dicte civitatis Assisii artem medicine exercere libere ac licite valeres.
Quo circa nos incolumitati ipsorum populorum nostrorum paterna benignitate consulere cupientes, huiusmodi supplicationibus inclinati, tenore presentium, tibi ut in civitate et in comitatu predictis artem ipsam medicine libere et impune exercere ac omnibus et singulis personis, etiam cristianis, utriusque sexus mederi sine alicuius pene vel ecclesiastice censure incursu, quoad eos quibus te mederi contigerit, possit et valeas, auctoritate apostolica concedimus facultatem.
Mandantes gubernatoribus, potestatibus reliquisque offitialibus ac personis quibuscumque, ad quas spectat seu spectare poterit quomodolibet in futurum, quatenus tibi huiusmodi // nostrum indultum observent et faciant ab omnibus inviolabiliter observari, constitutionibus et ordinationibus apostolicis ceterisque in contrarium facientibus, non obstantibus quibuscumque.
Darum Rome apud Sanctum Petrum sub annulo Piscatoris die .xxii. novembris M.CCCC.Lxxiiii. Pontificatus nostri anno quarto.

L. Grifus

92. Assisi
1475, March 4 and 5
Manuele di Giacobbe, father of maestro Elia, official physician of Assisi, presents to the Secret Council a Papal Bull, solemnly authenticated by various notaries, which confirms maestro Elia's right to practice the art of medicine.

Archivio Storico del Comune di Assisi, presso la Biblioteca Comunale. sezione « H », riformanze ed atti generali, registro n° 18, AA. 1469-1475,

c. 341v
Die 4 mensis martii 1475.
Consilio Secreto populi magnifice civitatis Assisii ... convocato et coadunato ... in quo Consilio fuerunt facte infrascripte deliberationes ad propositas m. D. Priorum.
Bulle facultatis hebrei
super medendo exhibitio /
Primo fuit exhibita et presentata per Emanuelem Jacob hebreum quedam bulla papalis in dicto Consilio, et petitum ab eo quod legeretur in dicto Consilio, et ideo fuit lecta et vulgarizata a me cancellario, de verbo ad verbum in dicto Con-

silio Secreto, et fuit acceptata, quia erat super facultate magistri Helie eius filii, quod posset ubique conduci et mederi.
c. 342r
Die 5ª mensis martii.
Consilio Generali populi magnifice civitatis Assisii ... congregato ...
in dicto Consilio fuit exhibita et presentata et lecta bulla facultatis concesse magistro Helie Emanuelis hebreo etc.
Cuius tenor infra sequitur etc.
Exemplum in publicam formam bulle facultatis
medendi concesse magistro Helie hebreo, et
transumptate per me cancellarium dicto
hebreo ad licteram ut hic jacet /
In nomine Domini amen.
Hoc est exemplum sive transumptum quarundarum litterarum apostolicarum in forma bulle, cum plumbo pendente ad cordulam siriceam coloris rubei et crocei, a cuius plumbi uno latere sunt impressa duo capita sive imagines duorum capitum, parvula cruce, et oblonge intermedie cum punctis circumcirca ipsum plumbum et ipsa capita sive capitum imagines, et supra ipsam .+. crucem et summitatem capitum exculpte sunt husiusmodi littere et hoc ordine videlicet S. PA S. PE, ab alio vero plumbi latere circumcirca sunt puncti expressi et in summitate est parvula crux latior et brevior altera et subtus crucem expresse sunt littere que dicunt sic: SIXTUS PAPA QUARTUS.
A tergo vero ipsarum litterarum sive ipsius bulle scriptum est litteris magnis sub hac forma videlicet.
Registrata apud me L. Grifum.
A fronte vero dicte bulle et in calce eiusdem, extra plicaturam ipsius, apparet scriptum maiusculis litteris quam sit forme littere bulle predicte hoc modo, P. de Monte.
Inter vero plicaturam, L. Grifus.
Que quidem bulla in nulla parte eius est vitiata, sive cassa aut cancellata aut quoquomodo suspecta, immo caret omni prorsus suspitione, dubio atque vitio, quantum sentente et judicio certo infrascriptorum spectabilium et honorabilium virorum et mei notarii et cancellarii infrascripti cognosci et judicari potest.
Que insuper bulla die quarta mensis martii presentis anni 1475 a nativitate D.ni nostri Jesu Christi fuit exhibita et presentata per Emanuelem Jacob hebreum Perusinum habitatorem civitatis Perusii, M. D.nis Prioribus populi et honorabili Consilio Secreto dicte civitatis Assisii et mihi notario et cancellario, et petitum ab eo ut legeretur in ipso Consilio et registraretur in archivio publico et in cancellaria dicte civitatis, ad perpetuam rei memoriam.
Et iterum, die sequenti, similiter presentata et similiter per eum petitum fuit in magnifico Consilio Generali dicte civitatis.
In quibus duobus Consiliis sive concionibus representantibus totum Comune et populum eiusdem civitatis dicta bulla ut supra presentata fuit et per me notarium et cancellarium infrascriptum, lecta de verbo ad verbum diligenter, et accurate, vulgari sermone, ad omnium plenam intelligentiam et certam notitiam ipsius populi.
Qua tota lecta et audita, fuit mihi mandatum a dictis M. D. Prioribus et ab utroque Consilio ut ipsam bullam, in cancellaria dicti Comunis et in publico

archivio eiusdem registrarem, et ita registrata apparet fideliter de verbo ad verbum, manu mea propria, sub die quinta mensis martii, in libro meo reformationum dicti Comunis et populi eiusdem civitatis Assisii.

Quod bulle exemplum sive transumptum sub die .xxiii. mensis aprilis dicti anni, cum suomet originali et cum ipsa bulla plombata ut prefertur per me infrascriptum notarium et cancellarium, una cum infrascriptis viris egregiis et notariis publicis fidelibus et legalibus dicte civitatis et quorum scripturis publica plena ubiqua fides adhibetur, fuit diligenter collatum et auscultatum et repertum in omnibus plene concordare ac convenire et in nulla parte nec etiam puncto dissidere, coram eximio legum doctori d.no Jacobo de Berardellis de Eugubio judice ac collaterali spectabilis viri Guidi de Bruschis de Callio, potestatis dicte civitatis Assisii, sedente pro tribunali ad solitum bancum juris palatii consuete residentie dicti d.ni Potestatis et ipsius judicis.

Qui D.nus Jacobus collateralis prefatus propterea, dicti magnifici Comunis Assisii et suam omnem interposuit auctoritatem et decretum ad maiorem omnium et singulorum suprascriptorum fidem et corroborationem.

Cuius bulle tenor talis est videlicet.

Copia bulle facultatis medendi magistro Helie hebreo concesse quam ipse petiit in publicam formam ad perpetuam rei memoriam sibi fieri et hic registravi ut jacet. /

« SIXTUS episcopus servus servorum Dei, Helie Manuelis hebreo Perusino viam veritatis agnoscere et agnitam custodire.

Et si Judeos quorum obstinata cecitas fideles per conversationem potius inficere quam ipsis in aliquo perficere posse, videntur ad aliquos inter nos promoveri gradus honoris, canonice prohibeant sanctiones.

Tamen interdum apostolice sedis, illis ex eis quos in aliqua virili certe peritos et inter fideles honeste conversatos esse, per fidedigna testimonia novit, spetialem gratiam facere consuevit, etiam ea spe ut per fidelium conversationem, cecitate deposita, veritatis lumen agnoscere et tenere valeant.

Sane, pro parte tua, nobis nuper exhibita petitio continebat quod tu tam in Asisianatensi civitate et eius diocesi, quam in quibuscumque aliis locis, in arte medicine, in qua ab ineunte etate te exercuisti, multis cristianis infirmis opem et auxilium in eorum egritudinibus prestitisti.

Cum autem sicut eadem petitio continebat, tu ut liberius et sine cuiuscumque molestie, te in ipsa arte exercere, et quietori ingenio valitudini infirmorum intendere possis, cupias tibi licentiam ubilibet medendi et conduci valendi ad medendum per eandem sedem impartiri, et quia sepenumero contingit quod Judeis, itineribus de loco ad locum iter facientibus, per stipendiarios et levis conditionis personas, qui eos per delationem signi, cognoscunt, quamplures fiunt iniurie.

Tu qui in locis in quibus moratus es per exercitium antedictum, pro Judeo ab omnibus pene cognitus es, dubitasne tibi de loco ad locum sepenumero proficiscenti similes iniurie inferantur tempore precedenti, pro parte tua fuit nobis humiliter supplicatum ut super his, statui tuo opportuno providere de benignitate apostolice dignaremur.

Nos igitur volentes te, cuius conversatio apud nos fidedignis testimoniis commendatur, favore prosequi, gratie spetialis, tuis in hac parte supplicationibus inclinati, tibi ut quibuslibet etiam fidelibus in quibuscumque civitatibus, castris, villis et locis ac ubilibet, pro ut ab eis vocatus fueris, tam in phisica quam in chirurgia, et eos omnes curare eisque, juxta dicte artis peritiam, opportunas medelas impendere, ita tamen quod eos qui fideles fuerint ab ecclesiasticis sacramentis recipiendis et sue saluti anime consulendo, verbo vel opere, nullatenus retrahas, ab ipsisque civitatibus, castris, et locis predictis ad medendum in arte predicta, impune et libere, conduci, eligi et deputari possis et valeas, nunc et tempore precedente, absque alicuius peccati vel censure quoad catholicos conducentes, et medelas recipientes predictas in cursu auctoritate apostolice tenore presentium licentiam elargimur.

Preter tibi ut cum uno socio vel famulo tuo per quascumque provincias, castra, civitates et loca predicta eorumque territoria, absque eo quod tu vel idem socius seu famulus signum aliquod deferre teneamini, conversari possitis, nec propter aliqua pena vel mulcta affici valeatis, licentiam concedimus per presentes, non obstantibus constitutionibus et ordinationibus apostolicis ac statutis, consuetudinibus provinciarum, civitatum, castrorum et locorum predictorum, juramento, confirmatione apostolice vel quavis alia firmitate roboratis, certisque contrariis quibuscumque.

Nulli ergo omnino hominum liceat hanc paginam nostre elargitionis et concessionis infringere, vel ei ausu temerario contraire. Siquis autem hoc attentare presumpserit indignationem omnipotentis Dei ac beatorum Petri et Pauli apostolorum eius se noverit incursurum.

Datum Rome apud Sanctum Petrum, Anno Incarnationis Dominice millesimo quadringentesimo septuagesimo quarto, die tertio mensis februarii, Pontificatus nostri anno quarto.

(ST) Et ego Julianus Dominici Quirici de Capralica diocesis Sutrinensis publicus imperiali auctoritate notarius et ab annis quinque et ultra preteritis et nunc notarius reformationum et cancellarius magnifici Comunis et populi magnifice civitatis Assisii, suprascriptum exemplum et transumptum bulle registrarem in dicta cancellaria, manu mea, et lecte ut supra, hic fideliter, de verbo ad verbum, nihil omino addens vel minuens, copiavi et transcripsi et auscultavi atque concordare inveni, una cum infrascriptis egregiis et probis viris ser Salvo Francisci, ser Johanne Baptiste d.ni Johannis, et ser Mariocto Lodovici publicis notariis dicte divitatis, coram prelibato D.no collaterali et judice et supradictis M. Prioribus Comunis Assisii, et suam auctoritatem decretumque interponentibus, ad maiorem omnium et singulorum premissorum firmitatem et perpetuam fidem, et quod infrascripti jam nominati notarii et ego, simul, publici notarii legales et fideles, et de nostra auctoritate, fide et integritate nullibi dubitari possit aut debeat, de mandato prefatorum M. D. Priorum Comunis et populi dicte civitatis Assisii appositum est maius sigillum dicti Comunis. Quod sigillum conservatur a M. D. Prioribus, in capse sex clavium, in eorum solite residentie et ipse tamquam publicus notarius et cancellarius ut supra, me subscripsi nomenque signium offici mei tabellionatus infra consuetum apposui, et duo verba supra addita silicet « parte » et « incursu » manu mee proprie addite sunt, quia errore omiseram, et super etiam omiseram verba illa supradicta intra plicaturam.
(ST)   L. Grifus

c. 343*v*

Et ego Salvus condam Francisci Vitalis Lucii de Asisio publicus et apostolice

auctoritate notarius et judex ordinarius auscultationi dicti transumpti et interpositioni auctoritatis et decreti per supranominatum collateralem D. Jacobum interfui et presens fui una cum prefato ser Juliano et ser Mariotto notariis supranominatis et quia invenimus in omnibus concordare, ideo ad finem premissorum me subscripsi signiumque meum apposui consuetum.
Locus signi.

Et ego Johannes Baptista condam d. Jacobi de Asisio notarius suprascriptus ac judex ordinarius, dicte auscultationi transumpti predicti et dicte interpositioni auctoritatis et decreti prenominati per prenominatum D. Jacobum collateralem prefatum, presens interfui et quia eam in omnibus concordare inveni, una cum supranominatis spectabilibus viris ser Juliano cancellario, ser Salvo Francisci et ser Mariotto Lodovici notariis publicis de Assisio supranominatis, idem me subscripsi signiumque meum in fidem et testimonium premissorum apposui consuetum.
Locus signi

Et ego Marioctus condam Lodovici ser Antonii de Asisio publicus imperiali auctoritate notarius et judex ordinarius presens transumptum cum suo originali proprio una cum ser Juliano prefato transumptante diligenter et fideliter auscultavi, et in omnibus et per omnia inventum est cum suo originali concordare, coram prefato d.no Collaterali, ac etiam interpositioni decreti et auctoritatis judicis predicti, una cum prefatis ser Salvo et ser Johanne Batiste testibus suprascriptis presens interfui, et ad fidem et robur premissorum me subscripsi signiumque meum apposui consuetum dictis millesimo et loco predictis.
Locus signi.

93. ASSISI
1476, March 23
Maestro Elia di Manuele appears before the Priori, voluntarily and publicly to renounce his practice, declaring himself to be unaccepted to the people on account of his Jewish identity.

Archivio storico del Comune di Assisi presso la Biblioteca Comunale, sezione « H », riformanze e atti generali, registro n° 18, AA. 1469-1479.

c. 376r
die 32 mensis martii 1476.
Renumptiatio magistri Helie de sua conducta /
Magister Helias Manuelis hebreus medicus conductus olim a civitate Assisii constitutus in audientia palatii solite residentie M. D. Priorum populi dicte civitatis, visa intellecta et cognita intentione populi dicte civitate et M. D. Priorum populi eiusdem et quatuor civium electorum per eosdem, auctoritate Consilii Secreti cum plena auctoritate etc. et confirmatione R. D. Gubernatoris per litteras suas etc., super amovendo et cassando ipso hebreo, sponte et certa sua cumscientia etc. et non per errorem aut metum etc. renumptiavit omni sue conducte, facte olim a comunitate de eo ad chirurgiam, et voluit dictam suam

conductam amplius in futurum effectum non habere, nec iam prosequi, neque per ipsam de futuro tempore aliquod salarium petere aut petere posse quomodo etc., quia intelligit non placere populo quod ipse serviat ex quo est Judeus etc., et ad maiorem fidem etc. juravit, tactis manu scripturis hebraicis, predicta omnia et singula perpetuo servare etc. et si contrarium attentaret, per se vel alium, voluit incidere penam centum florenorum, ipso facto applicandam camere apostolice.

Qui M. D. Priores populi, omnes sex presentes, et spectabiles quatuor cives ab eisdem electi ... super cassando dicto chirurgico hebreo similiter presentes et concordes, in quorum omnium arbitrium dictus hebreus remisit omnem actionem sui salarii etc. ... declaraverunt et decreverunt ... quod dictus magister Helias hebreus, qui renumptiavit ut supra sue conducte et salario etc. habeat et habere debeat a comunitate usque ad trigintaduos florenos monete ad rationem 50 baioccorum pro floreno, in totum, pro sue conducte secundi anni, quo fuit conductus a comunitate; qui annus incepit in kalendis octobris anni proxime preteriti, et plus petere non possit nec debeat quoquomodo et quod non debeat amplius se inmiscere in serviendi comunitati.

Et dicte declarationi per M. D. Priores populi dicto hebrei, statim post discessum dictorum quatuor civium, aperte et manifeste, dictus Judeus quietus et tacitus etc. petens bullectenum de residuo usque ad dictam ut supra declaratam quantitatem etc.

94. Assisi
1417, June 6
Acquisition of land by Abramo di Musetto.

Biblioteca Comunale di Assisi, Archivio notarile, vol. C 9 - fasc. I⁰. Acta ser Gerardi Iohannis, AA. 1417-1418.

c. 141r
Die sexta dicti mensis iunii; actum ...
c. 144r
Emptio Habrahami iudei.
Eodem die, actum Assisii, in supradicta domo dicti Habrahami supra confinata [c. 143v - cui a primo et a secundo vie, a tertio Bartolinus Lippi et alia latera veriora ...], presentibus Petro Francisci capsarius et Arlotto Nofrii de Assisio testibus ad hec vocatis, habitis et rogatis.
Existentes personaliter in dicto loco, coram dictis testibus et me notario infrascripto, Christofanus Francisci Philipputii et Rufinus Paschutii Malitie de Assisio et uterque ipsorum principaliter in solidum per eos eorum et cuiuscunque eorum heredes iure proprio et in perpetuo dederunt, vendiderunt, tradiderunt, cesserunt et concesserunt personaliter magistro Habrahamo magistri Musepti iudeo, porte Sancte Clare, ibidem presenti, stipulanti et recipienti pro se suis heredibus et pro quo vel quibus ius suum concesserit unam petia terre vineatam, pastinatam, positam in pertinentiis Assisii, in bailia Sancti Savini [porte Sancti Rufini], vocabulo Saleceti, cui a primo et a secundo vie, a tertio res hospitalis Co-

munis Assisii et alia latera veriora, ad habendum etc.; et hoc fecerunt pro pretio in totum .xv. florenorum auri, quod pretium totum dicti venditores fecerunt confessionem et guarentigiam habuisse et recepisse et integre satisfactos et de dicto pretio toto fecerunt eidem emptori stipulanti et recipienti finem et refutationem etc.

Renumptiantes dicti venditores exceptioni etc., quam rem etc., et promiserunt quod de dicta re vendita nemici est alium alii ius datum etc., et promiserunt ipsam rem perpetuo legitime defendere earum expensis et interesse etc., et in se subscipere omnem iudicium litis etc., quoniam pena dupli etc., et promiserunt de predictis facere confessionem, solutionem et guarentigiam etc.

95. Assisi
1429, September 27
Acquisition of a building by Abramo di Sabbatuccio.

Biblioteca Comunale di Assisi, Archivio notarile, vol. B 11 - fasc. 3º. Acta ser Iohannis Cicchi Bevignatis, AA. 1427-1430.

c. 84v
Emptio magistri Abrami magistri Sabbatutii iudei.
Die .xxvii. mensis septembris; actum Assisii, in platea Comunis, ante cameram quam tenet ad pensionem a Comuni sub palatio novo Comunis Lodovicus Amatutii, cui camere a primo platea Comunis, ab aliis res dicti Comunis, presentibus Iacobo Lodovici, Gentile magistri Bartolomei et Micchaele Giorgii de Assisio, testibus ad hec habitis, vocatis et rogatis.
Existens in dicto loco, coram dictis testibus et me notario infrascripto, Andreas Nofrii Cagni de Assisio et porta Sancti Francisci, pro se et suis heredibus, iure proprio et in perpetuo et per verum et directum dominium, ius et allodium dedit, vendidit, tradidit, cessit et concessit et pleno iure transtulit et mandavit magistro Abramo magistri Sabbatutii iudeo de Assisio presenti, ementi, stipulanti et recipienti pro se et suis heredibus et pro quo aut quibus ius suum concesserit et concedere voluerit unum casalenum positum in Assisio, in porta Sancti Francisci, cui casaleno a primo via, a secundo heredes Francischini Uguccioni, a tertio Iohannes Pauli Longhe a quarto heredes *** alias Caprecte et alia latera veriora ad habendum, tenendum, vendendum etc., cum accessibus et egressibus suis usque in vias publicas seu vicinales et cum omnibus et singulis que infra predictos continentur confines, vel alios si qui fore meliores et veriores et cum omnibus et singulis utilitatibus, commoditatibus, adiacentiis et pertinentiis suis et cum omnibus que dicta res vendita habet seu continet in se, sub se, supra se, intra se, extra se, infra se, iusta se in integrum et cum omni iure, usu seu requisitione et commoditate ipsi rei vendite et ipsi venditori competenti vel competituri realiter vel personaliter quoquomodo; et hoc fecit pro pretio et nomine pretii in totum librarum decem denariorum, quod pretium totum et integrum dictus venditor fuit confessus et contentus se habuisse et recepisse etc. et in presentia mei notarii et dictorum testium in dicto loco habuit et recepit a dicto emptore in pecunia numerata duos florenos auri in auro, de quo pretio toto et

integro dictus venditor per se et suos heredes fecit finem et refutationem dicto emptori presenti etc.; quam rem venditam se nomine dicti emptoris constituit possidere interum et dictam possessionem corporalem accepit dicte rei vendite; quam accipiendi, intrandi, apprehendi, tenendi et possidendi eidem emptori et acceptanti sua propria auctoritate, licentiam dedit et contulit, et possessionem puram, vacuam, liberam et expeditam dare promixit etc., et ullo unquam tempore litem, causam aut controversiam non inferre, sed potius ipsam rem venditam legitime defendere ab omni molestanti persona, comuni, corpori etc., omnibus sumptibus et expensis dicti venditoris etc. Renuntians etc., promixit etc., iuravit etc., perpetuo actendere etc., sub pena dupli etc.

96. ASSISI
1434, June 29
Distribution of property inherited by Abramo, Giacobbe and Gaio, sons of maestro Sabbatuccio the physician.

Biblioteca Comunale di Assisi, Archivio Notarile, Acta ser Johannis Cicchi Bevignatis, protocollo B - XIV, AA. 1433-1436.

2.a cartolazione
c. 53r

+ JHS +

In nomine Domini amen.
Hic est liber sive quaternus continens in se emancipationes, emptiones, divisiones, promissiones et obligationes, fines et refutationes et rogationes et plures alias varias et diversas scripturas ad notariatus officium pertinentes et spectantes, factus, compositus scriptus et publicatus per me Johannem Cicchi Bevignatis de Casagastalda civem civitatis Assisii publicum notarium, sub anno Domini millesimo quatringentesimo trigesimo quarto, indictione duodecima, tempore Sanctissimi in Christo patris et domini nostri domini Eugenii divina providentia pape quarti, diebus et mensibus infrascriptis. (ST)
c. 66v
Divisio bonorum facta inter filios
magistri Sabbatutii judei.
Die penultimo mensis junii. Acta fuerunt infrascripta in civitate Assisii et in palatio habitationis d.ni Potestatis civitatis prefate videlicet in camera superiori que vocatur « la camera del podestà », cui palatio a primo [latere] platea Comunis, a secundo ser Laurentius Antonii Gambati, a tertio turrim populi et alia latera, presentibus ser Nicolao Andrutii Moncelli et Angelo Gabriellis magistri Honofrii de Assisio testibus ad hoc habitis vocatis et rogatis.
Existentes in dicto loco coram supradictis testibus et me notario infrascripto et coram sapienti viro et egregio legum doctore d.no Christofano de Valdetaris vice potestate et judice causarum civilium Comunis Assisii ipso pro tribunali sedente super quodam bancho de ligno existente in camera predicta.
Quem locum, primo et ante omnia, dictus d.nus vice potestas et judex predictus

ad omnia infrascripta elegit et deputavit pro suo loco juridico et tribunali, que fient inter infrascriptas partes: magister Ghaius, magister Abraham et Jacoppe, fratres carnales et filii olim magistri Sabbatutii magistri Manuellis judei de Assisio, volentes venire ad divisionem bonorum communium ipsorum, et quilibet eorum facere gerere et exercere facta et negotia sua de per se, pro ut melius potuerit. Et ad tollendum omnem errorem et materiam scandoli et erroris diviserunt eorum bona stabilia et mobilia, hoc modo videlicet quia fecerunt tres partes. Pars magistri Abrahami.
Pars magistri Abrahami.
In prima vero parte posuerunt:
– unam domum positam in Assisio in Porta Sti Francisci, juxta Angelum Victorini bastarium, a terra usque ad celum; cui domui a primo [latere] strata, a secundo Jacoppe pro parte domus sue, a tertio *** et alia latera,
Item unam petiam terre positam in comitatu Assisii, in baylìa *** et vocabulo ***, que est prope turrim Cellis, juxta *** et alia latera,
Item unam petiam terre sive ortum positum in Assisio in Porta Parlaxii, juxta vias a tribus lateribus, et a quarto sepulturam judeorum et alia latera,
Item unam petiam terre posite in comitatu Assisii, in Campanea comitatus Asisii videlicet in baylìa ***,
Item una petiam terre clausurata positam in comitatu Assisii, in baylìa *** et vocabulo de gruocte, juxta *** et alia latera,
Item unam petiam terre aratorie positam in comitatu Assisii, que vocatur lo campo della pastena de Sancto Ruphino, juxta heredes Gilii Farolfi et Blaxium Testi et ser Gerardum d.ni Johannis et alia latera.
Item tertiam partem unius orticelli positi in Assisio in Porta Sti Francisci videlicet a parte domus Angeli Victorini; qui orticellus est juxta domum ipsorum, positus in Assisio et Porta Sti Francisci, cui particelle seu tertie parti dicti orti a primo domus dicti Angeli Victorini, a secundo pars orticelli dicti magistri Gay, a tertio pars orticelli dicti Jacoppe et alia latera, pro ut divisa et signata et terminata est dicta pars,
Quam partem dictus magister Abraham accepit et acceptavit pro sua parte presentibus volentibus et consentientibus dictis magistro Gaio et Jacoppe ratificantibus et affirmantibus.
Pars Jacope.
In secunda vero parte posuerunt: – domum positam in Assisio que est - - - in medio domorum ipsarum partium positarum in Assisio in Porta Sti Francisci juxta partem obventam in partem dicti Abrahami e logiam magistri Ghay, a terra usque ad celum,
Item unam petiam terre aratoriam positam in comitatu Assisii in baylìa Bagnoli in vocabulo *** juxta ***,
Item unam petiam terre sodative que olim fuit Cibaldrini positam ***,
Item tertiam partem unius orticelli pro ut signatum et terminatum est, positum in Assisio in Porta Sti Francisci juxta viam, domos proprias ipsarum partium, viam sive rembocchum, et partem dicti orticelli dicti Jacoppi et magistri Abrahami. Quam partem dictus Jacope accepit et acceptavit pro sua portione et de ea contentus stetit et stat presentibus // c. 67r // volentibus et consentientibus et approbantibus et confirmantibus dictis magistro Ghaio et magistro Abrahamo.

Pars magistri Ghay.
In tertia vero parte posuerunt:
- domum et loiam que est in medio domorum predictarum positam in Porta Sti Francisci, juxta res que olim fuit Macthey Victorini Feragozze et partes obventas dictis magistro Abrahamo et Jacoppe domorum predictarum.
Cum hac declaratione apposita in presenti parte de voluntate ipsarum partium contrahentium, quod magister Gaius qui habebit et habet istam partem tertiam quod sibi liceat et licitum sit et possit si voluerit, murare et coperire seu murari et coperiri facere partem dicte sue domus sibi obventam et altiare versu celum [usque] ad equalitatem et paritatem domorum partitarum et divisarum, cum profellecto dicte loie, et mictere et ponere trabes seu lignamina necessaria pro hedifitiis predictis in muro partis domus obvente dicto Jacoppo, expensis ipsius magistri Ghay, et etiam quod sit sibi licitum si sibi videbitur et placebit, claudere et remurare hostium et fenestras que sunt in parte domus eiusdem magistri Gay pro ut de sui processerit voluntate sine contradictione aliqua, per spetiale pactum, que essent in partem domus dicti Jacoppe.
Item tertiam partem orticelli positi juxta dictas domos in Assisio in Porta Sti Francisci, cui particule tertie partis dicti orti, a primo [latere] via sive remboccho, a secundo heredes Zaccarii, a tertio res Bertoni ab aliis predicti magistr Abrahami et Jacoppi pro eorum partibus dicti orticelli.
Quam vero partem dictus magister Ghaius accepit et acceptavit pro sua parte et de ea contentus fuit et est, presentibus et volentibus et consentientibus et confermantibus dictis magistro Abrahamo et Jacoppe, cum daclaratione et pacto supra appositis in presenti parte.
Et voluerunt dicte partes de communi concordia et per pactum spetiale habitum, quod si aliquis ipsorum vellet vendere partem suam vel aliquo de parte sibi obventa, in totum vel in partem, quod primo et ante omnia, dictus talis qui vendere voluerit, primo et ante omnia debeat requirere dictos suos fratres, si ipsi vel ipse volunt vel vult emere illam partem quam vendere voluerit et in casu quo vellent vel vellet emere et habere, quod dictus volens vendere teneatur et debeat ipsam partem dare et vendere eidem volenti emere, pro pari denaro et pretio.
Et in casu quo nollent aut nollet emere vel habere, quod tunc et eo casu licitum sit sibi vendere et dare cui sibi placuerit et voluerit, non obstante prohibitione predicta.
Quam quidem divisionem et acceptionem, receptionem, confirmationem, promissionem et obligationem, pactum et conventiones et omnia et singula in presenti divisionis contractu contenta, in singulis suis partibus et capitulis, singula singulis referendo, ratificando approbando et omologando omnem aliam divisionem factam inter ipsas partes, manu cuiuscumque notarii vel alterius persone apparet, prefate partes et quelibet earum per eos et eorum heredes, obligando se et omnia eorum et cuiuscumque eorum bona presentia et futura existentes in dicto loco coram dicto d.no vice potestate et judice causarum civilium et dictis testibus, super ebraicis litteris scriptis manu [tactis] juraverunt super ipsis scripturis et secundum legem eorum, perpetuo actendere, observare; adimplere et contra non facere vel venire, aliquo modo, jure vel causa, de jure vel de facto, aliquo quesito colore, ad penam et sub pena centum florenorum auri. Cuius pene medietas sit camere Comunis Assisii et alia medietas sit partis obser-

vantis et observare volentis, sollempni stipulatione intervenienti, cum refectione dampni et expensarum et interesse, litis et extra sub pena et obligatione predictis. Renumptiantes dicte partes et quelibet ipsarum exceptioni dictarum divisionis, acceptationis, approbationis et confirmationis, promissionis et obligationis, pactorum et conventionum supradictorum et infrascriptorum non sic factorum, rei non sic // c. 67v // geste, contractus huius non sic celebratus, omnium et singulorum supradictorum et infrascriptorum non sic factorum, doli malique, vi, metus causa, conditione indebiti secundum causam et ex non vera et justa causa et omni alio benefitio legum, et juris auxilio remedio vel favore dictis partibus vel alteri earum in hoc facto quomodolibet competentibus vel competituris, realiter vel personaliter, contra predicta vel aliquid predictorum quoquomodo.

Que pena commissa vel non, soluta vel non, predicta omnia et singula supra scripta et infra scripta in presenti contractu contenta semper rata sint et firma. Et de predictis omnibus et singulis in presenti contractu contentis et singulis suis partibus et capitulis, singula singulis referendo, prefate partes et quelibet earum et pena si commicteretur, promiserunt per eos et heredes eorum facere confexionem, solutionem et guarentigiam Assisii, Perusii, Fulginei et ubique locorum et fori, ad petitionem partis hoc petentis sub pena et obligatione predictis.

Quibus omnibus et singulis supradictis sic gestis et factis supradictus dominus vicepotestas et judex causarum civilium Comunis Assisii, pro tribunali sedens ut dicitur, suam et Comunis Assisii auctoritatem interposuit et decretum.

Rogantes me Johannem notarium infrascriptum quod de predictis publicum conficerem instrumentum.

(ST)

97. Assisi
1437, November 14
Property contract made between Giacobbe da Perugia, living in Ferrara, and Consiglio da Gubbio, living in Perugia.

Biblioteca Comunale di Assisi, Archivio notarile, vol. B 15 - Acta ser Iohannis Cicchi Bevignatis, AA. 1436-1437.

c. 139r
Emptio Consigli Abrami iudei de Perusio.
Die .xiiii. mensis novembris; acta fuerunt infrascripta in civitate Assisii, in camera catastorum dicto Comunis, posita in turri populi, iuxta plateam Comunis et res Comunis ab aliis, presentibus Manuello Abrami Musepti, iudeo de Assisio, Iacobo Petri, Iacobo Angeli magistri Angeli et Marchese Andree Pauli Abbatis, omnibus de Assisio, testibus ad hec habitis, vocatis et rogatis.
Existens in dicto loco, coram dictis testibus et me notario infrascripto Iacoppe Salomonis Macthagie de Perusio, iudeus, habitator in civitate Ferrarie, suo proprio nomine et vice et nomine Davit, sui fratris carnalis et Isacche, filii olim Samuellis, fratris carnalis dicti Iacoppe et, ut procurator et procuratorio nomine

dictorum Davit, sui fratris carnalis, et Isacche, sui nepotis, pro quibus et quolibet eorum de rato habitatione, promisit obligando se et omnia sua bona ... se facturum et curaturum et facere et curare cum effectu et faciet et curabit quod Davit et Isacche et quilibet ipsorum presentem contractum venditionis et omnis et singula, in presenti contractu contenta, in singulis sui partibus et capitulis, singula singulis referendo ratificabunt, approbabunt, confirmabunt et emologabunt et ratum habebunt et similem contractum facient et faciet sine aliqua alia solutione, ad petitionem et terminum infrascriptorum emptorum et cuiuslibet eorum heredum vel ius habentis ab eis vel altero eorum; et ut procurator et procuratorio nomine dictorum Davit et Isacche, habens ad infrascripta plenum et suffitiens mandatum ut asserunt manu ser Antonii *** de medicina de Bononia, publici notarii, per se et suos heredes obligando se et omnia sua bona ut supra, dictis nominibus, iure proprio et in perpetuum et per verum et directum dominium, et allodium dedit, vendidit, tradidit, cessit et concessit et pleno iure transtulit et mandavit Consiglio Abrami iudeo de Eugubio, habitatori in civitate Perusii, in porta Sancte Susanne, in parochia Sancti Antonini et Guillemo magistri Angeli, iudeo de Perusio, porte Solis et parochie Sancte Lucie, stipulantibus et recipientibus pro eis et eorum et cuiuscunque eorum heredibus, pro equale parte unum casalenum sive domum aut domos, cum solo et turri existentibus in dictis casamento et domo et cum solo et hedifitio seu hedifitiis suis, positum in civitate Perusii, in porta Solis et parochia Sancte Lucie.

Quibus domui et domibus et turri a primo strata publica, a secundo via sive rimbocco, per quem itur ad ecclesiam Sancte Lucie, a tertio via vicinalis, a quarto res magnificis viri Ruggerii Costantini de Raneriis, a quinto Paulus Andree coiarius et Meus, eius frater, a sexto heredes ser Nofrii magistri Egidii et alia latera veriora, si qua aut plura haberet meliora et veriora et cum omnibus et singulis que dicte res vendite habent seu continent in se, sub se, intra se, infra se, supra se, extra se, iuxta se et cum omnibus et singulis utilitatibus, commoditatibus, adiacentiis et pertinentiis suis et cum omni iure et actione, usu seu requisitione ipsis rebus venditis et ipsi venditori nominibus quibus supra pertinentibus sive expetantibus quomodocunque et qualitercunque ad habendum, tenendum, possidendum, fructuandum, vendendum, alienandum et permutandum et quidquid deinceps eisdem emptoribus ut supra stipulantibus et recipientibus perpetuo placuerit faciendum.

Et hoc fecit dictus venditor dictis nominibus pro eo quia sibi bene placuit et pro pretio et nomine pretii octingentorum florenorum auri ad iustum pondus; quod pretium totum et integrum dictus venditor, dictis nominibus, fuit confessus et contentus se habuisse et recepisse et sibi venditori datum, traditum, solutum et numeratum esse et fuisse et penes se habere et habuisse et non sub spe future solutionis et numerationis dicti pretii, et in presentia mei notarii et dictorum testium in dicto loco habuit et recepit in uno sacchetto panni lini ducentos florenos in florenis auri et bolonenis pro complemento et residuo solutionis totius dicti pretii; que partes asseruerunt et dixerunt esse ducentos florenos residuum vero ab inde supra usque ad dictam concorrentiam summam octingentorum florenorum pretii predicti fuit confessus et contentus dictus venditor habuisse et recepisse et sibi datum et solutum et numeratum esse et fuisse per dictos emptores ibidem presentes et intelligentes in civitate Perusii, in vera et bona solutione et sine diminutione aliqua, de quo pretio toto et integro

dictus venditor per se et suos heredes et dictis nominibus fecit finem et refutationem, quietationem, absolutionem, liberationem et remissionem perpetuo valituram et pactum de ulterius aliquid non petendo vel agendo dictis emptoribus presentibus, stipulantibus et recipientibus ut supra. Quas res venditas supradictus venditor se nomine dictorum emptorum et cuiuslibet ipsorum constituit tenere et possidere interim et donec dictus emptor, vel alter eorum, possessionem corporalem acceperint vel acceperit.
Quibus emptoribus et cuilibet eorum presentibus ... licentiam dedit et contulit et possessionem puram, liberam, vacuam et expeditam dictarum rerum venditarum et cuiuslibet earum a nemine occupatam, detemptam seu apprehensam et ab omni honere debitorum, servitutis et dotium exhoneratam et exoccupatam ..., et promisit dictus venditor per se et suos heredes ... ullo unquam tempore litem, causam, seu questionem in dictis rebus ... non movere nec moveri facere, nec moventi consentire, sed potius promisit legitime defendere, auctorizzare et disbrigare ab omni molestanti seu inquietanti persona in iuditio et extra omnibus ipsius venditoris nominibus quibus supra sumptibus et expensis etc. ...
Renumptians dictus venditor exceptioni etc., que omnia et singula etc., dictus venditor iuravit super ebraicis litteris, more iudeorum perpetuo attendere, observare et adimplere et contra non facere vel venire etc., que pena etc., et de predictis etc., facere confessionem, solutionem et guarentigiam etc.
Rogantes me etc.

98. Assisi
1456, December 15
Sale of property transacted by Aleuccio di Abramo.

Biblioteca Comunale di Assisi, Archivio notarile, vol. S 1. Acta ser Pulidori Lodovici, AA. 1453-1456.

c. 29r
Hic est liber ... protocollorum ... scriptus, editus, compositum et publicatum per me Polidorum Lodovici ser Antonii de Assisio sub anno Domini millesimo quatrigentesimo quinquagesimo sexto ... diebus et mensibus infrascriptis ...
c. 48r
Concessio Antonii Palaracci.
Eodem millesimo et die .xv. decembris. Actum in civitate Assisii, ante et prope apothecam quam habet ad pensionem ab Laurentio Malitie Antonius Georgii de Assisio, positam iuxta plateam magnam Comunis Assisii, viam publicam et alia latera, presentibus dicto Antonio Georgii, Honofrio eius filio et Antonio Salvi, omnibus de Assisio, testibus ad infrascripta habitis, vocatis etc.
Aleutius Abrae ebreus de Assisio et porta Sancte Clare, per se et suos heredes iure proprio et in perpetuum dedit, vendidit, tradidit, cessit et concessit pleno iure Antonio Sanctis alias de Palaraccio de dictis civitate et porta, presenti, stipulanti et ementi pro se et suis heredibus et pro quo aut quibus ius suum concesserit certum terratum usque ad voltam, cum quadam pariete muri in medio ipsius terrati existente et cum duobus hostiis in eodem existentibus, cum solo

et parietibus suis positis in civitate Assisii et porta Sancte Clare, cui ab uno via publica, ab alio res ipsius Aleutii et Manuellis eius fratris carnalis, ab alio res Batiste Ponzani et superius res heredum Ciansis de Assisio et alia latera veriora, ad habendum tenendum, possidendum, fructuandum, vendendum et alienandum et quicquid dicto emptori et suis heredibus deinceps placuerit perpetuo faciendum cum accessibus et egressibus suis usque in vias publicas seu vicinales et cum omnibus et singulis que infra predictos continentur confines, vel alios si qui forent et que dicta res vendita habet seu continet in se, sub se, intra se seu infra se in integrum omnique iure, usu, seu requisitione ipsi rei vendite aut ex ea vel pro ea venditori predicto quomodolibet pertinente sive spectante; et hoc fecit pro pretio et nomine pretii sexdecim librarum denariorum, quod pretium totum et integrum fuit confessus et contentus habuisse et recepisse et habuit et recepit in presentia dictorum testium et mei notarii infrascripti, pro residuo totius pretii predicti libras octo denariorum; de quo pretio toto et integro fecit emptori predicto, presenti et acceptanti, finem et refutationem generalem perpetuo valituram et pactum de ulterius aliquid non petendo vel agendo.

Quam rem sic venditam predictus venditor se, nomine ipsius emptoris, constituit possidere usque quo ipse emptor possessionem acceperit corporalem, quam accipiendi, apprehendi, intrandi et retinendi eius auctoritate propria emptori predicto licentia et omnimodam facultatem etc. nec contulit atque dedit dare et tradere promixit puram, vacuam, liberam et expeditam possessionem et a nemine occupatam, detenctam seu apprehensam et ab omni onere debitorum servitutis et dotium exhoneratam etc.; et in ipsa re vendita litem, causam, questionem seu controversiam aliquam non inferre nec inferenti consentire, sed potius ipsam rem venditam perpetuo legitime defendere, auctoritate et disbrigare ab omni inquietanti seu molestanti persona, comuni, corpore, collegio et universitate omnibus ipsius venditoris sumptibus et expensis etc.

Insuper promixit quod de dicta re vendita nemini alii ius aliquid dedit, cessit vel concessit in toto vel in parte, quod habeat huic contractui in aliquo preiudicato vel quomodolibet obesse.

Quod si secus fecisse constiterit promixit illud tale ius quod reperiretur sic alicui alii fuisse datam vel concessam reacquirere pro dicto emptore et ipsum emptorem et eius heredes et bona perpetuo sine danno conservare omnibus ipsius venditoris sumptibus et expensis.

Renuntians exceptioni dictarum venditionis, promissionis, obligationis, confessionis, finis et refutationis, non sic factarum etc.; et predicta omnia et singula in presenti contractu contenta promixit et promictendo iuravit ad sancta Dei evangelia, manu tactis corporaliter scripturis perpetuo rata et firma habere etc. sub pena dupli dicti pretii et obligatione omnium suorum bonorum presentium et futurorum etc.

Et de premissis omnibus et singulis ac de pena predicta si commicteretur facere confessionem, solutionem et guarentigiam in curiis Comunis Assisii, Perusii, Fulginei, Rome etc., sub pena et obligatione predictis.

98 *bis*. ASSISI
1456, December 15

Biblioteca Comunale di Assisi, Archivio notarile, vol. S 2 - fasc. I°, Acta ser Polidori Lodovici.

c. 39r
Eodem millesimo 1456 et die ...
c. 52r
Eodem millesimo et die .xv. decembris; actum Assisii, ante et prope apothecam quam tenet ad pensionem a Laurentio Malitie Honofrius Antonii Georgii de Assisio, positam iuxta plateam etc., presentibus dicto Honofrio, Antonio Georgii et Antonio Salvi de Assisio.
Aleutius Abrami ebreus de Assisio et porta Sancte Clare, per se et suos heredes etc. dedit, vendidit etc. duas partes casalenorum contiguas insimul videlicet a voltis deorsum, cui superius heredes Ciansis de Assisio, iuxta viam, res dicti Aleutii et Batista Ponzani et alia latera. Antonius Sanctis, alias de Palaraccio de Assisio, presenti etc., ad habendum etc., et hoc fecit pro pretio et nomine pretii librarum .xvi. denariorum, quod pretium fuit confessus et contentus etc. et habuit et recepit in presentia dictorum testium et mei libras octo pro residuo, de quo pretio toto etc.

99. ASSISI
1429, September 15
Stella, wife of Manuele di Abramo, makes settlement with Guglielmo of Perugia for 410 florins, which represent her dowry.

Biblioteca Comunale di Assisi, Archivio notarile, vol. C 10. Acta ser Gerardi Iohannis, A. 1429.

c. 14r
Refutatio Guiglielmi magistri Angeli iudei de Perusio facta per Stellam uxorem Manuellis.
Die .xv. mensis septembris; actum Assisii, in porta Sancte Clare, in domo infrascripti Manuellis Habrahami de Assisio, cui a primo, a secundo, a tertio vie, a quarto Anthonius Cichi Ponçani de Assisio et alia latera veriora, presentibus Ugolino Iohannis Taccholi et Nicolutio Cocçoli de Assisio, testibus ad hec habitis, vocatis et rogatis.
Existens personaliter in dicto loco, coram dictis testibus et me notario infrascripto domina Stella, uxor Manuellis Habrahami magistri Musepti de Assisio, porta Sancte Clare, sponte per se et suos heredes ex certa scientia et non per errorem omni modo, via, iure et forma quibus melius potuit cum presentia, consensu, licentia et auctoritate dicti Manuellis, sui mariti, fecit finem et refutationem, quietationem, absolutionem, liberationem et pactum de ulterius aliquid non petendo vel agendo Guiglielmo magistri Angeli de Perusio, presenti, stipu-

lanti et recipienti pro se et suis heredibus de quatrumcentis decem florenis auri, quos dictus Guiglielmus, procuratorio nomine dicte domine Stelle, manu mei notarii infrascripti, recepit a Iacoppo Moisis Bonaventure et ab heredibus Aleutii de Padua pro dotibus dicte Stelle; et hoc fecit quia sponte dixit et confessa fuit habuisse et recepisse partim in pechunia et partim in arnesibus et integre satisfactam.

Renumptians etc., promisit predicta observare, iuravit super eius scripturis contra non facere, pena dupli etc., et facere confessionem, solutionem et guarentigiam etc.

100. Assisi
1412, September 4
First will of Abramo di Musetto.

Biblioteca Comunale di Assisi, Archivio notarile, vol. C 13. Acta ser Gerardi Iohannis, AA. 1401-1416.

c. 232r

Testamentum Habrahami magistri Musecti iudei.
In nomine Domini amen. Anno Domini .Miiiixii., indictione quinta, tempore sanctissimi in Christo Patris domini Gregorii pape xii, et die quarta mensis septembris. Habram magistri Musepti, iudeus de Assisio, porta Sancte Clare, per Dei gratiam sanus corpore, mente, sensibus et intellecto, timens casum mortis qui sepe solet hominibus evenire, nolens decedere intestatus ne de suis bonis post eius obitum inter aliquos discordia aliqua valeat exoriri idcirco presens nuncupativus testamentum quod dicitur sine scriptis in hunc modum et formam fecit et facere procuravit

et in primis reliquid dominam Florem, eius uxorem, dominam massariam et usufructuariam omnium suorum bonorum mobilium et stabilium, una cum infrascriptis eius heredibus dum casta vidua et honesta visserit et ad secunda vota non pertransiverit;

item reliquid eidem domine Flore, eius uxori, filie Guglimutii, omnes suos pannos lane et lini argentini et aliud fornimentum et herredum factum ad usum et pro persona dicte domine Floris, de quibus voluit quod stetur et credatur simplici verbo dicte domine Floris et sine conditione alicuius;

item reliquid dictam dominam Florem tutricem et curatricem infrascriptorum eius heredum et sine aliqua sollempnitate, presentia vel auctoritate iudicis alicuius cum refectione inventarii vel sine et quod non teneatur assignare rationem administrationis infrascriptis heredibus vel alicui alii;

item reliquid restitui eidem domine Flore, eius uxori, ducentos florenos auri, quos dictus testator confessus et contentus fuit habuisse et recepisse pro suis dotibus;

item reliquid restitui domine Roselle, eius nure, duas libras et pannos extimatos .cL. florenos auri, quas confessus fuit habuisse et recepisse pro dotibus ipsius Roselle, uxoris Manuellis sui filii quas voluit restitui in omnem causum dotis restituende secundum formam iuris;

item reliquid et prelegavit Alevutio suo filio centum florenos auri, pro compensatione expensarum factarum per ipsum Habramum pro Manuello eius filio dum dictus Manuel cepit in uxorem dictam Rosellam.

In omnibus autem aliis suis bonis mobilibus et immobilibus, iuribus, actionibus presentis et futuris ubicunque sunt reperiri poterint in futurum fecit, constituit, creavit et ordinavit suos heredes universales Manuellem et Aleutium, suos filios, equis portionibus cum hac conditione quod si quis ipsorum suorum filiorum et heredum quandocunque decederet sine filiis vel filiabus legitimis, substituit supraviventem ipsorum et si ambo decederent in dicto casu substituit proximiores sive proximiorem eidem Habrahamo ex linea patris dicti Habrahami et si filii vel filie nascituri es dictis Manuello et Alevutio vel altero ipsorum, uno vel plures decederent sive decederet voluit dictus Habram quod dicta hereditas et bona deveniant et venire voluit ad dictos proximiores sive proximiorem ispius Habrahami, videlicet de domo patris ipsius Habrahami pupillariter et vulgariter et per fidecommissum; et hoc esse voluit suum ultimum [testamentum] et ultima voluntas, quos et quam valere voluit iure testamenti et si iure testamenti non valeret vel valebit aut valere non possit et valere voluit iure codicillorum donationis causa mortis et iure cuiuslibet ultime voluntatis quibus melius valere possit et tenere cassas, revocatas, cancellatas et annullans omne alius testamentum, codicillum, donationem causa mortis et ultime voluntatis attenus et factum manu cuiuscunque alterius notarii appareat in presenti testamento et contentis in eo iuxta roboris plenissimam firmitatem ceteris aliis prevalenti.

Actum, factum et conditum fuit dictum testamentum et ultima voluntas per dictum testatorem scriptum, lectum, publicatum et vulgarizzatum per me Gerardum notarium infrascriptum, mandato et verbo dicti testatoris, in civitate Assisi, in porta Sancte Clare, in domo dicti Abrami, cui a primo, a secundo, a tertio vie, a quarto Bartolinus Lippi et alia latera, presentibus Bartolino Lippi, Paulo Mutii, Anthonio Putii, Angelo Marcutii, Lippo Andrutii, Mactheo Perii, Lello Contis et Iohanne Mennici de Assisio testibus ad hec habitis et verbo proprio dicti testatoris rogatis.

101. Assisi
1420, November 29
Will of Aleuccio di Salomone.

Biblioteca Comunale di Assisi, Archivio notarile, vol. C 27. Acta ser Francisci ser Benvenuti, AA. 1399-1424.

c. 128*v*

Dispositio Aliutii Salamonis.
In Dei nomine amen. Anno a nativitate Domini nostri Yesus Christi millesimo quatringentesimo vigesimo, indictione decima tertia, tempore sanctissimi in Christo Patris et domini nostri domini Martini pape quinti, die vigesima nona mensis novembris.
Actum in civitate Assisii, in porta Sancti Francisci, in domo filiorum et heredum

magistri Sabatutii magistri Manuelis de Assisio, cui domui a duobus lateribus vie, a tertio res heredum Victorini Lentii funarii et alia latera, presentibus Francisco Angeli Ciutii, alias Chiasio, Farolfo Vannis, porte Sancte Clare, Francisco Lodovici Corradi, porte Parlaxii, Geronimo Iacobi vasarii et Gabriele Nofrii Iaconelli, porte Sancti Rufini, omnibus de Assisio, testibus ad hec habitis et vocatis et ore proprio infrascripti Aliutii rogatis.

Noverint universi hanc presentem paginam publicam inspecturi quod Aliutius Salamonis iudeus oriundus de urbe romana, diu habitator civitatis Assisii, in porta Sancti Francisci, in lecto cubans et infirmitate gravatur, sanus tamen mente, sensu et intellecto, in bona et recta scientia constitutus, sua spontanea voluntate et eius verborum expressione dixit et sic de suis bonis disposuit quod ipse relinquebat et ita reliquit in presentia dictorum testium et mei Francisci, notarii infrascripti, quod magister Gaius, filius olim supradicti magistri Sabbatutii, faceret, ministraret, disponeret et distribueret de bonis ipsius Aliutii sive vellet dare et distribuere amore Dei, sive dare vellet Gioiecte, uxori ipsius Aliutii, illud totum et quicquid dicto magistro Gaio videbitur et placebit et eo modo et forma quibus idem magister Gaius voluerit et generaliter dixit in presentia dictorum testium et mei dicti notarii:

« Ego relinquo omnia facta mea in manibus dicti magistri Gaii, presentis, intelligentis et acceptantis quod ipse faciat et disfaciat, det et distribuat quomodocunque et qualitercunque placuerit magistro Gaio predicto », et hanc dixit et asseruit esse suam ultimam voluntatem.

Rogans dictos testes et me notarium antedictum ut de predictis omnibus publicum conficerem instrumentum ad memoriam futurorum.

102. ASSISI
1423, January 13
Second will of Abramo di Musetto.

Biblioteca Comunale di Assisi, Archivio notarile, vol. C 14. Acta ser Gerardi Iohannis, AA. 1417-1431.

c. 169r
Testamentum Habrahami magistri Musepti iudei.
In nomine Domini amen. Anno Domini millesimo quatricentesimo vigesimo tertio, indictione prima, tempore domini Martini divina providentia pape quinti et die decima tertia mensis ianuarii.
Cum statutum sit homini semel mori, ideo Habram magistri Musepti, iudeus de Assisio, porta Sancte Clare, per Dei gratiam sanus mente, sensu, intellectu et bene discutionis, licet corpore languens, timens casum mortis, que sepe solet hominibus et mulieribus evenire, nolens decedere intestatus ne de suis bonis post eius obbitum inter aliquos discordia aliqua valeat exoriri idcirco presens nuncupativum testamentum quod dicitur sine scriptis in hunc modum et formam fecit et facere procuravit
et in primis reliquit Manuello, suo filio, iure istitutionis viginti quinque florenos

auri et in dicto legato heredum instituit et quod plus petere non possit vel habere de bonis et hereditate dicti Habrahami et si plus peteret ipso facto cadat a dicto legato et ab eius alio iure et subcessione bonorum et hereditatis dicti Habrami, presente, consentiente et acceptante dicto Manuello;
item reliquid Aleutio, suo filio, iure costitutionis .xxv. florenos auri et in dicto legato heredem instituit quam plus vel ultra in dicta hereditate et bonis dicte hereditatis dicti Habrami petere non possit vel habere, et si plus peteret cadat a dicto legato et ab omni alio iure et subcessione bonorum et hereditatis dicti Habrahami, in omnibus autem aliis suis bonis mobilibus et immobilibus iuribus et actionibus presentis et futuris ubicunque sunt et reperiri poterint in futurum fecit, constituit, creavit et ordinavit suum heredem universalem dominam Floram, eius uxorem, et hoc esse voluit suum ultimum testamentum et ultimam voluntatem et quod et quam valere voluit iure testamenti et si iure testamenti non valeret vel valebit aut valere non possit saltim valere voluit iure codicillorum donationis causa mortis, iure cuiuslibet ultime voluntatis quibus melius valere possit et tenere cassans, revocans, cancellans et adnullans omne alius testamentum, codicillum, donationem causa mortis et ultimam voluntatem attenus esse factum et factam manu cuiuscunque alterius notarii appareret et presens testamentum contentis in eo iuxit obtinere plenissimam roboris firmitatem ceteris aliis prevalere.
Actum, factum, conditum fuit dictum testamentum et ultima voluntas per dictum Habrahamum testatorem, scriptum, lectum, publicatum et vulgarizatum per me Gerardum notarium infrascriptum, mandato et verbo dicti testatoris, in civitate Assisii, in porta Sancte Clare, in domo dicti Habrahami, cui a primo et a secundo vie, a tertio res mei notarii infrascripti et alia latera veriora, presentibus Ciccho Blaxii, alias Corigiaia, Simone Andrutii Boccacii, Ensegnia Putii, Stefano Cichi iupparario, Christofano Andrutii Pasticchie et Ambrosino Massii Ciaccie de Assisio, testibus ad predicta vocatis, habitis et ab ore proprio dicti testatoris rogatis.

103. Assisi
1471, September 22
Manuele di Giacobbe, because of his father's old age, is granted permission to conduct religious services in his house.

Biblioteca Comunale di Assisi, Archivio notarile, vol. V 9, fasc. 2º, a. 1471, Acta ser Nicolai ser Laurentii, AA. 1470-1474.

c. 72v
Pro Manuelle Iacob ebreo.
Eodem anno et die 22 setembris; actum Assisii, in via publica, iuxta res Comunis Assisii, res Iacobi Cicchi Silvestri et alia latera, presentibus Benedicto Marini Peticti, Angelo Terne testibus etc.
Famoxissimus decretorum doctor dominus Antonius Andree de Assisio, vicarius domini episcopi civitatis Assisii, et tolerat et sit quod Manuel Iacob ebreus

propter senectutem patris possit una cum Abramo Isac ebreo, celebrare offitium in domo in qua habitat et etiam una cum dicto suo patre.
Rogans me notarium infrascriptum ut de predictis omnibus et singulis publicum conficerem documentum.

104. Assisi
1417, April 15
Peace is made between Samuele da Lecce and Abramo di Musetto.

Biblioteca Comunale di Assisi, Archivio notarile, vol. B 7 - fasc. 2º. Acta ser Iohannis Cicchi Bevignatis, AA. 1416-1417.

c. 66v
Die .xv. mensis aprilis ...
c. 67v
Pax Abrami iudei et alterius iudei.
Eodem die et loco [c. 67v – Actum Assisii, in platea Comunis, ante cameram quam tenet ad pensionem a Comuni sub palatio novo Comunis Assisii Lodovicus Amatutii ...], presentibus Iohanne Ruffini, tabernario, et Iovacchino Maraldi de Assisio, testibus ad hec habitis, vocatis et rogatis.
Samoellus Iosep, forensis de Leccia, provintia Apulee, iudeus, per se et suos heredes sponte, ex certa scientia et non per errorem, omni exceptioni et conditioni iuris et facti remotis, fecit pacem, concordiam et remissionem perpetuo valituram Abramo Musecti, iudeo de Assisio, porta Sancte Clare, presenti, stipulanti et recipienti pro se et vice et nomine Manuellis, filii ipsius Abrami, et pro ipso Manuello de omnibus et singulis iniuriis et offensionibus dictis, factis et illatis dicto, facto vel opere per dictum Abram vel per dictum Manuellem in personam et contra personam ipsius Samoelli et contra ipsum Samoellum usque in presentem diem de quibus esset processum vel quod procederetur in curia Comunis Assisii vel non processum esset aut non procederetur; et hoc fecit pro eo quia sibi bene placuit et pro eo quia dictus Abram, suo proprio nomine et vice et nomine dicti Manuellis, sui filii et pro ipso Manuello; similem pacem et concordiam fecit dicto Samoello iudeo, ibidem presenti et recipienti de omnibus et singulis iniuriis et offensionibus dictis, factis et illatis et commissis dicto, facto vel opere per dictum Samoellem contra dictos Abram et Manuellem vel alterum ipsorum usque in presentem diem, de quibus esset processum vel non, cognitum vel non, in curia Comunis Assisii.
Renumptiantes dicte partes et quelibet ipsarum exceptioni dictarum pacis, concordie et remissionis non factarum, rei non sic geste, contractus huius non sic celebrati doli, mali, quod vi, metus causa conditioni indebiti et sine causa et omni et cuilibet alteri legum iuris statuti, ordinamenti eis vel alteri eorum competentibus vel competituris realiter vel personaliter contra predicta vel aliquis predictorum. Quam quidem pacem, concordiam et remissionem promiserunt dicte partes ad invicem et inter se una pars alteri et altera alteri perpetuo actendere, observare et adimplere et contra non facere vel venire per se vel alium seu alios aliqua ratione, modo, iure vel causa sub pena et ad penam quinquaginta

librarum denariorum et obligatione omnium bonorum partis contrafacentis solempni stipulationi promiserunt, de quibus omnibus dicte partes et quelibet ipsarum promixerunt dicte partes hinc inde facere confessionem, solutionem, guarentigiam et de pena si commissa fuerit Assisii, Perusii et ubique locorum et fori ad petitionem partis hoc petentis, sub pena et obligatione predictis.

105. Assisi
1426, July 7

Manuele di Abramo grants pardon to an Assisi citizen for injuries and blows inflicted upon him.

Biblioteca Comunale di Assisi, Archivio notarile, vol. C 9 *bis*. Acta ser Gerardi Iohannis, AA. 1425-1427.

c. 202r
Die .vii. dicti mensis iulii ...
c. 202r
Pax Laurentii Iohannis Buracte.
Eodem die et loco [c. 201r – Actum Assisii, in camera quam ego Gerardus, notarius infrascriptus, teneo ad pensionem a Comune Assisii, cui a primo platea publica Comunis Assisii, a secundo heredes magistri Macthei Atoni et alia latera ...], presentibus Nicolao, alias Porcellino et Salvolo Paulelli de Assisio, testibus vocatis et rogatis.
Manuel Habrahami iudeus de Assisio, porta Sancte Clare, per se suos heredes fecit pacem, remissionem et concordiam perpetuo valituram Laurentio Iohannis Buratte de Assisio, porta Sancti Rufini, presenti, stipulanti et recipienti pro se suis heredibus de quadam percussione quam dictus Laurentius fecit cum uno lapide, quam fecit in spatulis dicti Manuellis sine sanguine et generaliter de omni alia iniuria lata, facta et perpetrata per dictum Laurentium contra dictum Manuellem, dicto vel facto, de qua processum est per presentem potestatem etc., quam pacem promixit habere ratam venire contra non facere, pena .xxv. librarum denariorum et facere confessionem et guarentigiam etc.

106. Assisi
1455
1456, April 10
1456, April 29

The Podestà of Assisi sentences against Angelo da Ferrara and his brother for threats and unjuries, and against various Assisian citizens for throwing stones at some Jews of the city.

Archivio Storico del Comune di Assisi presso la Biblioteca Comunale, sezione « G », libri mallefitiorum, cartella n° 1, AA. 1455-1456.

fascicolo 2º
c. 1r
In nomine Domini Amen.
Hec sunt condemnationes pecuniarie et quitationes sententiarum condempnationum pecuniariarum, late date et in hiis scriptis sententialiter pronumptiate et promulgate fuerunt per nobilem virum Jacobum de Cacciantis de Alatrio honorabilem Potestatem civitatis Assisii, comitatus et discrictus, pro Sancta Romana Ecclesia et Sanctissimo d.no nostro d.no Callisto divina providentia pape tertio.
Sub examine et matura deliberatione egregii viri legum doctoris d.ni Colangeli Tadej de Salerno honorabilis collateralis prefati d.ni Potestatis, scripte et lecte et publicate ac vulgarizate per me Johannem Sanctis de Bitonto publicum notarium et nunc notarium mallefitiorum dicti d.ni Potestatis, per dictum d.num Potestatem inter alia spetialiter ad dictum offitium electum et deputatum, sub annis D.ni M.iiiiᶜ.LV. indictione tertia tempore prefati S.mi D.ni Nostri Callisti pape tertii diebus et mensibus infrascriptis.
Nos Jacobus de Cacciantis de Alatrio Potestas predictus ... infrascriptas condempnationes pecuniarias ... contra infrascriptos homines et personas pro infrascriptis eorum mallefitiis, culpis, excessibus et delictis per ipsos ... factis, commissis et perpetratis, damus et in hiis scriptis processimus in hunc modum videlicet.
.....
c. 1v
.....
– Angelum Angeli ebreum de Assisio, contra quem processimus per modum et viam inquisitionis per nos facte, et formate ex nostri offitii auctoritate, arbitrio, potestae et bailìa, nec non ad querelam Datoli ebrei, in eo, de eo et super eo quod de anno presenti et de mense novembris dicti anni, dictus Angelus inquisitus, scienter, dolose et appensate, irato animo et intentione iniuriandi dictum Datolum, dixit et protulit infrascripta verba iniuriosa, videlicet – Tu menti per la gola – presente dicto Dactilo et dicta verba ad iniuriam revocante. Et non contentus predictis, seu mala malis addendo, proiecit unam lapidem contra dictum Datolum, animo ipsum percutiendi, licet non percuxerit, et hoc contra voluntatem dicti Datoli et in eius grave dampnum, iniuriam et prejuditium.
Et predicta facta commissa et perpetrata fuerunt per dictum Angelum contra dictum Datolum, dictis anno et mense, modo, forma, animo et intentione predictis, in civitate Assisii, in domo dicti Datoli, juxta viam Comunis, ecclesiam Scti Christofori et alia latera, contra forma juris et statuti civitatis Assisii. Et quia constat nobis nostreque curie predicta omnia et singula, in dicta inquisitione contenta, vera esse et fuisse, loco, tempore, modo et forma in ea descriptis, per veram et legitimam c o n f e s s i o n e m coram nobis in juditio sponte factam, cui datus et asignatus fuit certus terminus iam elapsus, ad omnem ipsius defensionem faciendam et nulla fecerit, pro ut hec et alia in actis nostris latius continetur.
Nos Jacobus de Cacciantis de Alatrio potestas prefatus ut supra pro tribunali sedens etc predictum Angelum in libris sedecim denariorum, dandis et solvendis generali massario Comunis Assisi pro ipso Comuni recipienti, in pecunia numerata, infra terminum quindecim dierum proxime futurorum a die presentationis

huius nostre late sententie numerandis, mitigata sibi pena propter benefitium confessionis et observato benefitio pacis, si produxerit, et solutionis infra terminum, si solverit, in quarto pluri si non solverit, infra terminum predictum, duplicata eidem pena ratione loci, omni meliori modo, via, jure et forma, quibus magis et melius et secundum formam dictorum statutorum, possumus et debemus, et bona dicti condempnati ad cameram Comunis Assisi confiscamus, etc. pro quo Francischinus Zampe sollempniter pro eo fidejussit.
a margine sinistro.
1455 et die 15 decembris. Ego Lodovicus Nicolai Johannis Blaxii notarius cancellarie Comunis Assisii cassavi presentem condempnationem Angeli, eo quia solvit Petro Paulotii massario dicte camere in totum, admisso sibi benefitio pacis quia apparet ipsam produxisse infra tempus pro ut apparet in filza mei notarii, libras duodecim denariorum, videlicet pro parte Comunis undecim libras et solidos octo. item pro parte hospitalis duodecim soldos denariorum.
c. 2v
Manuelem fratrem Angeli ebreum de Assisio contra quem processimus ... ad querelam Datoli ebrei ... super eo quia, de anno proximo preterito de mense novembris dicti anni, dictus Manuel inquisitus ... percussit cum uno pugno a spatulis sursus, manu vacua, dictum Dactilum, sine sanguine ... Et hec commissa et perpetrata fuerunt per dictum Manuelem contra dictum Datolum dicto anno et mense ... in viam publicam juxta domum dicti Datoli, domum ser Mariani, ecclesiam Sc̄ti Christofori et alia latera. Nos Nicolaus Angelus de Salerno vice potestatis predicti ... predictum Manuelem in libris 37 et soldis decem denariorum. Dandis etc.
Ser Lodovicus Nicolai fidejussit.
ibid a margine sinistro |
1456 et die 25 mensis aprilis. Ego Mariottus ser Nicolai notarius camere cassavi presentem condempnationem Manuelli, eo quia solvit Johanne Francisci Jacobi massario Camere in totum libras viginti unam denariorum. Habuit gratiam a M. D. Prioribus et Colloquio pro ut apparet in suplicatione que est in filza mei notarii, cum rescriptum ... libras viginti, in octo dies proxime futuros ...
4º fascicolo | A. 1456
c. 1r
In nomine Domini Amen. hec sunt condempnationes pecuniarie et partim absolutorie condempnationum pecuniarium, late, date et in hiis scriptis sententialiter pronumptiate et promulgate per magnificum et generosum comitem palatinum Karolum de Tiliis de Sesio honorabilem potestatem civitatis Assisii eiusque comitatus, fortie et districtus pro sacrosanta Romana Ecclesia et S.mo D.no N.ro d.no Kalisto divina providentia pape tertio, sub examine et matura deliberatione et consilio eximii legum doctoris d.ni Bartolomei de Bertullis de [?] honorabilis collateralis et judicis mallefitiorum prefati d.ni Potestatis. Scripte, lecte et publicate ac vulgarizate per me Perumantonium Pauli de Cesio civem Interampnis et publicum notarium et nunc notarium et offitialem mallefitiorum spetialiter electum et deputatum. Sub Anno Domini Millesimo .CCCCº. Lvjº. indictione quarta tempore S.mi in Christo Patris et D.ni d.ni Kalisti divina providentia pape tertii diebus et mensibus infrascriptis.
Nos Karolus de Tiliis de Cesio potestas predictus ... infrascriptas condempnationes pecuniarias et absolutorias ... contra infrascriptos homines et personas

pro infrascriptis mallefitiis ... damus et proferimus in hiis scriptis in hunc modum videlicet.
..... taxamus ...
c. 3r
magistrum Antonium magistri Francisci de Assisio contra quem processimus per modum et viam inquisitionis per nos formate et ex nostro offitii arbitrio, auctoritate, potestate et bailie nec non ad querelam Emmanuelis hebrei et Aleutii eius fratris, in eo, de eo et super eo quod de anno presenti de mense martii dicti anni, dictus magister Antonius scienter dolose et appensate, irato animo et malo modo, animo et intentione infrascriptum mallefitium et excessum commictendi et perpetrandi, proiecit noctis tempore octo lapides et quemlibet dictorum lapidum per temporis intervallum, super tecto domus habitationis Emanuelis hebrei et Aleutii eius fratris, contra ipsorum voluntates et in eorum iniuriam et grave dampnum, et predicta omnia et singula commissa et perpetrata fuerunt ... dictis anno et mense ... in civitate Assisii in porta Sēte Clare, juxta stratam publicam a tribus lateribus et casalenum Bactiste et Ponzani, contra forma juris et statuti dicte civitatis ... et contra bonos mores.
Et quia constat nobis ... predicta omnia ... vera esse et fuisse ... Idcirco nos Karolus potestas ... taxamus ...
Magistrum Antonium ... in libris sexaginta denariorum.
Late, date suprascripte sententie ... et in hiis scriptis pronunptiate et promulgate ... sub anno M.CCCC.Lvj. indictione .iiii. die decima mensis aprilis.
ibid.
M.CCCC.Lvj. die .x. maij. Ego Marioctus ser Nicolai notarius camere cassavi presentem condempnationem magistri Antonii sine aliqua solutione quia habuit gratiam liberalem pro ut apparet in suplicatione cum rescripto D. Priorum ...
.....
c. 4r
.....
Evangelistam Santis Ensegne,
Antonium Simeonis de Banictis,
Petrum Marci Raspantis,
Santem Jacobi Georgii et
Fornitum Jacobi Corradi, omnes de Assisio,
contra quos processimus per modum et viam inquisitionis ... et ad querelam Emmanuelis hebrei et Aleutii eius fratris, in eo, de eo et super eo quod, de presenti anno, de mense martii dicti anni, dicti inquisiti ... proiecerunt lapides super tecto et pariete domus habitationis dicti Emanuelis et Aleutii eius fratris.
Dictus Evangelista ... proiecit in tecto dicte domus lapides viginti vel circa,
item Antonius Simeonis ... in hostio duos lapides,
item Sancte Jacobi ad fenestras dicte domus quatuor lapides,
Fornitus Jacobi in muro et pariete unum lapidem,
contra voluntatem dictorum Emanuelis et Aleutii et in eorum grave dampnum, vilipendium et prejuditium ... et quia predicta omnia et singula ... constat nobis ... vera esse et fuisse ... taxamus ...
Evangelistam predictum ... in libris .Lxxv.
Item Antonium ... in undecim libris et quinque solidis denariorum,
item Petrum ... in libris septem et decem solidis denariorum,
item Sanctem ... in quindecim libris et

Fornitum ... in tribus libris et quindecim solidis denariorum.
Dandis et solvendis massario Comunis ...
c. 4v *a margine superiore*
M.iiii^c .Lvj. die vero secunda mensis decembris. Ego Nicholaus notarius cancellerie cassavi dictas condempnationes infrascriptorum Antonii, Peri, Semonis et Forniti sine aliqua solutione vigore rescripti M. D. P.
Late date et in hiis scriptis pronumptiate et promulgate ... sub M.CCC.Lvj. et die .xxviiii. mensis aprilis ...

107. Assisi
1513, January 8
The Priori of Assisi propose the readmission of a Jewish banker to the city.

Biblioteca Comunale di Assisi, Archivio notarile, « N » 20, atti di ser Simone Paolozzi, AA. 1512-1517.

a c. 209v
In nomine Domini amen. Anno Domini Nostri Jesu Christi 1513, indictione prima, tempore pontificatus Sanctissimi in Christo patris et d.ni nostri D.ni Julii divina providentia pape secundi.
Die vero sabbati prima mensis Januarii dicti anni.
......
c. 224v
Concilium secretum //
Die .viii. a dicti mensis januarii concilio secreto in secreta audientia dicti palatii ad sonum campane et numptiorum requisitionem more solito congregato et cohadunato, fuerunt facte per M. D.ni Priores infrascriptas propositas videlicet.
1/ Imprimis quod fiat bulla directa ad summa ducentorum florenorum ...
2/ Item quod illi de Bastia ...
3/ Item super facto pontis Petrignani ...
4/ Item super facto illorum de Petrignano ...
5/ Item quod ponatur imposita medicorum ...
6/ Item super suprastantibus ...
7/ Item super facto judicum ...
c. 225r
Ser Benignus Evangeliste de Benignis unus ex dictis consiliariis, accepto juramento, ascensus in arrengheriam dixit consulendo super prima [proposita] quod fiat dictam bullam ...
Super secunda ...
Super tertia ...
......
Super generalibus et super facto hebrei quod M. D. Priores videant capituli Montis Pietatis si extat excomunicatio quod dictus hebreus non possit stare seu prestare aut quod non possit de premissis ratiocinare et quatenus extat dicta excomunicatio non ratiocinetur, aliterque non, seu autem proponetur in concilio secreto.
......

ABBREVIATIONS

A.F.H. = « Archivium Franciscanum Historicum »
A.S.I. = « Archivio Storico Italiano »
B.S.P.U. = « Bollettino della Deputazione di Storia Patria per l'Umbria »
C.Is. = « Il Corriere Israelitico »
E.Is. = « L'Educatore Israelita »
H.B. = « Hebraïsche Bibliographie »
H.J. = « Historia Judaica »
J.Q.R. = « The Jewish Quarterly Review »
K.S. = « Kiriath Sepher »
R.E.J. = « La Revue des Etudes Juives »
R.I. = « La Rivista Israelitica »
R.M.I. = « La Rassegna Mensile di Israel »
V.Is. = « Il Vessillo Israelitico »
Z.f.H.B. = « Zeitschrift fur Hebraïsche Bibliographie »
A.C.A. = Archivio Comunale, Assisi
A.C.S.R. = Archivio, Chiesa di S. Rufino, Assisi
A.C.S.Fr. = Archivio del Sacro Convento di S. Francesco, Assisi Biblioteca Comunale
A.C.S.S. = Archivio della Confraternita di S. Stefano
A.N.A. = Archivio Notarile di Assisi
A.S.P. = Archivio di Stato di Perigia
A.N.B. = Archivio Notarile di Bettona
B.C.B. = Biblioteca Comunale di Bevagna
COLORNI V., *Prestito ebraico* = COLORNI V., *Prestito ebraico* ...
FABRETTI A., *Ebrei in Perugia* = FABRETTI A., *Sulla condizione degli ebrei* ...
MILANO A., *I primordi* = MILANO A., *I primordi* ...
TOAFF A., *Ebrei a Città di Castello* = TOAFF A., *Ebrei a Città di Castello* ...

ARCHIVAL SOURCES

A.C.A. = Archivio Comunale di Assisi, Biblioteca Comunale di Assisi:

Sezione « *D* », [Statuti], registro 7 (aa. 1416-1470)

Sezione « *G* », [Libri mallefitiorum], cartella 1 (aa. 1455-1456)

Sezione « *H* », [Riformanze], registro 2 (a. 1350); registro 3 (aa. 1380-1397); registro 4, fasc. 1 (a. 1365), fasc. 5 (a. 1385); registro 6, fasc. 2 (a. 1383), fasc. 3 (aa. 1380-1381); registro 8, fasc. 1 (aa. 1401-1402); registro 9, fasc. 3 (aa. 1464-1465), fasc. 4 (aa. 1484-1488); registro 10 (aa. 1447-1449); registro 11 (aa. 1450-1455); registro 14 (LN-96 -aa. 1455-1456); registro 17 (aa. 1468-1469); registro 18 (aa. 1469-1479); registro 20 (aa. 1479-1481)

Sezione « *M* », [Strumenti e Capitoli], registri 1-2 (aa. 1235-1316)

Sezione « *N* », [Dative], registro 1 pergamenaceo (a. 1232); registro 1 (a. 1343); registro 2, fasc. 2 (aa. 1330-1334); registro 3, fasc. 1-2-3-4-5 (aa. 1353, 1356, 1363, 1386, 1395); registro 4, fasc. 1-5-6-7-8 (aa. 1366-1368); registro 9 *bis* (a. 1386); registro 10 (a. 1467)

Sezione « *O* », registro 10 (a. 1485)

Sezione « P », [Bollettari], registro 1, fasc. 2 (aa. 1340-1341), fasc. 4 (a. 1398);- registro 2 (a. 1384); registro 3 (aa. 1340, 1365, 1383); registro 5 (aa. 1471-1486)

A.C.S.Fr. = Archivio del Sacro Convento di S. Francesco, Biblioteca Comunale di Assisi:

Sezione « *Instrumenta* », voll. 1 (aa. 1168-1275); 2 (aa. 1294-1299); 3 (aa. 1291-1319); 4 (aa. 1294-1309); 5 (aa. 1271-1300); 6 (aa. 1302-1330); 7 (aa. 1332-1343)

Archivi Amministrativi, voll. 4 (aa. 1467-1493); 371 (aa. 1352-1364); 372 (aa. 1377-1379); 373 (aa. 1380-1424); 374 (aa. 1431-1466)

A.C.S.R. = Archivio della Chiesa di S. Rufino di Assisi:

Pergamene numerate, fasc. II (perg. XII sec.)

voll. mss., 89 (aa. 1400-1404), *atti di ser Giovanni di Cecco Bevignate da Casacastalda*; 91 (a. 1342), *atti di ser Giovanni di Cecco da Assisi*

A.C.S.S. = Archivio della Confraternita di S. Stefano, Archivio della Chiesa di S. Rufino di Assisi:

busta sec. XIV, fasc. a. 1332

voll. mss., 38 (a. 1342), *atti di ser Giovanni di Cecco da Assisi*; 53 (aa. 1353-1369); 58 (aa. 1379-1381)

A.N.A. = Archivio Notarile di Assisi, Biblioteca Comunale di Assisi:

vol. A 2 (aa. 1400-1405), *atti di ser Giovanni di maestro Giacomo di Pietro*

vol. A 3 (aa. 1380-1381), *atti di ser Francesco di maestro Tommaso*

vol. B 1 (aa. 1389-1396); B 7 (aa. 1416-1417); B 10 (aa. 1424-1425); B 11 (aa. 1427-1430); B 12 (aa. 1430-1431); B 14 (aa. 1433-1436); B 15 (aa. 1436-1437); B 16 (aa. 1438-1439); B 18 (a. 1416); B 20 (a. 1427), *atti di ser Giovanni di Cecco Bevignate da Casacastalda*

vol. C 1 (aa. 1390-1392); C. 2 (aa. 1398-1399); C 5 (aa. 1406-1407); C 6 (aa. 1408-1409); C 7 (aa. 1413-1414); C 9 (aa. 1417-1418); C 9 *bis* (aa. 1425-1427); C 10 (a. 1429); C 11 (aa. 1430-1433); C 13 (aa. 1401-1413); C 14 (aa. 1417-1432), *atti di ser Gerardo di messer Giovanni da Assisi*

vol. C 16 (a. 1400); C 20 (aa. 1412-1415); C 23 (a. 1418); C 27 (aa. 1399-1424), *atti di ser Francesco di ser Benvenuto di Stefano da Assisi*

vol. H 2 (aa. 1415-1417), *atti di ser Costantino di Francesco da Assisi*

vol. N 20 (aa. 1512-1517), *atti di ser Simone Paolozzi da Assisi* (Verbali del Consiglio Segreto)

vol. R 2 (aa. 1426-1427); R 4 (aa. 1429-1430); R 5 (aa. 1431-1432); R 6 (a. 1433); R 9 (aa. 1436-1437), *atti di ser Angelino di Nicoluccio di Vanni da Assisi*

vol. S 1 (aa. 1453-1466); S 2 (aa. 1453-1492), *atti di ser Polidoro di Ludovico di Antonio da Assisi*

vol. S 6 (aa. 1464-1471); S 8 (aa. 1476-1479), *atti di ser Mariotto di Ludovico di ser Antonio da Assisi*

vol. S 24 b (aa. 1482-1487), *atti di ser Ludovico di Giovanni di Angelo da Assisi*

vol. V 2 (a. 1440), *atti di ser Lorenzo di Antonio Gambuti da Assisi*

vol. V 7 (aa. 1460-1464); V 9 (aa. 1470-1474), *atti di ser Nicolò di ser Lorenzo Gambuti da Assisi*

A.N.B. = Archivio Notarile di Bettona, Archivio di Stato di Perugia:

vol. 2 (aa. 1381-1384), *atti di ser Giovanni di messer Alberico da Bettona*

A.S.P. = Archivio di Stato di Perugia, Archivio Storico del Comune:

Consigli e Riformanze, libro n. 31 (a. 1383)

Fondo Giudiziario, Sentenze del Podestà, busta aa. 1462-1463

Fondo Notarile, atti di ser Cola di Bartolino, vol. 17 (aa. 1378-1398); atti di ser Tomaso di Antonio, bastardello n. 391 (aa. 1458-1459)

B.C.B. = Biblioteca Comunale di Bevagna, Archivio Notarile, Palazzo Comunale di Bevagna:

Atti di ser Giovanni di Alberto da Assisi: busta 11c, fasc. A (aa. 1303-1307); busta 14c, fascic. B (a. 1308), fasc. D (ottobre-novembre 1308), fasc. E (novembre 1308-gennaio 1309), fasc. F (gennaio-maggio 1309), fasc. G (maggio-luglio 1309), fasc. H (luglio-novembre 1309), fasc. L (a. 1318)

BIBLIOGRAPHY

BALLARINI P., *De iure divino ac naturali circa usuram*, voll. 2, Bologna, T. Colli 1717.

BALLETTI A., *Gli Ebrei e gli Estensi*, Reggio Emilia, Anonima Tipografica Italiana 1930.

BARON S. W., *A Social and Religious History of the Jews*, voll. IX-XIV (1200-1650), Philadelphia-New York, Jewish Publication Society-Columbia University Press 1965-1969.

BARTOLO DA SASSOFERRATO, *Omnia quae extant opera*, voll. 9, tt. 11, Venezia, Giunta 1603.

BATTAGLIA F., *Marsilio da Padova e la filosofia politica del Medioevo*, Firenze, Le Monnier 1928.

BELLELI L., *Sopra un libro di preghiere fiorentino del secolo XV*, C.Is., XLII, 1903-1904, pp. 165-167, 225-238.

BERLINER A., *Geschichte der Juden in Rom*, voll. 2, Frankfurt am Main, Kauffmann 1893.

BERNHEIMER C., *Paleografia ebraica*, Firenze, Olschki 1924.

BLUMENKRANZ B., *Juifs et Chrétiens dans le monde occidental*, Paris-La Haye, Mouton 1960.

BLUMENKRANZ B., *Les auteurs chrétiens latins du Moyen Age sur les juifs et le judaïsme*, Paris-La Haye, Mouton 1963.

BONAZZI L., *Storia di Perugia dalle origini al 1860*, 2 voll., Città di Castello, Unione Arti Grafiche 1959².

Bullarum, privilegiorum ac diplomatum romanorum pontificum amplissima collectio ... opera et studio CAROLI COQUELINES, t. IV, Roma, G. Mainardi 1745.

CARACCIOLO ROBERTO, *Quadragesimale de peccatis*, Venezia, Andrea Torresani de Asula 1488.

CARACCIOLO ROBERTO, *Sermones de Sanctis*, Venezia, Giorgio Arrivabene 1490.

CARMOLY E., *Histoire des medecins juifs anciens et modernes*, Bruxelles, s.e. 1844.

CARPI D., *The Jews of Padua during te Renaissance (1369-1509)*, Jerusalem, The Hebrew University 1967 (cyclost. thesis in Hebrew).

CASANOVA E.-DEL VECCHIO A., *Le rappresaglie dei comuni medioevali e specialmente a Firenze*, Bologna, Zanichelli 1884.

CASOLINI F., *Bernardino da Feltre, il martello degli usurai*, Milano, Vita e Pensiero 1939.

Cassuto U., *La famiglia di David da Tivoli*, C.Is., XLV, 1906-1907, pp. 149-152, 261-264, 297-301.

Cassuto U., *Sulla famiglia da Pisa*, R.I., V-VIII (1908-1910).

Cassuto U., *Gli ebrei a Firenze nell'età del Rinascimento*, Firenze, Tip. Galletti e Cocci 1918.

Cenci C., *Documentazione di vita assisana (1300-1530)*, voll. 3, Grottaferrata, Collegio S. Bonaventura 1974-1976.

Cessi R., *Alcuni documenti sugli ebrei nel Polesine*, « Atti R. Acc. di Scienze, Lettere ed Arti », XXV, 1908-1909, pp. 57-64.

Cherubino da Spoleto, *Sermones Quadragesimales*, Venezia, Giorgio Arrivabene 1502.

Ciardini M., *Un « consilium » per il Monte di Pietà di Firenze (1473)*, Firenze, Tip. Bertini 1905.

Ciscato A., *Gli Ebrei in Padova*, Padova, Soc. Cooperativa Tipografica 1901.

Colorni V., *Prestito ebraico e comunità ebraiche nell'Italia centrale e settentrionale*, « Rivista di Storia del Diritto Italiano », VIII, 1935, pp. 1-55.

Colorni V., *Legge ebraica e leggi locali*, Milano, Giuffrè 1945.

Colorni V., *Sull'ammissibilità degli ebrei alla laurea anteriormente al secolo XIX*, « Scritti in onore di Riccardo Bachi », R.M.I., XVI, 1950, pp. 202-216.

Colorni V., *Gli ebrei nel sistema del diritto comune*, Milano, Giuffrè 1956.

Colorni V., *Ha-yehudim be-Ferrara ba-meot ha-13 we-ha-14*, « Hagut 'Ivrit be-Europa », Tel Aviv 1969, pp. 311-333.

Colorni V., *Ebrei in Ferrara nei secoli XIII e XIV*, « Miscellanea di studi in memoria di D. Disegni », Torino 1969, pp. 69-106.

Colorni V., *Nuovi dati sugli ebrei a Ferrara nei secoli XIII e XIV*, R.M.I., XL, 1973, pp. 403-417.

Colorni V., *Gli ebrei a Perugia*, R.M.I., XLI, 1975, pp. 557-559.

Colorni V., *Gli ebrei erano ad Assisi nel '400*, « Shalom », IX, n. 1, gennaio-febbraio 1975, p. 23.

Coppoli Fortunato, *Consilium pro Monte Pietatis*, Venezia, Piero Quarengi 1498.

Cracco Ruggini L., *Note sugli ebrei in Italia dal IV al XVI secolo*, « Rivista Storica Italiana », LXXVI, 1974, pp. 926-956.

Cristofani A., *Le Storie di Assisi*, Venezia, Nuova Editoriale 1959[4].

De Giovanni C,, *L'ampliamento di Assisi nel 1316*, B.S.P.U., LXXII, 1975, pp. 1-78.

De Pomis David, *Zemach David*, Venezia, Giovanni De Gara 1587.

De Rossi. G B., *Manuscripti et codices hebraici bibliothecae J. B. de R. accurate ab eodem descripti et illustrati*, Parma, Tip. Pubblica 1803.

Eckert W.P., *Il beato Simonino negli « Atti » del processo di Trento contro gli Ebrei*, « Studi trentini di scienze storiche », XLIV, 1965, pp. 193-221.

Fabbri P., *Il Monte di Pietà a Spello*, B.S.P.U., XIV, 1909, pp. 161-192.

FABRETTI A., *Nota storica intorno ai Monti di Pietà*, « Atti dell'Accademia di Scienze di Torino », Torino 1870-1871, pp. 464-476.

FABRETTI A., *Documenti di storia perugina*, voll. 2, Torino, tipi priv. dell'A. 1887-1892.

FABRETTI A., *Sulla condizione degli ebrei in Perugia dal XIII al XVII secolo*, Torino, tipi priv. dell'A. 1891.

FANFANI A., *Le origini dello spirito capitalistico in Italia*, Milano, Vita e Pensiero 1933.

FANTOZZI A., *Documenta Perusina de S. Bernardino Senensi*, *A.F.H.*, XV, 1922, pp. 103-154, 406-475.

FARINACCI P., *Opera Omnia*, Roma, Tip. Cam. Apost. 1609.

FERORELLI N., *Gli ebrei nell'Italia meridionale dall'età romana al sec. XVIII*, Torino, Il Vessillo Israelitico 1915.

FINKELSTEIN L., *Jewish Self-Government in the Middle Ages*, New York, The Jewish Theological Seminary of America 1924.

FORTINI A., *Assisi nel Medio Evo*, Roma, Ed. Roma A.G.I.R. 1940.

FORTINI A., *Nova vita di S. Francesco*, Assisi, s.e. 1959.

FORTINI G., *Il primo documento ebraico in Assisi*, « La Nazione » [Cronaca Umbra], 17 novembre 1974.

FORTINI G., *Trovato un importante documento sull'economia di Assisi nel Trecento*, « La Nazione » [Cronaca Umbra], 15 febbraio 1975.

FORTINI G., *Una nuova ipotesi sulle origini della famiglia di S. Francesco*, « Analecta Tertii Ordinis Regularis Sancti Francisci », XIII, 1976, pp. 817-841.

FRANCESCHINI G., *Biordo Michelotti e la dedizione di Perugia al Duca di Milano*, *B.S.P.U.*, XLV, 1948, pp. 92-133.

FREIMANN A., *Jewish Scribes in Medieval Italy*, « Alexander Marx Jubilee Volume », New York 1950, pp. 231-242.

FRIEDENWALD H., *The Jews and Medicine*, voll. 2, Baltimore, John Hopkins Univ. Press 1944.

FRIEDENWALD H., *Jewish Luminaires in Medical History*, Baltimore, John Hopkins Univ. Press 1946.

FUMI L., *Codice diplomatico della città di Orvieto*, Firenze, Vieusseux 1884.

GARIN E., *Scienza e vita civile nel Rinascimento italiano*, Bari, Laterza 1975[3].

GARRANI G., *Il carattere bancario e l'evoluzione strutturale dei primigenii Monti di Pietà*, Milano, Giuffrè 1957.

Ghetto ebraico ad Assisi?, « Shalom », VIII, n. 11, dicembre 1974-gennaio 1975, p. 17.

GHINATO A., *Un propagatore dei Monti di Pietà del '400: P. Fortunato Coppoli da Perugia*, « Rivista di Storia della Chiesa in Italia », X, 1956, pp. 193-211.

GHINATO A., *Primi tentativi per la fondazione di un Monte di Pietà a Terni*, *A.F.H.*, L, 1957, pp. 379-440.

GHINATO A., *I francescani e il Monte di Pietà di Terni da fra Agostino da Perugia al B. Bernardino da Feltre*, *A.F.H.*, LI, 1958, pp. 95-160.

Gilson E., *Les métamorphoses de la cité de Dieu*, Louvain-Paris, J. Vrin 1952.

Goldbrunner H., *I rapporti tra Perugia e Milano alla fine del Trecento*, « Atti del VI Convegno di Studi Umbri », Gubbio 26-30 maggio 1968, pp. 642-694.

Goldbrunner H., *Il dominio visconteo a Perugia*, « Atti del VII Convegno di Studi Umbri », Gubbio 18-22 maggio 1969.

Graetz H., *Geschichte der Juden*, Leipzig, Leiner 1866-1890.

Grayzel S., *The Church and the Jews in the XIIIth Century*, Philadelphia, Dropsie College 1933.

Graziani, *Cronache e storie inedite della città di Perugia dal 1309 al 1491*, a cura di A. Fabretti, *A.S.I.*, XVI, parte prima, Firenze 1850.

Güdemann M., *Geschichte des Erziehungswesens und der Cultur der abend-ländischen Juden während des Mittelalters*, vol. II, Warsaw, Hölder 1899.

Invernizzi C., *Gli ebrei a Pavia. Contributo alla storia dell'ebraismo nel Ducato di Milano*, « Bollettino della Società Pavese di Storia Patria », V, 1905, pp. 191-240, 281-319.

Kisch G., *Medieval Italian Jurisprudence and the Jews*, *H.J.*, VI, 1944, pp. 78-82.

Lagarde (de) P., *La naissance de l'esprit laïque au déclin du Moyen Age*, Paris, Presses Universitaires de France 1948.

Leonij L., *Capitoli del Comune di Todi con gli ebrei*, *A.S.I.*, t. XXII, serie III, 1875, pp. 182-190.

Leonij L., *Decreti del Comune di Todi contro gli Ebrei e giustizia loro resa da Francesco Sforza*, *A.S.I.*, t. VII, serie IV, 1881, pp. 25-28.

Lopez R. S., *The Commercial Revolution of the Middle Ages (950-1350)*, Englewood Cliffs, N.J. Prentice-Hall 1971.

Luzi L., *Il primo Monte di Pietà*, Orvieto, Tosini 1868.

Luzzati M., *Per la storia degli Ebrei italiani nel Rinascimento. Matrimonii e apostasia di Clemenza di Vitale da Pisa*, « Studi sul Medioevo Cristiano offerti a Raffaello Morghen », Roma 1974, pp. 427-473.

Luzzatto G., *I banchieri ebrei a Urbino nell'età ducale*, Padova, Drucker 1902.

Luzzatto G., *I prestiti comunali e gli ebrei a Matelica nel sec. XIII*, « Le Marche », VII, 1908, pp. 249-272.

Majarelli S.-Nicolini V., *Il Monte dei Poveri di Perugia, periodo delle origini (1462-1474)*, Perugia, Tip. Porziuncola 1962.

Marco dal Monte S. Maria, *Tractato de' sacri canoni, ordinationi, et regole o vero comandamenti della sancta madre ecclesia, christiana, catholica*, Firenze, Antonio Miscomini 1494.

Marcus J. R., *The Jews in the Medieval World*, Cincinnati, The Jewish Publication Society 1938.

Margoliouth G., *Catalogue of the Hebrew and Samaritan Manuscripts in the British Museum*, London, The British Museum 1899.

Marini G., *Degli Archiatri Pontifici*, vol. I, Roma, Pagliari 1784.

Messini A., *Le origini e i primordi del Monte di Pietà di Foligno, 1463-1488*, Foligno, Tip. Sbrozzi 1940.

Milano A., *I primordi del prestito ebraico in Italia*, R.M.I., XIX, 1953, pp. 221 sgg.

Milano A., *Bibliotheca Historica Italo-Judaica*, vol. I, Firenze, Sansoni 1954; vol. II, Firenze, Sansoni 1964.

Milano A., *Considerazioni sulla lotta dei Monti di Pietà contro il prestito ebraico*, « Scritti in memoria di Sally Mayer », Jerusalem 1956.

Milano A., *Storia degli ebrei in Italia*, Torino, Einaudi 1963.

Mira G., *Note sul Monte di Pietà di Perugia dalle origini alla seconda metà del XVI secolo*, « Archivi Storici delle Aziende di Credito », I, 1956, pp. 343-380.

Molho A., *Note on Jewish Moneylenders in Tuscany in the Late Trecento and Early Quattrocento*, « Renaissance Studies in Honor of Hans Baron », Dekalb Illinois, Northern Illinois University Press 1971, pp. 99-117.

Momigliano F., *Un ebreo professore di medicina a Perugia nel secolo XIV*, V.Is., LXV, 1918, pp. 384-387.

Mondolfo U. G., *Gli ebrei in una città dell'Umbria nei secoli XV e XVI*, Assisi, Algranati-Mondolfo 1907.

Morghen R., *Medioevo cristiano*, Bari, Laterza 1974[8].

Mortara M., *Indice alfabetico dei rabbini e scrittori di cose giudaiche in Italia*, Padova, Tip. Sacchetto 1886.

Motta E. A., *Ebrei in Como e in altre città del ducato milanese*, « Bollettino della Società Storica Comense », V, 1885, pp. 7-44.

Nelson B., *The Idea of Usury, from Tribal Brotherhood to Universal Otherhood*, Princeton, P. Univ. Press 1949.

Neppi C.-Ghirondi M. S., *Toledot ghedole' Israel*, Trieste, Tip. Marenigh 1853.

Norsa P., *Una famiglia di banchieri. La famiglia Norsa (1350-1950)*, parte prima (secc. XIV-XV), « Bollettino dell'Archivio Storico del Banco di Napoli », fasc. 6, 1953; parte seconda (sec. XVI), « Bollettino dell'Archivio Storico del Banco di Napoli », fasc. 13, 1959.

Orr M. A., *Dante and the Early Astronomers*, London, Gall 1913.

Pastor L., *The History of the Popes*, London, J. Shaw 1938[4].

Pellini P., *Dell'Historia di Perugia*, voll. 2, Venezia, G. Hertz 1664.

Pellini P., *Della Historia di Perugia*, parte terza con introduzione di L. Faina, Perugia, Deputazione di Storia Patria per l'Umbria 1971.

Pesaro A., *Cenni storici sulla ex-comunità di Cremona*, V.Is., XXX, 1882, pp. 284 sgg.

Pezzella S., *Dominio Visconteo in Assisi (1399-1403)*, « Quaderni Umbri », novembre 1974, pp. 68.

Petri A., *Un nemico dell'usura ebraica: il beato Cherubino da Spoleto*, « La Difesa della Razza », III, n. 17, 5 luglio 1940, pp. 28-29.

Poliakov L., *Les banquiers juifs et le Saint-Siège du XIII au XVII siècle*, Paris, Calmann-Levy 1967[2].

Pullan B., *Rich and Poor in Renaissance Venice*, Oxford, Blackwell 1971.

Rezasco G., *Dizionario del linguaggio italiano storico ed amministrativo*, Firenze, Le Monnier 1881.

Roscher W., *The Status of the Jews in the Middle Ages considered from the Standpoint of Commercial Policy*, H.J., VI, 1944.

Rossi L., *Ebrei in Todi nel secolo XIII*, B.S.P.U., LXVII, 1970, pp. 31-71.

Roth C., *The History of the Jews in Italy*, Philadelphia, The Jewish Publication Society 1946.

Roth C., *The Jews in the Renaissance*, New York, Harper and Row 1965².

Sacchi De Angelis M. E., *Umbria* (Collana di bibliografie geografiche delle regioni italiane), Napoli, Consiglio Nazionale delle Ricerche 1968.

Salzano A., *Il « Monte dei denari » e il « Monte del grano » a Spoleto nella seconda metà del Quattrocento*, Spoleto, Tip. dell'Umbria 1940.

Sbaraglia G. G., *Bullarium Franciscanum Romanorum Pontificum*, Roma, Tip. Congr. di Propaganda Fide 1759-1768.

Scalvanti O., *Il Mons Pietatis di Perugia con qualche notizia sul Monte di Gubbio*, Perugia, Unione Tip. Cooperativa 1892.

Scalvanti O., *Lauree in medicina di studenti israeliti a Perugia nel secolo XVI*, « Annali della Facoltà di Giurisprudenza » (Perugia), VIII, 1910, pp. 91-129.

Scherer J. E., *Die Rechtverhältnisse der Juden in den deutsch-österreichischen Ländern*, Leipzig, Von Duncker und Humblot 1901.

Schirmann C., *Mivchar ha-shirà ha-'ivrit be-Italia* [*Anthologie der Hebraïschen Dichtung in Italien*], Berlin, Schocken 1934.

Sessa G., *Tractatus de Judaeis*, Torino, Mairesse e Radix 1717.

Sheedy A. T., *Bartolus on Social Conditions in the Fourteenth Century*, New York, Columbia U.P. 1942.

Shulvass M. A., *The Jews in the World of the Renaissance*, Leiden, Brill 1973².

Sonne I., *I congressi delle comunità israelitiche italiane nei secoli XIV-XVI ed il sinodo dei quattro paesi in Polonia*, « L'Idea Sionnistica », marzo-aprile 1931, pp. 5-9.

Sonne I., *Ha-wa'ad ha-kelalì be-Italia av la-wa'ad arba''arazot be-Polin*, « Ha-tequfà » (New York), XXXII-XXXIII, 1948, pp. 617-689.

Steinschneider M., *Die Hebraischen Übersetzungen des Mittelalters*, Berlin, Jtzkowski 1893.

Stern M., *Urkundliche Beiträge über die Stellung Päpste zu den Juden*, Kiel, H. Fienke 1893.

Susanni M., *Tractatus de Judaeis et aliis infidelibus*, Venezia, C. De Tridino 1558.

Tecchi B., *La Cassa di Risparmio di Orvieto nel primo centenario (1853-1953)*, Orvieto, Cassa di Risparmio 1953.

Toaff A., *Documenti sugli ebrei a Perugia nei secoli XIII e XIV*, « Michael » (Tel Aviv University), I, 1972, pp. 316-325.

Toaff A., *Gli ebrei a Perugia*, Perugia, Deputazione di Storia Patria per l'Umbria 1975.

Toaff A., *Gli ebrei a Città di Castello dal XIV al XVI secolo*, B.S.P.U., LXXII, 1975, pp. 1-105.

Toaff A., *Non c'era un ghetto ad Assisi*, « Shalom », IX, n. 3, marzo-aprile 1975, p. 22.

Toaff A., *A proposito di una pergamena ebraica recentemente ritrovata ad Assisi*, R.M.I., XLII, 1976, pp. 144-148.

Vasari G., *Le vite de' più eccellenti pittori, scultori e architettori*, a cura di A. M. Ciaranfi, Firenze, Salani 1948.

Vogelstein H.-Rieger P., *Geschichte der Juden in Rom*, voll. 2, Berlin, Mayer und Müller 1896.

Volli G., *I « processi tridentini » e il culto del beato Simone da Trento*, « Il Ponte », XIX, Firenze, 1963, pp. 1396-1408.

Volli G., *Contributo alla storia dei « Processi tridentini » del 1475*, R.M.I., XXXI, 1965, pp. 570-578.

Volpe G., *Il Medioevo*, Firenze, Sansoni 1965.

Zaccaria G., *L'Arte dei Guarnellari e dei Bambagiari di Assisi*, B.S.P.U., LXX, 1973, pp. 1-92.

Zunz L., *Die Ritus des synagogalen Gottesdienstes*, Berlin, Gerschel 1859.

Zunz L., *Nachtrag der Literaturgeschichte der Synagogalen Poesie*, Berlin, Gerschel 1867.

Zunz L., *Namen der Juden*, Leipzig, Fort 1837.

Wadding L., *Annales Minorum*, tt. VIII, XIII, XIV, Ad Claras Aquas, Quaracchi 1932-1933.

Weber M., *Les origines des Monts de Piété*, Rixheim, s.e. 1920.

TAVOLE

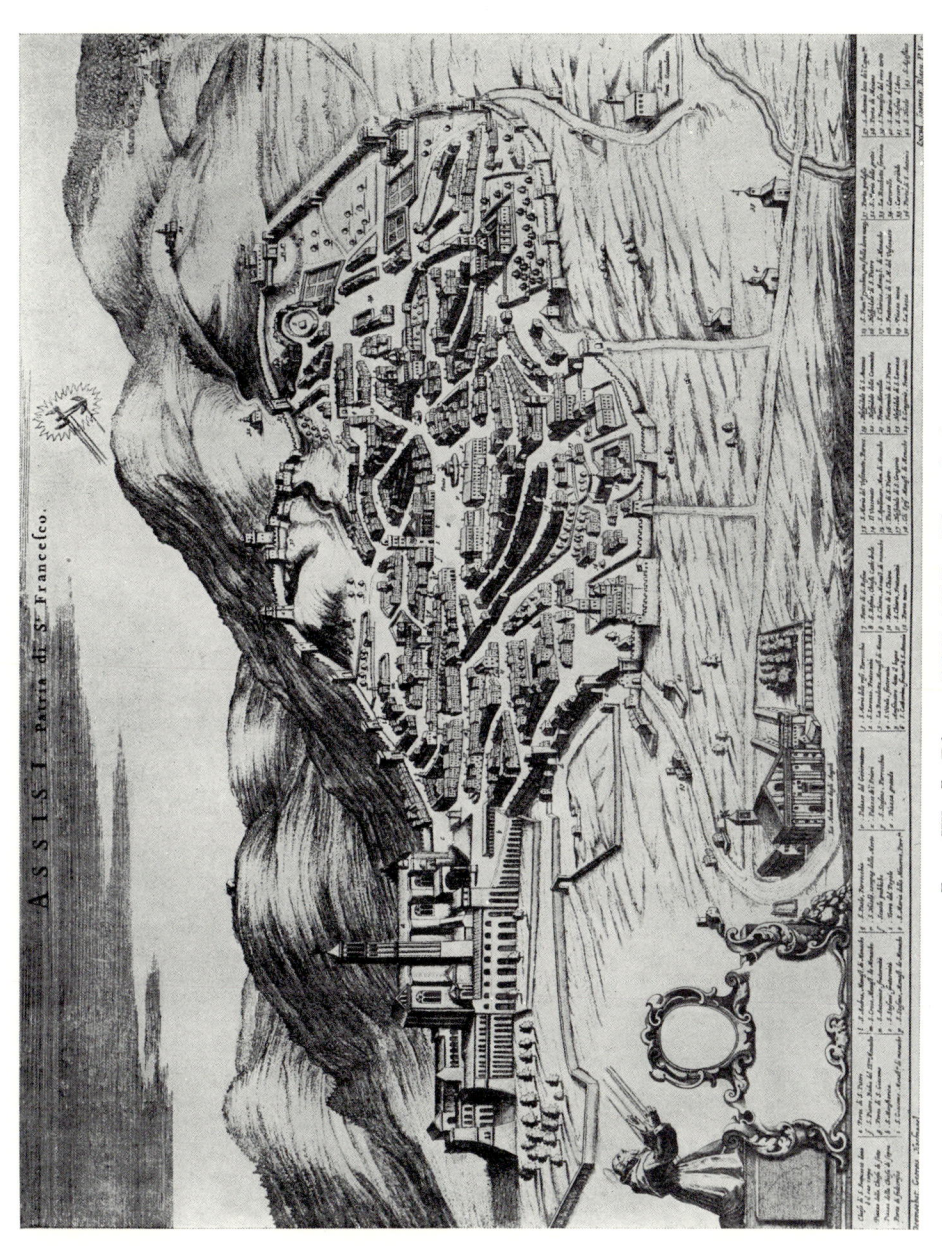

I. – W. J. Blaeu (1571-1638), *Plan of Assisi.*

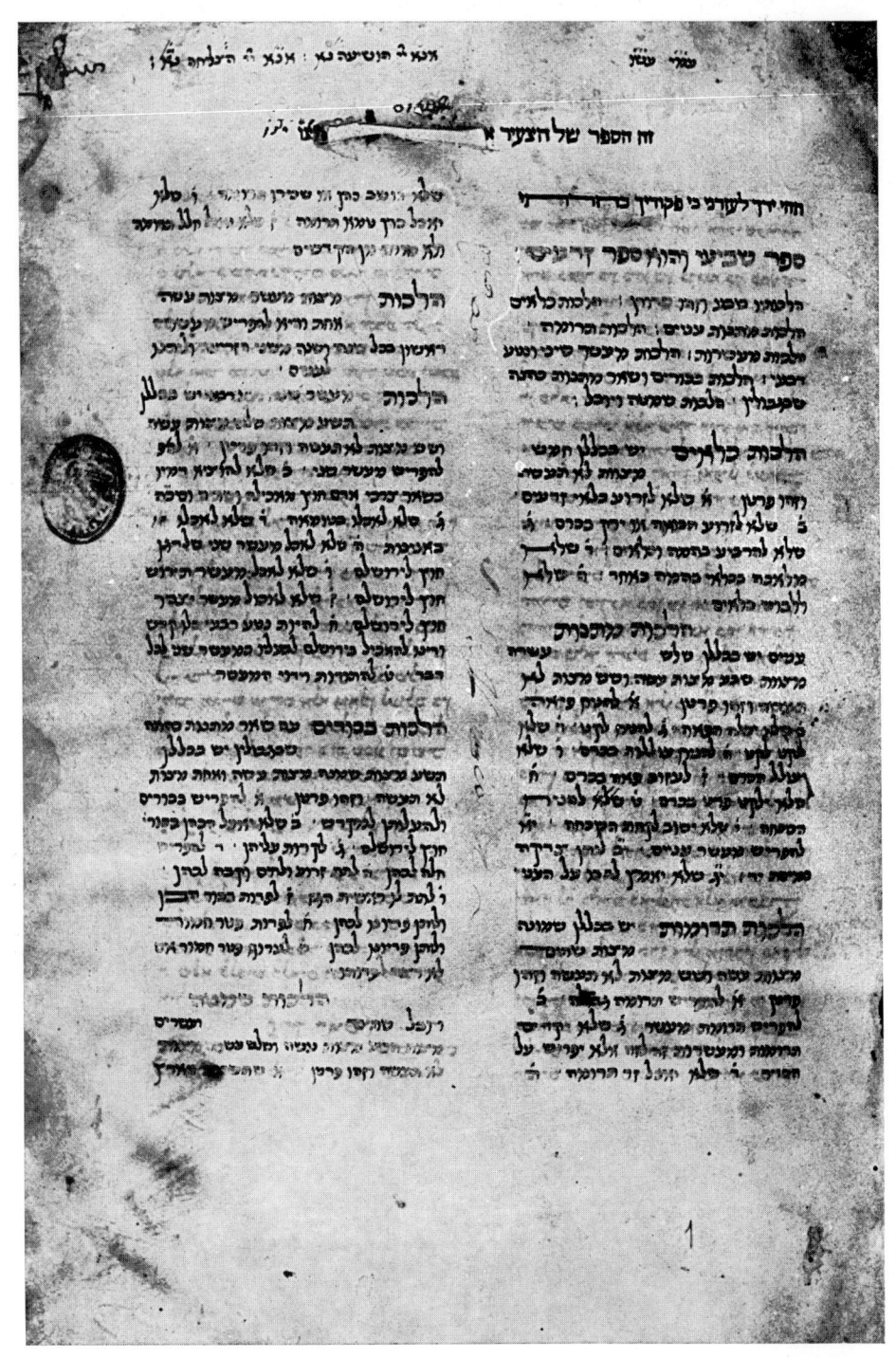

II. — Parma. Biblioteca Palatina. *Cod. De Rossi 1134 (Parma 3148) containing the second part of the «Mishnè Torà» of Mamonides, copied in Assisi in 1389.*

והכל מלאכת עבודת הקודש אשר עשיתי אני אבר׳
בכמ״ר משה ז״לה״ה כאחד הח׳ ספרים האחרונים
מחיבור כלל א׳ י״ח באדר ראשון שנת חמשת
ומאה וארבעים וט׳ ותשעה לבריאת עולם כמניין
אשיתי מן הדוקטן וככתבתי למד׳ שתי ישר
בכמ״ר מתתי׳ ישר מן הכנסת וקיבלתי המעוה
משכירותי משלם מידו ה׳ שזיכני לכותבנהו
יזכב להגות בו ובשאר ספרי הקודש הם וזר׳
וזרע זרעם עד סוף כל הדורות ויקיים בה
מקרא שכתב׳ לא ימוש ספר התורה הזה מפיך
והגית בו יומם ולילה כי אז תצליח את דרכיך
ואז תשכיל ··
/

וחלקי המחוקק יהיה ספון שם מצדיקי הרבים
ככוכבים לעולם ועד
חזק הכותב ואמיץ הקורא בו

כבודך ה׳

III. – PARMA. Biblioteca Palatina. *Colophon of cod. De Rossi 1134 (Parma 3148), with the name of the scribe, Abraham b. Moshè (Abramo di Musetto)*.

IV. – ASSISI. *The houses in the Porta S. Chiara district where the more important Jewish banks were situated.*

V. – Assisi. Private collection. *Parchment fragment of the book of Psalms (XIV cent.), whith a drawing of a scene from medieval life.*

VI. – Assisi. Private collection. *Parchment fragment of the book of Psalms* (*XIV cent.*).

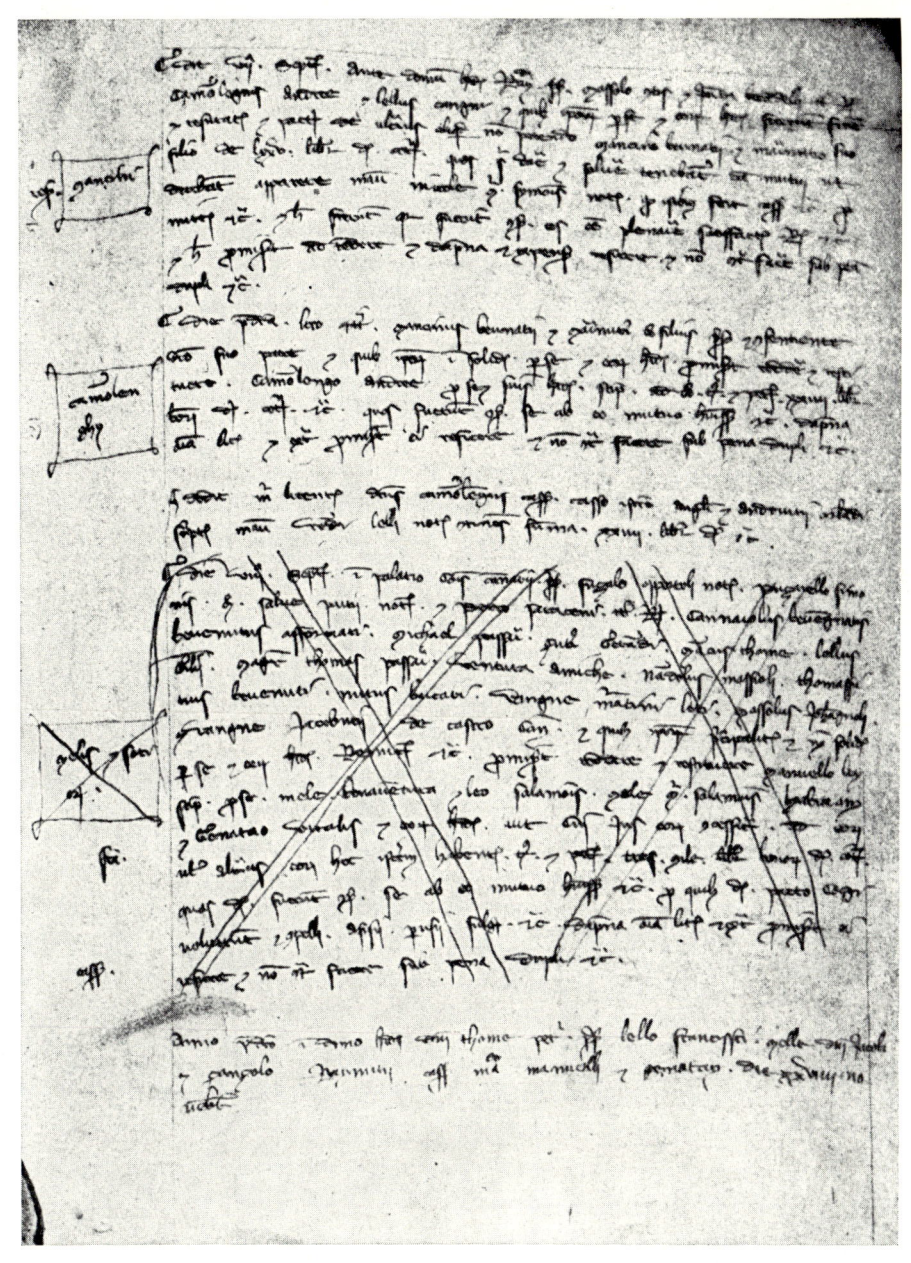

VII. – BEVAGNA. Archivio Notarile, Biblioteca Comunale (busta 11 C, vol. A, bastardello di ser Giovanni di Alberto). *Loan of 3000 lire made by the Jews of Assisi to the Commune of Cannara. 8 September 1307.*

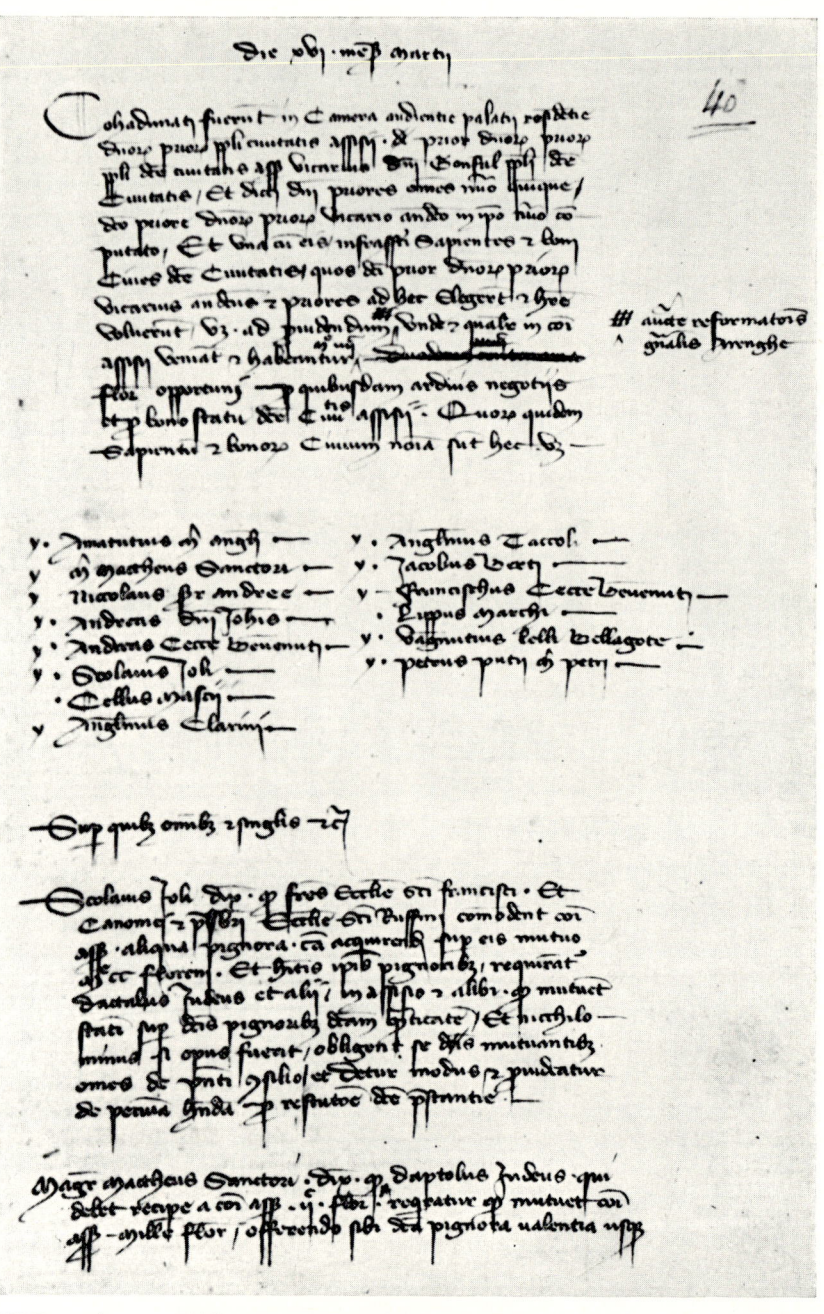

VIII. – Assisi. Biblioteca Comunale (Archivio Comunale, sez. H, Riformanze, registro 4, c. 40r). *The Priori request a considerable loan from the Jews of Assisi and offer part of the treasury of the Basilica of S. Francesco in guarantee. 16 March 1385.*

IX. – VENICE. Biblioteca del Seminario (ms. busta 956, 17 f. 21). *XIVth cent. Miniature representing a Jewish banker lending money to a friar.*

X. – ORVIETO. Cathedral. Luca Signorelli (1441-1523); *Facts of the Antichrist.*
Detail of the Jewish money-lender.

XI. – ASSISI. *The Palazzo dei Priori and the seat of the Monte di Pietà.*

אוּלָ֫ם יחשוב מעיין בספר זה שהמחברו הכין כל ריניו כעיניו וטיב עיונו מדברי הגמ'
והאמוראים וגם כן היה יתחייב להיות המחבר בקי בכל פנות התלמוד בכל
וכירושלמי וספרא וספרי ותוספתא· לכן הוא היודע עצמו לחכמה מה על ראוי
לפרסם האמת לכל השומע קולו· ואל יעשה מלאכת ה' רמיה· כקטוב ה' רמיה בצרויה· וערמה
כמוה הדר כלי עברים· כהלש עדריין בשלטי הגבורים· וכפל אנשים מתעטר בכתרי המלכים
והנה הוא קורא ממקומו מודיע ומעיר ערות נאמנה לכל קורא כי שרוב דברי הספר הלקוטים
מספרי עמודי הארץ המפורסמים כפעולה ובחכמה· בכל הנעים· הרב ר' יצחק אלפאסי· הרב
משה בר מיימון לטובה זכורים להם משפט הבכורה הדר והנחלה בחבור זה· ואל החטו היא'
בחכמה בתבונה ובדעת הרב ר' משה בר נחמן ז''ל הוא חבר ספר נכבד מאד בחשבון המצות
לבר כמה וכמה חבורים יקרים· אלה הגיבורים אשר מעולם שהוציאו רוב זמנם בדרך דברי
חכמים לברוב זכרים צללו כמים אדירים והעלו מרגליות פניננים לרים· ומסד
כנאמן אל מקדשם ואל חדר הוראתם מצאנו שם באר מים חיים· גנות ופרדסים ולסגרים·
וכל מילה לפניה ערוכים אמרתי כמה הרצה לבוא ולשמש לפני העיברים· וככבר בידינו
לכן הם כל הדעים הלא בסדר מצות על דרך הסדרים אולי יתעוררו יותר רבן מרוע
כן הנערים· ישיעו לב כהן בשתות וכתעים· וישובו מהשרגע בתרוב הערים לאור באור
החיים· איש את רעהו הילדים רכים ישאלו מצוה· שבת זו כמה· ומלאה הארץ דעה נחמה
והנה פירוש כל אחת נכון לפניהם· ומכל יעניה ימצאו דברי חפץ כסימנתהם· זרע קדש
יתברכו מאל הם ובניהם וכל אשר להם· בכל מקומות מושבותיהם ואני בכלל הברכה עמיה'
ומשגיע אני כשם המיוחד לכל מעתיקין שיכתבו אגרת זו בראשו· והחיים והשלום
יסח ארץ למיין· יתנן הכל הודו ותפארתו לו לגיל· ונהנרת· והמתקן כן כל שגיאה אחר
העיון המכוון מאל רחי שלמה משכתני ישעו על ישראל·

לבו ...

כָּל המצות שנתן האל ב''ה לעמו ישראל הכלולות בספר התורה שהן קטועות לדורית
בין מצווה· עשה ולא תעשה הן הרי''ג מצות· ואלה הסדרים שהן כתובית
בהן לפי החשבון שחשב אותן הרב הגדול ר' משה בר מימון ז''ל וסדור הזה שאנו
כותבין זו אחר זו הן כרצבות בספר התורה·

בראשית
פריה ורביה
לך לך
מילה

א' מצוות
ב' מצוות

XII. – ROME. Biblioteca Casanatense. Cod. 2857 (*Sacerdote 134*), containing the « *Sepher Ha-Chinukh* », copied in Assisi in 1396 (?).

XIII. – ROME. Biblioteca Casanatense. *Colophon of cod. 2857 (Sacerdote 134) with the name of the scribe, Abraham b. Moshè (Abramo di Musetto).*

Sermo primus

¶ Sermones quadragesimales preclarissimi de morib9 xpianis a septuagesima vsq3 ad oct. pasce i clusiue cum qbusdã alijs festiuis editi a duoto z eximio diuini vbi pcone fratre cherubino de Spoleto ordinis mino3 regularis obseruãtie hic feliciter incipiunt.

¶ Dominica in septuagesima de fidei necessitate. vbi probaf septe rõnib9 fidem necessariam esse ad salutẽ. Sermo primus

Sic currite vt cõprehẽdatq3 prime Cor. ix inuestigando z ingrendo affect9 humanos z desideria mortaliũ dilectissimi in xpo Jesu inuenio qp licet sint diuersi z varij. Nã vnus homo desiderat aliud quod non alius. z aliud iste quod nõ ille. In hoc tamẽ cõformatur z cõcordant. qp oẽs appetũt z optãt beatitudinem. quã sniam ponit diui Augu. in xiij. de tri. c. v. di. Oẽs appetũt beatitudinẽ. z ponit rã3 in co. c. viij. di. Ad appetẽdũ quiens beatitudinẽ natura ipsa compellit. 7c. z Boetius. iij. de consolatiõe prosa. ij. Ois inquit mortaliũ cura qp multipliciũ studiorũ labor exercet diuerso qdem calle procedit. sed ad vnũ beatitu

dinis finẽ nitit puenire. z. J. Est enim mentib9 hominũ veri boni naturaliter inserta cupiditas. Ex quib9 sentẽtijs vificatur qd dixi. qp omnes hoies tam fideles qp infideles optãt desiderãt z querũt esse felices z ptenti. Sed certe licet hoc verum sit. nõ tamen omnes psequunf illam felicitatẽ quã optant: non oẽs pertingũt ad illum terminũ z portũ salutis quẽ qrũt. Et hoc nõ pcedit aliũde nisi quia deuiauerũt a recto tramite. errauerũt a recta via. que ad hãc beatitudinẽ perducit. Volens igif z cõsiderãs Paulus aple vas electionis oẽs saluari admonet z exhortatur in passumptis verbis. vt per hanc rectã viam ambulent. Et ponit exemplũ de currentib9 i stadio di. Nescitis qp hi. 7c. Qd vbi declarans Remigius super epistolis Pau. di. Hercules quodã fortissimũ agilimũq3 ac velocissimũ apud grecos vno anelitu centum vigintiqnq3 passus. nõ tñ cucurrisse sed quasi trãsuolasse. Postq3 stando in vno loco spatium ipm stadium a stãdo vocasse. z est octaua pars miliarij. Exinde apd grecos consuetudine inoleuit aduenientibus solennitatib9 ex singulis vrbib9 castellis z oppidis iuuenes pueniue z ad illud spatiũ currere. Post cuius metã aurũ argẽtum equus palliũ aut aliud premiũ positũ brauium grece. latine palme victoria seu corona vocatũ quisq3 por accurrisset cũ gloria z honore sumebat. Moraliter ex

XIV. – *Frontispiece of the «Sermones Quadragesimales» (Venice 1502) of fra Cherubino da Spoleto, containing his anti-Jewish sermons.*

INDEX OF PERSONS

Abraham b. Moshè, 35, 36, 84.
Abramo « judeo », 31.
Abramo di Manuello, 23, 25.
Abramo di Mosè da Sarteano, 76.
Abramo di maestro Musetto da Perugia, 56, 65, 82, 163.
Abramo di Musetto da Camerino, 39-41, 43, 44, 45, 73, 75, 79, 80, 81, 145-149, 194, 204-208.
Abramo (maestro) di maestro Sabbatuccio, 35, 43, 44, 74, 78, 87-90, 174-185, 195-199.
Abramo di Ventura da Tivoli, 54.
Abramo di Vitale, 5, 6, 7, 8, 101, 102, 111-115.
Abramo di maestro Vitale da Chianciano, 78.
Abramo (maestro) di maestro Vitale da Perugia, 91, 185-186.
Agnese di Angelo da Foligno, 32.
Aharon ha-Levi, 36.
Alberigo da Barbiano, 22.
Aleuccio « the driver », 31, 32.
Aleuccio di Abramo (da Camerino) da Assisi, 44, 50, 76, 79, 80, 201-203.
Aleuccio di maestro Abramo da Assisi, 75, 90.
Aleuccio di Salomone da Roma, 44, 81, 89, 205.
Amatucci Jacopo, 89.
Amatucci Ludovico, 74, 88.
Andrea di Egidio, 31, 65.
Andrea di Maffeo, 13, 123.
Andrea di Nicola, 7.
Andreino degli Ubertini, 39, 40, 145.
Andreolo di Giuntolo, 8.
Andreolo di Jacopuccio, 7.

Andreuccio di Puccio, 6.
Angelo (maestro) da Foligno, 32.
Angelo di Abramo da Cosenza, 69, 74.
Angelo di Angelo da Ferrara, 51-54, 55, 73, 75, 76, 78, 154-157, 209-213.
Angelo di Vitale da Camerino, 74.
Angelo di Vittorino, 77.
Anichino Bongardo, 18.
Anna da Tivoli, 56, 162.
Antonio da Urbino (*Podestà of Assisi*), 88.
Antonio da Vercelli (*friar*), 67.
Antonio di Andrea da Perugia, 82, 88, 89.
Antonio di Bartolo, 34.
Antonio di Nino, 75.
Antonio di Petruccio, 74.
Arcimboldo Giovanni (*Cardinal*), 66.

Baglioni Braccio (*Tyrant of Perugia*), 91.
Baglioni Francesco (*Podestà of Assisi*), 10.
Ballarini P., 219.
Balletti A., 42, 219.
Baron S. W., 219.
Bartolo di Paolo, 6.
Bartolo di Sassoferrato, 12-13, 28, 77, 219.
Bartolomeo da Spello (*friar*), 8, 111.
Bartolomeo di Jacopuccio, 34.
Bartolomeo di Matteo, 65.
Bartolomeo di Tommaso, 65, 171.
Bartoluccio di Vanne, 34.
Battaglia F., 60, 219.
Belleli L., 79, 219.
Berliner A., 219.
Bernardino da Feltre (*friar*), 69-71, 173.

Bernardino da Siena (*friar*), 45.
Bernheimer C., 33, 219.
Bethel (*family*), 32, 36, 44, 81, 84.
Blumenkranz B., 24, 68, 219.
Boffito J., 90.
Boldrino da Panicale, 23.
Bonagiunta di Mele, 12, 13, 20, 123.
Bonaiuto (maestro) di Salomone da Tivoli, 54-55, 73, 75, 78, 82, 90, 157-162.
Bonaiuto di Elia di Francia, 56, 62, 74, 76.
Bonaventura (maestro) di Abramo, 35.
Bonaventura di Abramo da Bevagna, 65, 66, 171.
Bonaventura di maestro Elia da Ferrara, 74.
Bonaventura di Salomone, 5, 6, 7, 8.
Bonazzi L., 11, 17, 18, 25, 26, 39, 46, 47, 66, 219.
Boniface IX (*Pope*), 26.
Brandolino, 26.
Buffalmacco Buonamico, 4.
Broglia da Trino, 26.

Calandrini Filippo (*Cardinal*), 56, 164.
Caracciolo Roberto (*friar*), 45, 59, 219.
Carmoly E., 35, 219.
Carpi D., 42, 219.
Casanova E., 54, 219.
Casolini F., 69, 219.
Cassuto U. 27, 33, 43, 54, 74, 79, 82, 83, 84, 85, 220.
Cavallini Pietro, 4.
Cecco di Andreuccio, 6.
Ceccolo di Maffuccio, 6.
Cenci C., 5, 13, 15, 24, 45, 49, 66, 220.
Cessi R., 42, 220.
Cherubino da Spoleto (*friar*), 48-51, 76, 151, 220.
Ciardini M., 48, 70, 220.
Ciccolo di Bertoluccio, 11.
Ciccolo di Buzzarello, 5.
Ciccolo di Filippo, 10.
Ciccolo di Petriolo, 10.
Ciccolo di Piccardo, 7.
Ciccolo di Venturello, 9.
Ciscato A., 42, 80, 220.

Cola di Vezio, 6.
Colorni V., 3, 5, 12, 33, 35, 42, 43, 49, 77, 80, 82, 83, 84, 85, 96, 220.
Consiglio di Abramo da Gubbio, 46, 79, 199.
Consiglio di Dattilo da Tivoli, 54.
Consolo di Leone di Fiandra, 69, 74.
Coppoli Fortunato (*friar*), 60-63, 68, 220.
Cristiano d'Angelo, 6.
Cristofani A., 4, 11, 14, 17, 18, 22, 24, 25, 26, 27, 34, 39, 45, 46, 47, 61, 66, 71, 173, 220.
Cusano Niccolò (*Cardinal*), 60.

Daniele di Aleuccio, 16, 17.
Daniele di Mele, 12, 29, 122.
Daniele di maestro Sabbatuccio, 23, 27, 34, 35, 43, 79, 87, 173-174.
Dante Alighieri, 90.
Dattilo « the mattress-maker », 31, 32, 76.
Dattilo di Abramo da Norcia, 21, 22, 23, 24, 25, 27, 28, 30, 34, 39, 40, 137-141.
Dattilo di Manuele da Assisi, 47, 75, 76.
Dattilo di Musetto, 16.
David di Consiglio da Tivoli, 54.
David di Salomone da Perugia, 43, 79.
De Giovanni C., 4, 43, 220.
De Pomis David, 3, 220.
De Rossi G. B., 36, 220.
Del Vecchio A., 54.
Della Rovere (*family*), 65, 66.
Della Rovere Antonio (*Cardinal*) 65.
Deodato di Beniamino, 18, 19, 20.

Eckert W. P. 69, 220.
Elia (maestro), 35.
Elia di Gaio, 16.
Elia (maestro) di Manuele di Francia, 66-67, 91-93, 187-194.
Elia di Mele, 12, 29, 122.
Ermannino da Foligno, 12.
Evangelista di Francesco, 88, 89, 178.

Fabbri P., 60, 220.
Fabretti A., 7, 18, 22, 39, 49, 52, 53, 221.
Fanfani A., 57, 221.
Fantozzi A., 45, 60, 221.
Farinacci P., 77, 221.
Fasolo Angelo (*Archibishop*), 63.
Feliciani Antonio, 63.
Ferorelli N., 220.
Ferriz Pietro (*Archibishop*), 63.
Finkelstein L., 78, 220.
Fiore di Guglielmuccio, 44, 80.
Fortini A., 4, 19, 24, 27, 39, 46, 47, 221.
Fortini G., 4, 95, 96, 221.
Franceschini G., 39, 221.
Franceschino di Nuccio, 74.
Francesco di Burgaro, 33.
Francesco di Filippuccio, 61.
Francis of Assisi, 3, 4, 71.
Freimann A. 36, 79, 221.
Friedenwald E., 35, 221.
Fumi L., 3, 221.

Gabriele d'Angelo, 31, 32, 71.
Gaddi Agnolo, 4.
Gaddi Taddeo, 4.
Gaio di Deodato, 18.
Gaio (maestro) di maestro Sabbatuccio, 35, 43, 44, 78, 81, 82, 87-90, 177, 181, 196-199.
Gaudino (maestro) di Bonaventura, 35.
Garin E. 60, 221.
Garrani G., 62, 221.
Genatano di Vitale, 5, 6, 7, 8.
Gentile di Salvone, 11.
Gentile di Vico, 26.
Gentilina di maestro Abramo da Assisi, 90.
Ghinato A., 60, 221.
Ghirondi M. S., 223.
Giacobbe di Elia di Francia, 56, 62, 64, 65, 74, 76, 162-164.
Giacobbe di Mosè da Ancona, 80.
Giacobbe di maestro Sabbatuccio, 35, 78, 87, 196-199.
Giacobbe di Salomone da Perugia, 43, 74, 79, 199.

Giacomo di Guccio, 5.
Giacomo di Mariano, 61.
Giacomo di Pace, 6.
Gigliolo di Leonardo, 10.
Gilson E., 60, 222.
Gioietta da Roma, 81.
Giotto, 4.
Giordano di Benvenuto, 6.
Giovanni di Alberto, 5, 9.
Giovanni di Antonio, 88, 175.
Giovanni da Monferrato (*Marquis*), 18.
Goldbrunner H., 39, 222.
Graetz H., 222.
Graziani (*family*), 11, 18, 46, 222.
Grayzel S., 24, 30, 49, 67, 68, 222.
Gregorio (*friar*), 8.
Gregory the Great (*Pope*) 24, 68.
Güdemann M., 46, 222,
Guglielmo (*Capitano del Popolo of Assisi*), 8.
Guglielmo di maestro Angelo da Perugia, 46, 55, 79, 80, 149, 203.
Guglielmuccio di Vitale, 14, 128.

Kisch G., 12, 57, 222.

Innamorati G., 11.
Innocent III (*Pope*), 68.
Invernizzi C., 41, 222.
Isacco di Samuele da Perugia, 43, 79.
Izchaq b. Obadiah da Forlì, 79.

Jacob b. Machir Ibn Tibbon, 90.
Jacob b. Shelomò da Perugia, *see* Giacobbe di Salomone da Perugia.
Jacopo della Marca (*friar*), 46, 62, 63.
Jacopo di Lello (*Podestà of Assisi*), 26, 34.
Jechiel b. Jequtiel, 32.
Jequtiel b. Shelomó, 36.
John XXII (*Pope*), 24.

Lagarde (De) P., 60, 222.
Latino di Valerio, 6.
Lello di Passaro, 6.
Leone (*Jewish Convert*), 67, 68, 69, 168-170.

Leone di Salomone, 5-10, 29, 102-108, 116, 118, 119.
Leonij L., 3, 19, 46, 49, 222.
Lippo di Tommassuccio, 6, 11.
Lolo di Boso, 6.
Lopez R. S., 30, 222.
Lorenzo di Giovanni, 76.
Ludovico di Matteo, 77.
Luzi L., 222.
Luzzati M., 9, 222.
Luzzatto G., 6, 22, 30, 43, 79, 222.

Magino di Franceschino, 27, 34.
Maimonides, 35, 36.
Majarelli S., 45, 56, 60, 61, 90, 222.
Manassei Barnaba (*friar*), 61.
Manuele di Abramo, 14, 15, 16.
Manuele di Abramo (da Camerino) da Assisi, 44, 45, 46, 47, 50, 55, 75, 76, 77, 149, 203, 209.
Manuele di Angelo da Ferrara, 51, 76.
Manuele di maestro Benamato, 20.
Manuele di Giacobbe di Francia, 56, 62, 64, 65-67, 82, 189, 207.
Manuele di Mele, 16, 17, 130.
Manuele di Mosè da Assisi, 43.
Manuello di Leone, 5-10, 31, 109, 111, 115-118.
Marco dal Monte S. Maria (*friar*), 59, 222.
Marco di Pietro, 5.
Marcus J. R., 222.
Margoliouth G., 79, 222.
Mariano di Napoleone, 74.
Marini G., 222.
Marsilio di Padova, 59.
Martin V (*Pope*), 64.
Masci della Rocca Benvenuto, 15.
Matassia di Musetto, 16, 18, 19.
Matassia di Sabato Scola, 32.
Matassia di Sabbatuccio da Perugia, 20-23, 28, 29, 34, 39, 40, 137-139.
Mele (maestro) di maestro Bonagiunta, 18, 19.
Mele di Salomone, 5-10, 12, 14, 16, 101, 108-110, 120.
Mele di maestro Salomone, 5-10, 12, 14, 16, 29, 116, 118, 119, 121.

Mele di Salamonetto, 23, 25, 43, 74.
Melzi d'Eril C., 90.
Memmi Lippo, 4.
Memmi Simone, 4.
Meshullam b. Abraham, 35.
Messini A., 60, 222.
Michele Francesco, 68.
Michelotti Biordo (*Tyrant of Perugia*), 26, 27.
Milano A., 3, 30, 33, 42, 46, 57, 223.
Min Ha-Keneset (*family*), see Bethel.
Mira G., 223.
Molho A., 223.
Momigliano F., 35, 223.
Mondolfo U. G. 223.
Morghen R., 9, 223.
Morico di Nile, 5.
Mortara M., 35, 43, 223.
Mosè di Dattilo da Rimini, 75.
Motta E. A., 41, 223.
Musetto di Bonaventura, 14, 15, 16, 17, 20.
Musetto (maestro) di Guglielmo, 35.
Musetto (maestro) di Salomone, 35.
Muzi G. 35.

Nelson B., 5, 223.
Neppi C. 223.
Niccolò di Corradello, 34.
Niccolò Piccinino, 47.
Niccoluccio di Vanne, 34.
Nicholas IV (*Pope*), 4, 25.
Nicolini U., 45, 56, 60, 61, 90, 222.
Norsa P., 22, 44, 223.

Orr M. A., 90, 223.

Paolo di Maghetto, 7.
Paolo di Petruccio, 27, 34.
Pascucci Giovanni, 88.
Pastor L., 63, 223.
Paul II (*Pope*), 63, 64.
Pellini P., 11, 17, 18, 27, 39, 47, 223.
Perna da Tivoli, 55.
Pesaro A., 41, 223.
Petri A. 49, 223.
Petruccio di Guccio, 5.

Pezzella S., 39, 41, 223.
Piccolomini (*family*), 91.
Pietro di Gianni, 15.
Pietro di Tommasello, 15.
Pius II (*Pope*), 91.
Pizzuti Filippo, 6.
Poliakov L., 3, 5, 57, 59, 65, 223.
Pullan B., 58, 223.

Rezasco G., 19, 54, 223.
Rieger P. 33, 43, 225.
Roberto da Lecce, *see* Caracciolo Roberto.
Rolando da Summo, 39, 40, 145.
Roscher W., 57, 59, 224.
Rosella da Camerino, 80, 81.
Rossi A., 35.
Rossi L., 3, 224,
Roth C., 41, 90, 224.
Ruggini L., 58, 220.

Sabato di maestro Dattilo, 11, 121.
Sabbato di Manuele, 18, 19.
Sabbatuccio (maestro) di maestro Manuele, 19, 20, 23, 25, 26, 28, 29, 31, 32-36, 40, 43, 78, 84, 139-145.
Sabbatuccio di Salomone, 15, 16, 19, 20.
Sabbatuccio di Salomone da Perugia, 20-21, 29.
Sacchi De Angelis M.E., 224.
Sacerdote G., 36.
Salamonetto di Mele, 12-14, 28, 29, 122, 123-124.
Salamonetto di Vitale, 14, 15, 16.
Salomone da Tivoli, 55.
Salomone di Guglielmuccio, 4.
Salomone di Matassia da Perugia, 23, 24, 27, 39, 40, 41, 46, 73, 77, 79, 145.
Salomone di Sabbatuccio, 19.
Salzano A., 44, 81, 224.
Samuele di Giacobbe di Francia, 56.
Samuele di Giuseppe da Lecce, 75, 208.
Santori Antonio, 90.
Santori Matteo, 34.
Sbaraglia G., 4, 224.
Scalvanti O. 35, 224.

Scherer J. E. 69, 224.
Schirmann C., 35, 224.
Scola (*family*), *see* Bethel.
Sforza Francesco (*Duke of Milan*), 46, 149.
Shabbatai b. Immanuel, 84.
Shabbatai b. Matatià, *see* Sabbatuccio di maestro Manuele.
Shabbatai b. Menachem, 84.
Sheedy A. T., 12, 224.
Shulvass M. A., 224.
Simigliolo di Manuele, 14, 15, 17, 20.
Simonino di Trento, 69.
Sixtus IV (*Pope*), 66, 67, 92.
Sonne I. 3, 224.
Sozio di Enrichetto, 6.
Stefano di Egidio, 6.
Steinschneider M., 35, 43, 224.
Stella di Aleuccio da Padova, 80, 203.
Stern M., 64, 224.
Susanni M., 77, 224.
Synagoga (de) (*family*), *see* Bethel.

Tancredi Jacopo, 16.
Tancredi Nicola, 16.
Tecchi B., 224.
Tella di Savio, 6.
Tomaso da Rieti, 4.
Toaff A., 3, 6, 7, 13, 21, 22, 23, 24, 26, 27, 33, 35, 39, 41, 42, 45, 46, 49, 52, 53, 54, 56, 64, 68, 69, 75, 82, 83, 85, 96, 224, 225.

Vagne di Marcuzio, 7.
Vasari G., 4, 225.
Ventura di S. Maria d'Alfiolo (*Abbot*), 8, 115.
Ventura (maestro) di Dattilo da Roma, 35.
Ventura di Salomone da Tivoli, 54.
Venturello di Marino, 34.
Vico di Latino, 35.
Vitale di Cresce, 20.
Vitale di Manuele da Chianciano, 74, 82.
Vitale di Mele, 12, 29, 121-122.
Vitale di Salamonetto, 19, 20.
Visconti (*family*), 26, 39, 41.

Visconti Gian Galeazzo (*Duke of M-
   lan*), 39, 41.
Vogelstein H., 33, 43, 225.
Volli G., 69, 225.
Volpe G., 31, 225.

Zaccaria G., 26, 225.
Zunz L., 32, 35, 83, 225.

Wadding L., 69, 225.
Weber M., 59, 225.

INDEX OF PLACES

Alps, 17.
Amelia, 60.
Ancona, 80.
Aquila, 62.
Arezzo, 14, 24.
Avignon, 24.

Badia Polesine, 42.
Bagnoli, 78.
Barbiano, 22.
Bettona, 218.
Bevagna, 5, 34, 56, 65, 82, 84, 91, 163, 218.
Bologna, 56, 164.
Borgo Sansepolcro, 60.
Brettigny, 18.

Cagli, 60.
Camerino, 39, 40, 41, 73, 74, 75, 79, 81, 84, 145.
Cannara, 8, 18, 109.
Castel della Pieve. 34.
Cesena, 43, 74.
Chianciano, 74, 78, 84.
Città di Castello, 14, 23, 35, 49, 52, 53, 54, 66.
Como, 41.
Cortona, 60, 61.
Cosenza, 69, 74, 84.
Cremona, 41.

Emilia, 42.
Este, 42.

Fano, 43, 79.
Feltre, 63, 69, 70, 71, 167, 173.
Ferrara, 42, 51, 54, 55, 73, 74, 76, 78, 79, 82, 83, 84, 85, 154, 199, 209.

Florence, 6, 24, 27, 42, 43, 60, 74, 79, 82, 85.
Foligno, 3, 6, 12, 32, 60.
Forlì, 79.
France, 5, 17, 56, 74, 76, 82, 91, 162, 163, 164.

Germany, 3, 17.
Gubbio, 9, 32, 46, 70, 79, 84, 173, 199.

Lendinara, 42.
Lecce, 45, 59, 75, 84, 208.

Mantua, 43.
Marche, 3, 46, 62, 63.
Matelica, 6.
Milan, 39, 40, 41, 46, 145.
Modena, 42.
Monferrato, 18.
Montagnana, 42.
Montpellier, 90.
Mora, 29, 78.

Narni, 81.
Norcia, 21, 22, 23, 24, 25, 27, 28, 30, 34, 39, 40, 84, 137, 138, 139.

Orvieto, 3.

Padua, 42, 59, 80.
Palazzo d'Assisi, 29.
Panicale, 23.
Pavia, 41.
Perugia, 3, 7, 8, 11, 13, 14, 15, 17, 18, 20, 21, 22, 23, 27, 31, 34, 39, 40, 41, 42, 43, 47, 49, 52, 54, 56, 60, 64, 68, 74, 75, 79, 82, 85, 90, 91, 125, 199, 218.

Pesaro, 78.
Pistoia, 60.
Po, 3, 42, 79.
Poggio Morico, 20.
Poggio Priore, 89.
Prato, 48.

Rieti, 4.
Rimini, 42, 75.
Romagna, 42, 43.
Rome, 3, 5, 6, 32, 33, 43, 44, 81, 84.
Rovigo, 42.

Sarteano, 76.
Sassoferrato, 12, 13, 28.
Satriano, 79.
Siena, 6, 15, 45, 46, 60.
Spain, 17.

Spello, 8, 60, 69.
Spoleto, 3, 14, 44, 48, 49, 51, 60, 76, 81, 151.

Terni, 60, 61.
Tivoli, 54, 55, 56, 73, 75, 78, 81, 84, 157.
Todi, 3, 7, 18, 49, 60.
Trento, 69.

Umbria, 3, 5, 12, 13, 18, 30, 34, 42, 52, 54, 68, 69, 79, 84, 87, 95.
Urbino, 88.

Vercelli, 67.
Vigevano, 41.
Villa Balzano, 8, 103.

INDEX OF SUBJECTS

Banks and bankers, 5-9, 16-17, 21-27, 39-71, 101-116, 120-121, 126-129, 137-144.
Badge (Jewish), 49-51, 52, 55, 61-62, 70, 152-153, 159, 166-167.
Books 8, 35-36, 77, 78, 79, 90, 95-97, 111-112.

Cemetery, 28, 82, 197.
Church (Popes, Cardinal and Bishops, Local Clergy, Friars of S. Francesco, Preaching Friars), 8-9, 24-25, 26, 31-32, 45-46, 48-50, 52, 56, 57-71, 92-93, 111-112, 115-116, 139-141, 151, 164-165, 167-168, 171-172, 173, 185-193.
Citizenship, 10-11, 29, 73-74, 119-120, 137-138, 159.
Crafts and Artisans, 30-32, 97.
Criminal Law, 12-14, 28-29, 76, 121-124, 130, 208-213.

Demography, 19-21, 75.
Dowries, 79-80, 203-204.

Economy, 1-9, 11-19, 25-26, 39-71.
Education, 35-36.
Epidemics, 17-18, 24-25, 33, 47.

Gambling, 47, 76.

Houses, 10-11, 29-30, 78-79, 116-120, 195-205.

Juridical Status, 27-30, 73-78, 121-124.
« Kasher » food, 55, 82, 161, 177.
Loans (to the Commune), 6-8, 14-16, 23-27, 51-56, 65-66, 109-110, 125-126.

Merchants, 9, 25, 53, 95, 116, 159.
Monte di Pietà, 57-64, 65, 70, 165-166.

Names, 82-85.

Physicians and Medicine, 32-36, 66-67, 87-93, 144-145, 173-194.
Privileges, 21, 33, 39-41, 51-56, 134, 145-149, 154-162.

Rabbinical Court, 64, 75, 77.
Real Estate, 10-11, 29-30, 33, 78-79, 116-120, 173-174, 194-203.
Religious Life, 28, 55, 75, 81-82, 161, 207-208.

Scribes and Copysts, 32, 35-36, 79.
Social Conditions, 30-32, 57-60.
Synagogue, 28, 55, 75, 81-82, 161, 207-208.

Taxes, 19-21, 51, 130-133, 138-139, 142-143.
Trade, 9, 25, 53, 95, 116, 159.

Wills, 80-81, 204-207.

LIST OF ILLUSTRATIONS

Tav. I – W. J. Blaeu (1571-1638), *Plan of Assisi*.

Tav. II – Parma. Biblioteca Palatina. *Cod. De Rossi 1134 (Parma 3148). « Mishnè Torà » of Maimonides (Assisi 1389)*.

Tav. III – Parma. Biblioteca Palatina. *Colophon of cod. De Rossi 1134 (Parma 3148)*.

Tav. IV – Assisi. *The houses in the Porta S. Chiara district.*

Tav. V – Assisi. *Fragment of the book of Psalms (XIV cent.) with a drawing of a scene from medieval life.*

Tav. VI – Assisi. *Fragment of the book of Psalms (XIV cent.).*

Tav. VII – Bevagna. Biblioteca Comunale. *Loan of 3000 lire made by the Jews of Assisi to the Commune of Cannara. 8 September 1307.*

Tav. VIII – Assisi. Biblioteca Comunale. *The Priori request a loan from the Jews of Assisi and offer part of the treasury of S. Francesco in guarantee. 16 March 1385.*

Tav. IX – Venice. Biblioteca del Seminario. *XIV cent. miniature representing a Jewish banker lending money to a friar.*

Tav. X – Orvieto. Cathedral. *« Facts of the Antichrist » by Luca Signorelli (1441-1523). Detail of the Jewish money-lender.*

Tav. XI – Assisi. *The Palazzo dei Priori and the seat of the Monte di Pietà.*

Tav. XII – Rome Biblioteca Casanatense. *Cod. 2857 (Sacerdote 134). « Sepher Ha-Chinukh » (Assisi 1396).*

Tav. XIII – Rome. Biblioteca Casanatense. *Colophon of cod. 2857 (Sacerdote 134).*

Tav. XIV – *The « Sermones Quadragesimales » (Venice 1502) of fra Cherubino da Spoleto.*

CONTENTS

Introduction . . . . p. v

PART I

THE JEWS IN ASSISI IN THE XIV CENTURY

The Commune and the Jews at the beginning of the fourteenth century	»	3
The Jews in the politics and economy of Assisi of the Guelphs.	»	11
From the 1381 « Condotta » to the Visconti dominion . . .	»	19
Jewish life and culture in Assisi. Jewish physicians and Franciscan friars	»	27

PART II

THE JEWS IN ASSISI IN THE XV CENTURY

Bankers and moneylenders in the first half of the XVth Century.	»	39
Mid-Century « Condotte »	»	48
Offensive of the Preaching Fathers and the foundation of the Monte di Pietà	»	57
Decadence and dissolution of the Jewish Community . . .	»	56
Civilian life and juridical condition of the Jews in Assisi . .	»	73
Jewish physicians in the fourteenth century	»	87
Note concerning a Jewish parchment found in Assisi . . .	»	95

Appendix of documents . . . . p. 99

Abbreviations . . . . » 215
Archival Sources . . . . » 217
Bibliography . . . . » 219
Index of Persons . . . . » 227
Index of Places . . . . » 233
Index of Subjects . . . . » 235
List of Illustrations . . . . » 237

*Finito di stampare nel maggio 1979
con i tipi della Tiferno Grafica
di Città di Castello*

BIBLIOTECA DELL'«ARCHIVUM ROMANICUM»

Serie I: Storia - Letteratura - Paleografia

1. Bertoni, G. *Guarino da Verona fra letterati e cortigiani a Ferrara (1429-1460)*. 1921, XII-216 pp., 5 tavv. (esaurito)

2. — — *Programma di filologia romanza come scienza idealistica*. 1922, VIII-128 pp. (esaurito)

3. Verrua, P. *Umanisti ed altri «studiosi viri» italiani e stranieri di qua e di là dalle Alpi e dal mare*. 1924, 234 pp., 2 tavv.

4. Cino da Pistoia, *Le rime*. A cura di G. Zaccagnini. 1925, 310 pp.

5. Zaccagnini, G. *La vita dei maestri e degli scolari nello Studio di Bologna nei secoli XIII e XIV*. 1926, 236 pp., 2 appendici e 32 tavv. (esaurito)

6. Jordan, L. *Les idées, leurs rapports et le jugement de l'homme*. 1926, X-234 pp.

7. Pellegrini, C. *Il Sismondi e la storia della letteratura dell'Europa meridionale*. 1926, 168 pp.

8. Restori, A. *Saggi di bibliografia teatrale spagnola*. 1927, 122 pp., 3 cc.

9. Santangelo, S. *Le tenzoni poetiche nella letteratura italiana dalle origini*. 1928, XII-462 pp.

10. Bertoni, G. *Spunti, scorci e commenti*. 1928, VIII-198 pp.

11. Ermini, F. *Il «dies irae»*. 1928, VIII-158 pp.

12. Filippini, F. *Dante scolaro e maestro. (Bologna - Parigi - Ravenna)*. 1929, VIII-224 pp.

13. Lazzarini, L. *Paolo de Bernardo e i primordi dell'Umanesimo in Venezia*. 1930, VI-252 pp. (esaurito)

14. Zaccagnini, G. *Storia dello Studio di Bologna durante il Rinascimento*. 1930, X-348 pp., 42 ill.

15. Catalano, M. *Vita di Ludovico Ariosto ricostruita su nuovi documenti*. 2 voll. 1931, XVIII-656 pp., e 498 pp., 4 ill. e 1 tav. f. t. (esaurito)

16. Ruggieri, J. *Il canzoniere di Resende*. 1931, 238 pp.

17. Döhner, K. *Zeit und Ewigkeit bei Chateaubriand*. 1931, VIII-156 pp. (esaurito)

18. Troilo, S. *Andrea Giuliano politico e letterato veneziano del Quattrocento*. 1932, XII-210 pp. (esaurito)

19. Ugolini, F. A. *I Cantari d'argomento classico*. 1933, 280 pp., 1 tav. f. t. (esaurito)

20. Berni, F. *Poesie e prose*. Curate da E. Chiorboli. 1934, XXXVI-458 pp., 5 tavv. f. t. (esaurito)

21. Blasi, F. *Le poesie di Guilhem de la Tor*. 1934, XIV-78 pp.

22. Cavaliere, A. *Le poesie di Peire Raimond de Tolosa*. 1935, XX-168 pp. (esaurito)

23. Toschi, P. *La poesia popolare religiosa in Italia*. 1935, X-250 pp., 1 tav. f. t. (esaurito)

24. Blasi, F. *Le poesie del trovatore Arnaut Catalan*. 1937, XXXII-64 pp. (esaurito)

25. Gugenheim, S. *Madame d'Agoult et la pensée européenne de son époque*. 1937, 392 pp. (esaurito)

26. Lewent, K. *Zum Text der Lieder des Giraut de Bornelh*. 1938, 120 pp. (esaurito)

27. Kolsen, A. *Beiträge zur Altprovenzalischen Lyrik*. 1938, 244 pp.

28. Niedermann, J. *Kultur. Werden und Wandlungen des Begriffs und seiner Ersatzbegriffe von Cicero bis Herder*. 1941, VIII-250 pp. (esaurito)

29. Altamura, A. *L'Umanesimo nel mezzogiorno d'Italia*. 1941, 208 pp. con ill. (esaurito)

30. Nordmann, P. *Gabriel Seigneux de Correvon, ein schweizerischer Kosmopolit. 1695-1775*. 1947, 172 pp., 1 tav. f. t. (esaurito)

31. Rosa, S. *Poesie e lettere inedite*. A cura di U. Limentani. 1950, 180 pp., 3 ill. (esaurito)

32. Panvini, B., *La leggenda di Tristano e Isotta*. 1952, 136 pp. (esaurito)

33. Messina, M. *Domenico di Giovanni detto il Burchiello. Sonetti inediti*. 1952, XL-80 pp., 2 ill.

34. Panvini, B. *Le biografie provenzali. Valore e attendibilità*. 1952, 166 pp. (esaurito)

35. Moncallero, G. L. *Il Cardinale Bernardo Dovizi da Bibbiena umanista e diplomatico*. 1953, 652 pp., 6 tavv. f. t. (esaurito)

36. D'Aronco, G. *Indice delle fiabe toscane*. 1953, 236 pp.

37. Branciforti, F. *Il canzoniere di Lanfranco Cigala*. 1954, 252 pp., 2 tavv. f. t. (esaurito)

38. Moncallero, G. L. *L'Arcadia* - Vol. I: *Teorica d'Arcadia*. 1953, 236 pp.

39. Galanti, B. M. *Le villanelle alla napolitana*. 1954, XLVIII-276 pp., 12 tavv. di motivi musicali. (esaurito)

40. Crocioni, G. *Folklore e letteratura*. 1954, 112 pp.

41. Vecchi, G. *Uffici drammatici padovani*. 1954, XII-258 pp., 73 tavv. esempi mus.

42. Vallone, A. *Studi sulla Divina Commedia*. 1955, 174 pp. (esaurito)

43. Panvini, B. *La scuola poetica siciliana*. 1955, 396 pp. (esaurito)

44. Dovizi, B. *Epistolario di Bernardo Dovizi da Bibbiena*. Vol. I (1490-1513). 1955, XXIV-528 pp., 6 tavv. f. t.

45. Collina, M. D. *Il carteggio letterario di uno scienziato del Settecento (Janus Plancus)*. 1957, VIII-174 pp., 5 tavv. f. t.

46. Spaziani, M. *Il canzoniere francese di Siena (Biblioteca Comunale HX 36)*. 1957, VIII-356 pp., 2 tavv. f. t. (esaurito)

47. Vallone, A. *Linea della poesia foscoliana*. 1957, 176 pp.

48. Crinò, A. M. *Fatti e figure del Seicento anglo-toscano. (Documenti inediti sui rapporti letterari, diplomatici e culturali fra Toscana e Inghilterra)*. 1957, 406 pp., 10 tavv. f. t.

49. Panvini, B. *La Scuola Poetica Siciliana. Le canzoni dei rimatori non siciliani*. Vol. I, 1957, 208 pp. (esaurito)

50. Crinò, A. M. *John Dryden*. 1957, 406 pp., 1 tav. f. t.

51. Lo Nigro, S. *Racconti popolari siciliani. (Classificazione e Bibliografia)*. 1958, XL-324 pp.

52. Musumarra, C. *La sacra rappresentazione della Natività nella tradizione italiana*. 1957, 196 pp. (esaurito)

53. Panvini, B. *La scuola poetica siciliana. Le canzoni dei rimatori non siciliani*. Vol. II, 1958, 188 pp.

54. Vallone, A. *La critica dantesca nell'Ottocento*. 1958, 240 pp. Ristampa 1975

55. Crinò, A. M. *Dryden, poeta satirico*. 1958, 138 pp. (esaurito)

56. Coppola, D. *Sacre rappresentazioni aversane del sec. XVI, la prima volta edite*. 1959, XII-270 pp., ill.

57. Piramus et Tisbè. *Introduzione - Testo critico - Traduzione e note a cura di F. Branciforti*. 1959, 310 pp., 5 tavv. f. t.

58. Gallina, A. M. *Contributi alla storia della lessicografia italo-spagnola dei secoli XVI e XVII*. 1959, 336 pp.

59. Piromalli, A. *Aurelio Bertola nella letteratura del Settecento. Con testi e documenti inediti*. 1959, 196 pp. (esaurito)

60. Gamberini, S. *Poeti metafisici e cavalieri in Inghilterra*. 1959, 270 pp.

61. BERSELLI AMBRI, P. *L'opera di Montesquieu nel Settecento italiano*. 1960, VIII-236 pp., 6 tavv. f. t.

62. STUDI SECENTESCHI, Vol. I (1960). 1961, 220 pp.

63. VALLONE, A. *La critica dantesca del '700*. 1961, IV-244 pp.

64. STUDI SECENTESCHI, Vol. II (1961). 1962, 334 pp., 7 tavv. f. t.

65. PANVINI, B. *Le rime della scuola siciliana*. Vol. I: Introduzione - Edizione critica - Note. 1962, LII-676 pp. Rilegato

66. BALMAS, E. *Un poeta francese del Rinascimento: Etienne Jodelle, la sua vita - il suo tempo*. 1962, XII-876 pp., 12 tavv. f. t.

67. STUDI SECENTESCHI, Vol. III (1962). 1963, IV-238 pp., 4 tavv.

68. COPPOLA, D. *La poesia religiosa del sec. XV*. 1963, VIII-150 pp.

69. TETEL, M. *Etude sur la comique de Rabelais*. 1963, VIII-150 pp. (esaurito)

70. STUDI SECENTESCHI, Vol. IV (1963). 1964, VI-238 pp., 5 tavv.

71. BIGONGIARI, D. *Essays on Dante and Medieval Culture*. 1964, 184 pp.

72. PANVINI, B. *Le rime della scuola siciliana* - Vol. II: Glossario. 1964, XVI-180 pp. Rilegato

73. BAX, G. «*Nniccu Furcedda*», *farsa pastorale del XVIII sec. in vernacolo salentino*, a cura di Rosario Jurlaro. 1964, VIII-108 pp., 12 tavv.

74. STUDI *di letteratura, storia e filosofia in onore di Bruno Revel*. 1965, XXII-666 pp., 3 tavv.

75. BERSELLI AMBRI, P. *Poemi inediti di Arthur de Gobineau*. 1965, 232 pp., 3 tavv. f. t.

76. PIROMALLI, A. *Dal Quattrocento al Novecento. Saggi critici*. 1965, VI-190 pp.

77. BASCAPÈ, A. *Arte e Religione nei poeti lombardi del Duecento*. 1964, 96 pp.

78. GUIDUBALDI, E. *Dante Europeo I. Premesse metodologiche e cornice culturale*. 1965, VIII-480 pp.

79. STUDI SECENTESCHI, Vol. V (1964), 1965, 192 pp., 2 tavv. f. t.

80. VALLONE, A. *Studi su Dante medioevale*. 1965, 276 pp.

81. DOVIZI, B. *Epistolario di Bernardo Dovizi da Bibbiena*. Vol. II (1513-1520). 1965, 252 pp., 3 tavv.

82. LA MANDRAGOLA di Niccolò Machiavelli per la prima volta restituita alla sua integrità. A cura di Roberto Ridolfi, 1965, 232 pp., 4 ill. e 1 tav. (esaurito)
Edizione di lusso numerata da 1 a 370, su carta grave, con 2 tavv. f. t.

83. GUIDUBALDI, E. *Dante Europeo, II. Il paradiso come universo di luce (la lezione platonico-bonaventuriana)*. 1966, VIII-462 pp., 2 tavv. f. t.

84. LORENZO DE' MEDICI IL MAGNIFICO, *Simposio*, a cura di Mario Martelli, 1966, 176 pp., 2 riproduzioni

85. STUDI SECENTESCHI, Vol. VI (1965). 1966, IV-310 pp., 1 tav. f. t.

86. STUDI IN ONORE DI ITALO SICILIANO. 1966, 2 voll. di XII-1240 pp. compless. e 6 tavv. f. t.

87. ROSSETTI, G. *Commento analitico al " Purgatorio " di Dante Alighieri*. Opera inedita a cura di Pompeo Giannantonio. 1966, CIV-524 pp.

88. PIROMALLI, A. *Saggi critici di storia letteraria*. 1967, VIII-232 pp.

89. STUDI DI LETTERATURA FRANCESE, Vol. I, 1967, XVI-176 pp.

90. STUDI SECENTESCHI, Vol. VII (1966). 1967, VI-166 pp., 6 tavv. f. t.

91. PERSONÈ, L. M. *Scrittori italiani moderni e contemporanei. Saggi critici*. 1968, IV-340 pp.

92. STUDI SECENTESCHI, Vol. VIII (1967). 1968, VI-230 pp., 1 tav. f. t.

93. TOSO RODINIS, G. *Galeazzo Gualdo Priorato, un moralista veneto alla corte di Luigi XIV*. 1968, VI-226, 9 tavv. f. t.

94. GUIDUBALDI, E. *Dante Europeo III. Poema sacro come esperienza mistica*. 1968, VIII-736 pp., 24 tavv. f. t. di cui 1 a colori

95. DISTANTE, C. *Giovanni Pascoli poeta inquieto tra '800 e '900*. 1968, 212 pp.

96. RENZI, L. *Canti narrativi tradizionali romeni. Studi e testi*. 1969, XIV-170 pp.

97. VALLONE, A. *L'interpretazione di Dante nel Cinquecento. Studi e ricerche*. 1969, 306 pp.

98. PIROMALLI, A. *Studi sul Novecento*. 1969, VI-238 pp.

99. CACCIA, E. *Tecniche e valori dal Manzoni al Verga*. 1969, X-286 pp.

100. GIANNANTONIO, P. *Dante e l'allegorismo*. 1969, VII-432 pp.

101. STUDI SECENTESCHI, Vol. IX (1968). 1969, IV-384 pp., 9 tavv. f. t.

102. TETEL, M., *Rabelais et l'Italie*. 1969, IV-314 pp.

103. REGGIO, G. *Le egloghe di Dante*. 1969, X-88 pp.

104. MOLONEY, B. *Florence and England. Essays on cultural relations in the second half of the eighteenth century*. 1969, VI-202 pp., 4 tavv. f. t.

105. STUDI DI LETTERATURA FRANCESE, Vol. II (1969), 1970, VI-360 pp., 11 tavv. f. t.

106. STUDI SECENTESCHI, Vol. X (1969). 1970, VI-312 pp.

107. IL BOIARDO *e la critica contemporanea* a cura di G. Anceschi. 1970, VIII-544 pp.

108. PERSONÈ, L. M. *Pensatori liberi nell'Italia contemporanea. Testimonianze critiche*. 1970, IV-290 pp.

109. GAZZOLA STACCHINI, V. *La narrativa di Vitaliano Brancati*. 1970, VIII-160 pp.

110. STUDI SECENTESCHI, Vol. XI (1970). 1971, IV-292 pp., con 9 tavv. f. t.

111. BARGAGLI, G. (1537-1587), *La Pellegrina*. Edizione critica con introduzione e note di F. Cerreta. 1971, 228 pp. con 2 ill. f. t.

112. SAROLLI, G. R. *Prolegomena alla Divina Commedia*. 1971, LXXII-454 pp. con 9 tavv. f. t.

113. MUSUMARRA, C. *La poesia tragica italiana nel Rinascimento*. 1972, IV-172 pp. Ristampa 1977.

114. PERSONÈ, L. M. *Il teatro italiano della «Belle Époque». Saggi e studi*. 1972, 410 pp.

115. STUDI SECENTESCHI, Vol. XII (1971). 1972, IV-516 pp. con 2 tavv. f. t.

116. LOMAZZI, A. *Rainaldo e Lesengrino*. 1972, XIV-222 pp. con 2 tavv. f. t.

117. PERELLA, R. *The critical fortune of Battista Guarini's « Il Pastor Fido »*. 1973, 248 pp.

118. STUDI SECENTESCHI, Vol. XIII (1972). 1973, IV-372 pp. con 11 tavv. f. t.

119. DE GAETANO, A. *Giambattista Gelli and the Florentine Academy: the rebellion against Latin*. 1976, VIII-436 pp. e 1 ill.

120. STUDI SECENTESCHI, Vol. XIV (1973). 1974, IV-300 pp., con 4 tavv. f. t.

121. DA POZZO, G. *La prosa di Luigi Russo*. 1975, 208 pp.

122. PAPARELLI, G. *Ideologia e poesia di Dante*. 1975, XII-332 pp.

123. STUDI DI LETTERATURA FRANCESE, Vol. III (1974). 1975, 220 pp.

124. COMES, S. *Scrittori in cattedra*. 1976, XXXII-212 pp. con un ritratto e 1 tav. f. t.

125. TAVANI, G. *Dante nel seicento. Saggi su A. Guarini, N. Villani, L. Magalotti*. 1976, 176 pp.

126. STUDI SECENTESCHI, Vol. XV (1974). *Indice Generale dei voll. I-X (1960-1969)*. 1976, 188 pp.

127. PERSONÉ, L. M. *Grandi scrittori nuovamente interpretati: Petrarca, Boccaccio, Parini, Leopardi, Manzoni*. 1976, 256 pp.

128. *Innovazioni tematiche, espressive e linguistiche della letteratura italiana del novecento* - Atti dell'VIII Congresso dell'Associazione Internazionale per gli Studi di Lingua e Letteratura Italiana. 1976, XII-300 pp.

129. STUDI DI LETTERATURA FRANCESE, Vol. IV (1975). 1976, 180 pp. con 2 ill.

130. STUDI SECENTESCHI, Vol. XVI (1975). 1976, IV-244 pp.

131. Caserta, E. G. *Manzoni's Christian Realism*. 1977, 260 pp.

132. Toso Rodinis, S. *Dominique Vivant Denon. I fiordalisi, Il berretto frigio, La sfinge*. 1977, 232 pp. con 10 ill. f. t.

133. Vallone, A. *La critica dantesca nel '900*. 1976, 480 pp.

134. Fratangelo Antonio e Mario. *Guy De Maupassant scrittore moderno*. 1976, 180 pp.

135. Cocco, M. *La tradizione cortese e il petrarchismo nella poesia di Clément Marot*. 1978, 320 pp.

136. Mastrobuono, A. C. *Essays on Dante's Philosophy of History*. In preparazione

137. Primo *centenario della morte di Niccolò Tommaseo (1874-1974)*. 1977, 224 pp.

138. Siciliano, I. *Saggi di letteratura francese*. 1977, 316 pp.

139. Schizzerotto, G. *Cultura e vita civile a Mantova fra '300 e '500*. 1977, 148 pp. con 9 ill. f. t.

140. Studi Secenteschi, Vol. XVII (1976). 1977, 184 pp., con 5 tavv. f. t.

141. Gazzola Stacchini, V. - Bianchini, G., *Le accademie dell'Aretino nel XVII e XVIII secolo*. 1978, XVIII-598 pp. con 18 ill. n. t. e 24 f. t.

142. - Friggieri, O. *La cultura italiana a Malta. Storia e influenza letteraria e stilistica attraverso l'opera di Dun Karm*. 1978, 172 pp. con 5 ill. f. t.

143. Studi Secenteschi, Vol. XVIII (1977). 1978, 276 pp.

144. Vanossi, L. *Dante e il «Roman de la Rose» Saggio sul «Fiore»*. 1979, 380 pp.

145. Ridolfi, R. *Studi Guicciardiniani*. 1978, 344 pp.

146. Allegretto, M. *Il luogo dell'Amore. Studio su Jaufre Rudel*. 1979, 104 pp.

147. Misan, J. *L'Italie des doctrinaires (1817-1830). Une image en élaboration*. 1978, 204 pp.

148. Toaff, A. *The Jews in medieval Assisi 1305-1487. A social and economic history of a small Jewish community in Italy*. 1979, 240 pp. con 14 ill. f. t.

149. Trovato, P. *Dante in Petrarca. Per un inventario dei dantismi nei «Rerum vulgarium Fragmenta»*. 1979, X-174 pp.

150. Fiorato, A. C. *Bandello entre l'histoire et l'écriture. La vie, l'expérience sociale, l'évolution culturelle d'un conteur de la Renaissance*. In preparazione

151. Studi Secenteschi, Vol. XIX (1978). 1979, 260 pp.

152. Bosisio, P. *Carlo Gozzi e Goldoni. Una polemica letteraria con versi inediti e rari*. 1979, 444 pp.

153. Zanato T., *Saggio sul «Comento» di Lorenzo de' Medici*. 1979, 340 pp.

Serie II: Linguistica

1. Spitzer, L. *Lexikalisches aus dem Katalanischen und den übrigen ibero-romanischen Sprachen*. 1921, VIII, 162 pp.

2. Gamillscheg, E. und Spitzer, L. *Beiträge zur romanischen Wortbildungslehre*. 1921, 230 pp., 3 cc.

3. [Schuchardt, U.]. *Miscellanea linguistica dedic. a Ugo Schuchardt per il suo 80° anniv*. 1922, 121 pp., 2 cc.

4. Bertoldi, V. *Un ribelle nel regno dei fiori (I nomi romanzi del «colchicum autunnale L.» attraverso il tempo e lo spazio)*. 1923, VIII-224 pp. con ill.

5. Bottiglioni, G. *Leggende e tradizioni di Sardegna*. (Testi dialettali in grafia fonetica). 1922, IV-160 pp., 8 tavv. e 1 c. (esaurito)

6. Onomastica. - I. Paul Aebischer, *Sur la formation des noms de famille dans le canton de Fribourg (Suisse)*. - II. Dante Olivieri, *I cognomi della Venezia Euganea. Saggio di uno studio storico-etimologico*. 1924, 272 pp.

7. Rohlfs, G. *Griechen und Romanen in Unteritalien* Ein Beitrag zur Geschichte der unteritalienischen Gräzität. 1923, VIII-178 pp., 1 carta top. e 6 ill. f. t.

8. Studi di Dialettologia Alto Italiana. - I. Gualzata, M. *Di alcuni nomi locali del Bellinzonese e Locarnese*. - II. Blauerrini, A. *Giunte al «vocabolario di Bormio»*. 1924, 166 pp.

9. Pascu, G. *Romänische elemente in den Balkansprachen*. 1924, IV-111 pp.

10. Farinelli, A. *Marrano* (Storia di un vituperio). 1925, X-80 pp.

11. Bertoni, G. *Profilo storico del dialetto di Modena. (Con appendice di «Giunte al Vocabolario Modenese»)*. 1925, 88 pp.

12. Bartoli, M. *Introduzione alla neolinguistica* (Principi - Scopi - Metodi), 1926, 109 pp. (esaurito)

13. Migliorini, B. *Dal nome proprio al nome comune*. 1927. Ristampa 1968 con un supplemento di LXXVIII pp. (esaurito)

14. Keller, O. *La flexion du verbe dans le patois genevois*. 1928, XXVIII-216 pp., 1 c. ripiegata

15. Spotti, L. *Vocabolarietto anconitano-italiano. Voci, locuzioni e proverbi più comunemente in uso nella provincia di Ancona, con a confronto i corrispondenti in italiano*. 1929, XVIII-188 pp. e 1 c. (esaurito)

16. Wagner, M. L. *Studien über den sardischen Wortschatz. (I. Die Familie - II. Der menschliche Körper)*, 1930, XVI-155 pp., 15 cc.

17. Soukup, R. *Les causes et l'évolution de l'abreviation des pronoms personnels régimes en ancien français*. 1932, 130 pp.

18. Rheinfelder, H. *Kultsprache und Profansprache in den romanischen Ländern*. Sprachgeschichtliche Studien, besonders zum Wortschatz des Französischen und des Italienischen. 1933, XII-482 pp. (esaurito)

19. Flagge, L. *Provenzalisches Alpenleben in den Hochtälern des Verdon und der Bléone*. Ein Beitrag zur Volkskunde des Basses-Alpes. 1935, 172 pp., 14 tavv.

20. Sainéan, L. *Autour des sources indigènes*. Etudes d'étymologie française et romaine. 1935, VIII-654 pp.

21. Seifert, E. *Tenere «Haben» im Romanischen*. 1935, 122 pp., 4 tavv.

22. Tagliavini, C. *L'Albanese di Dalmazia*. Contributi alla conoscenza dei dialetto ghego di Borgo Erizzo presso Zara 1937, 320 pp., 3 ill. (esaurito)

23. Bosshard, H. *Saggio di un Glossario dell'Antico Lombardo*. Compilato su Statuti e altre Carte Medievali della Lombardia e della Svizzera Italiana, 1938, 356 pp. con 1 tav. f. t. (esaurito)

24. Vidos, B. E. *Storia delle parole marinaresche italiane passate in francese*. Contributo storico linguistico all'espansione della lingua nautica italiana. 1939, XIII-698 pp., 24 tavv. f. t. (esaurito)

25. Alessio, G. *Saggio di Topomastica calabrese*. 1939, XXXVIII-507 pp. (esaurito)

26. Folena, G. *La crisi linguistica del '400 e l'«Arcadia» di I. Sannazaro*. 1952, XII-188 pp. (esaurito)

27. Miscellanea *di Studi Linguistici in ricordo di Ettore Tolomei*. 1953, LXIV-574 pp., 6 carte ill.

28. Vidos, B. E. *Manuale di linguistica romanza*. Prima edizione italiana completamente aggiornata dall'Autore. 1959, XXIV-440 pp. Ristampa xerografica. 1974.

29. Ruggieri, R. *Saggi di linguistica italiana e italo-romanza*. 1962, 242 pp.

30. Mengaldo, P. V. *La lingua del Boiardo lirico*. 1963, VIII-380 pp.

31. Vidos, B. E. *Prestito espansione e migrazione dei termini tecnici nelle lingue romanze e non romanze*. 1965, VIII-424 pp., 3 ill.

32. Altieri Biagi, M. L. *Galileo e la terminologia tecnico-scientifica*. 1965, VI-92 pp., 4 tavv. f. t.

33. Polloni, A. *Toponomastica romagnola*, Prefazione di Carlo Tagliavini. 1966, XVI-346 pp.

34. Ghiglieri, P. *La grafia del Machiavelli studiata negli autografi*. 1969, IV-364 pp.

35. *Linguistica matematica e calcolatori*. A cura di A. Zampolli. 1973, XX-670 pp.

36. *Computational and mathematical linguistics*. A cura di A. Zampolli e N. Calzolari. 1977, 2 voll. di XLVI-796 pp. complessive.